Edition Innovative Verwaltung

Die Bücher der Edition Innovative Verwaltung bieten praxisorientierte Fachinformation für Führungskräfte und Verantwortungsträger im öffentlichen Sektor. Die AutorInnen sind erfahrene PraktikerInnen aus der Kommunal-, Landes- und Bundes-Verwaltung sowie BeraterInnen und WissenschaftlerInnen. Sie teilen ihre Expertise, formulieren Empfehlungen, bieten Praxisleitfäden und geben Orientierung für eine erfolgreiche Öffentliche Verwaltung in der Zukunft. Das Themenspektrum spannt sich über die neuesten Herausforderungen in der Digitalen Verwaltung und Organisations- und Prozessthemen bis hin zu Führung und Leadership.

Dieter Hahn

Risiko-Management in Kommunen

Handlungsorientierter Leitfaden für die kommunale Praxis

2., überarbeitete Auflage

Mit einem Beitrag zu Personalrisiken von Prof. Dr. Richard Merker

 Springer Gabler

Dieter Hahn
Hessische Hochschule für öffentliches
Management und Sicherheit
Kassel, Deutschland

ISSN 2662-5202   ISSN 2662-5210   (electronic)
Edition Innovative Verwaltung
ISBN 978-3-658-42712-2   ISBN 978-3-658-42713-9   (eBook)
https://doi.org/10.1007/978-3-658-42713-9

Die Deutsche Nationalbibliothek verzeichnet diese Publikation in der Deutschen Nationalbiblio-
grafie; detaillierte bibliografische Daten sind im Internet über http://dnb.d-nb.de abrufbar.

Planung/Lektorat: Rolf-Guenther Hobbeling
Springer Gabler ist ein Imprint der eingetragenen Gesellschaft Springer Fachmedien Wiesbaden
GmbH und ist ein Teil von Springer Nature.
Die Anschrift der Gesellschaft ist: Abraham-Lincoln-Str. 46, 65189 Wiesbaden, Germany

Das Papier dieses Produkts ist recyclebar.

„Die Tür zum Paradies bleibt versiegelt.
Durch das Wort Risiko."
Niklas Luhmann

Vorwort

Risiken bestimmen seit jeher sowohl das Berufs- als auch das Privatleben jedes Einzelnen von uns. Ohne Risiken in irgendeiner Form einzugehen, können auch keine Erfolge erzielt werden. Egal ob es sich um den Jobwechsel, den neuen Studiengang, die neue Beziehung oder um so banale Dinge wie Umzüge oder neue Aufgaben im Job handelt. Veränderungen bzw. Risiken sind allgegenwärtig und können von niemandem gänzlich vermieden werden. Jeder Mensch muss ebenso wie auch jedes Unternehmen und jede Behörde ganz eigene Strategien entwickeln, welche man bereit ist einzugehen und wie man mit allgegenwärtigen Risiken umgehen möchte.

Mit jeder Chance ist auch das zugehörige Risiko untrennbar verbunden. Schon im Mittelalter wollten Menschen fremde Regionen entdecken, neue Handelsrouten erkunden oder mit Veränderungen jeglicher Art das tägliche Leben etwas erleichtern. All das war mit Risiken verbunden, denn niemand konnte genau wissen, ob das gewünschte Ergebnis ohne Widerstände und Probleme zu erreichen ist. Insofern handelt es sich beim modernen Risikomanagement um keine ganz neue Erfindung. Bereits vor Urzeiten mussten Chancen und Risiken abgewogen werden. So musste schon der Urmensch entscheiden, ob der mögliche Ertrag der Büffeljagd für die eigene Gemeinschaft in einem angemessenen Verhältnis zur drohenden Gefahr steht.

Natürlich unterscheiden sich die Risiken der Urzeit sehr deutlich von denen des 21. Jahrhunderts. Wo es früher hauptsächlich darum ging Nahrung zu besorgen, Schutz vor Feinden zu finden und ein Dach über dem Kopf zu haben, muss sich jeder Einzelne von uns heutzutage in einer äußerst komplexen und vielschichtigen, digitalisierten Welt zurechtfinden. Dennoch hat sich das Grundprinzip seit Urzeiten eigentlich kaum verändert. Jeder muss für sich entscheiden, was seine Ziele sind und welche Risiken er vor diesem Hintergrund bereit ist einzugehen.

Um diese Fragen noch fundierter beantworten zu können, gibt dieses Buch einige Hilfsmittel an die Hand. Gerade kleinere Kommunen haben oftmals Schwierigkeiten im Bereich des Risikomanagements erste Schritte zu gehen. Das Personal ist knapp bemessen, die Ressourcen sind sowieso schon verplant und am Horizont sind schon die nächsten Budgetkürzungen erkennbar. Dennoch ist die Einführung eines Risikomanagements auch in solchen Fällen keine Herkulesaufgabe. Wie sich im Verlauf des Buches noch zeigen wird, können sich schon kleine, aber gut durchdachte Maßnahmen, zu einem gut funktionierenden Risikomanagement aufsummieren.

Im Unterschied zu anderen, allerdings nur spärlich vorhandenen, Veröffentlichungen in diesem Bereich, soll dieses Buch keine Aneinanderreihung von einzelnen Werkzeugen darstellen. Vielmehr soll am Ende ein Praxisleitfaden stehen, der für einzelne Risikobereiche konkrete Maßnahmen liefert und darüber hinaus auch notwendige Grundschritte vorsieht, die bei allen Kommunen umsetzbar sind. Zusätzlich gliedert sich der Hauptteil in einzelne Risikobereiche auf, sodass dieses Werk für den kommunalen Risikomanager auch als Nachschlagewerk dienen kann.

In Kap. 1 vertiefen wir kurz die Rahmenbedingungen des Risikomanagements und widmen uns Aufbau und Zielsetzung dieser Veröffentlichung. So erhält jeder Leser die Kenntnisse, die erforderlich sind, um das Buch sinnvoll nutzen zu können.

Kap. 2 stellt vor allem die kommunalen Besonderheiten in den Vordergrund. Ohne wesentliche Inhalte vorwegzunehmen, kann schon festgehalten werden, dass das originäre Risikomanagement der Betriebswirtschaftslehre (BWL) entstammt und somit den Fokus zunächst auf privatwirtschaftliche Unternehmen legt. Demzufolge ist es wichtig, die Besonderheiten des kommunalen Umfelds herauszuarbeiten, damit die Instrumente auch im kommunalen Segment zielorientiert angewendet werden können.

Kap. 3 widmet sich vor allem dem Risikomanagementprozess und den zugehörigen theoretischen Grundlagen. Die Theorie stellt zwar nicht den Schwerpunkt dieser Veröffentlichung dar, kann aber auch nicht gänzlich ignoriert werden. Es ist wichtig, dass wir den theoretischen Ansatz des Risikomanagements verstehen, um dahingehend unsere praktischen Instrumente passend ausrichten zu können.

Die Aufgliederung in einzelne Risikobereiche in Kap. 4 stellt den Hauptteil dieser Arbeit dar. Im Vergleich zu anderen Büchern in diesem Bereich orientiert sich der Aufbau an einzelnen Risikobereichen und nicht an Analyse- oder Bewertungswerkzeugen. So kann jeder bei Bedarf die Auswirkungen eines bestimmten

Risikobereichs nachlesen und die Ausführungen mit den Gegebenheiten in der eigenen Kommune vergleichen.

Die gewonnenen Erkenntnisse werden anschließend in Kap. 5 zu einem Handlungsleitfaden zusammengetragen. So werden die bisherigen Ausführungen auf das Notwendige komprimiert und auch Mitarbeiter kleinerer Kommunen erhalten das Rüstzeug an die Hand, um die wichtigsten Eckpunkte für ein funktionierendes Risikomanagement in der Praxis umzusetzen.

Final wird in Kap. 6 ein kurzes Fazit zusammengestellt, welches das Buch abrunden soll und auch einen kurzen Blick in die Zukunft wirft. Das kommunale Risikomanagement steht noch am Anfang seiner Entwicklung, so dass in den nächsten Jahren bei den Städten und Gemeinden noch einige Verbesserungen zu erwarten sein dürften.

Es sei an dieser Stelle noch kurz darauf hingewiesen, dass bei allen rechtlichen Fragestellungen, die bundeslandspezifisch geregelt sind, auf die hessische Rechtslage zurückgegriffen wurde. Dabei nennt der Autor zwar die hessische Rechtsvorschrift, allerdings beschränkt er sich ausschließlich auf Paragrafen, die zumindest sinngemäß in den anderen Bundesländern gleich lauten. So kann festgehalten werden, dass alle Werkzeuge, Instrumente und Feststellungen auch in anderen Bundesländern genauso angewendet werden können.

Ich bedanke mich an dieser Stelle explizit bei meinem Kollegen Prof. Dr. Merker, der mit den Personalrisiken einen wichtigen und spannenden Bereich dieses Buches verfasst hat. Zusätzlich stand Herr Merker zu jeder Zeit mit Rat und Tat zur Verfügung und hat mich so bei der Erstellung dieses Buches wesentlich unterstützt. Vor allem unsere fruchtbaren Diskussionen werde ich immer in angenehmer Erinnerung behalten.

Darüber hinaus bedanke ich mich bei meiner Frau, die aufgrund dieses Buches viele Abende und Wochenenden auf mich verzichten musste und mich dennoch stets unterstützt und motiviert hat. Vielen Dank Christina.

Abschließend noch ein kurzer Hinweis zur Genderthematik: Aus Gründen der besseren Lesbarkeit wurde auf gendergerechte Sprache verzichtet. Nichtsdestotrotz gelten alle verwendeten Personenbezeichnungen für alle Geschlechter gleichermaßen und sollen Niemanden diskriminieren.

Es bleibt noch zu erwähnen, dass alle Fehler natürlich dem Autor anzulasten sind. Geäußerte Meinungen spiegeln lediglich die Sichtweise des Autors wider und sind somit keineswegs als allgemeingültig zu betrachten. Sie sind jedoch ganz sicher als höchst subjektiv einzustufen. Teilen Sie mir Anregungen oder Kritik am besten per Mail (dieter.hahn86@gmail.com) mit oder vernetzen Sie sich mit mir zur angeregten Diskussion über LinkedIn (https://www.linkedin.com/in/dieter-hahn-369b98265/).

Bedenken Sie immer: Ein Leben ohne Risiken bedeutet in aller Regel auch ein Leben ohne Spaß und Erfolge. Deswegen sollten Sie den Begriff des Risikos für sich nicht nur negativ besetzen, sondern die damit einhergehenden Chancen in den Vordergrund stellen. Somit wünsche ich Ihnen viel Spaß beim Lesen dieses Buches und hoffe, Sie können möglichst viele der aufgezeigten Möglichkeiten in Ihre praktische Arbeit integrieren.

Fulda, Deutschland   Dieter Hahn

Inhaltsverzeichnis

Über den Autor

Dieter Hahn ist als Hochschullehrer für öffentliche Finanzen und BWL an der Hessischen Hochschule für öffentliches Management und Sicherheit (HöMS) in Kassel tätig. Die HöMS bildet einerseits Polizeibeamte für die Laufbahn des gehobenen Dienstes aus, andererseits aber auch Verwaltungsbeamte für den gehobenen Dienst des Landes Hessen und der hessischen Kommunen. Dieter Hahn ist dort für alle Themengebiete verantwortlich, die im weitesten Sinne mit Finanzen und BWL zusammenhängen. Im Wesentlichen sind seine Forschungs- und Arbeitsgebiete öffentliches Controlling, kommunales Rechnungswesen, Kosten- und Leistungsrechnung sowie kommunales Risikomanagement.

Dieter Hahn hat bereits zahlreiche Artikel in einschlägigen Fachzeitschriften veröffentlicht und so zur kritischen Auseinandersetzung mit den genannten Themen beigetragen. Die im Rahmen dieser Recherchen gewonnenen Erkenntnisse sind im vorliegenden Buch zusammengefasst worden.

Vor seiner Tätigkeit an der HöMS war Dieter Hahn viele Jahre als „Teamleiter Doppik" im Rechnungsprüfungsamt eines hessischen Landkreises tätig. Dort war er verantwortlich für die inhaltliche Prüfung zahlreicher kommunaler Jahres- und

Gesamtabschlüsse und somit tagtäglich mit kommunalen Risiken und deren Management konfrontiert.
Bereits damals hat er begonnen bei verschiedenen Bildungsinstituten Fortbildungen und Seminare
zu den Themengebieten öffentliches Haushaltsrecht,
kommunales Rechnungswesen und Risikomanagement zu geben. Im Rahmen dieser Tätigkeit hat
er darüber hinaus viele Jahre angehende Verwal-
tungsfachwirte im Bereich der öffentlichen Finanzen
ausgebildet und entsprechende Abschlussarbeiten
betreut.

Gerne können Sie den Autor bei LinkedIn
(https://www.linkedin.com/in/dieter-hahn-369b98
265/) oder per Email (dieter.hahn86@gmail.com)
zum fachlichen Austausch kontaktieren.

Abbildungsverzeichnis

Tabellenverzeichnis

Einleitung

1

Seit jeher kämpfen die Menschen mit Risiken. Jeder Einzelne musste schon immer entscheiden wie er mit individuellen Risiken umgeht, welche er bereit ist einzugehen und wie er sich vor drohenden Gefahren bestmöglich schützen kann. Zu früheren Zeiten waren die Risiken jedoch noch überschaubarer als in der heutigen Zeit. Die Rahmenbedingungen wurden in aller Regel von der Natur vorgegeben und Bedrohungen gingen meist von anderen Menschen aus.

In der heutigen Zeit ist das Risikoumfeld, in dem sich einzelne Menschen, Unternehmen und Behörden bewegen, jedoch um einiges komplexer, als das früher noch der Fall war. In Zeiten einer vernetzten, digitalisierten und nicht zuletzt globalisierten Welt bewegen sich gerade die Unternehmen in einem völlig neuen Umfeld. In früheren Jahrzehnten kam es im Abstand etlicher Jahre oder Jahrzehnte zu grundlegenden, disruptiven Veränderungen. Damals hatten Geschäftsmodelle über viele Jahre Bestand und Neuheiten brauchten ebenfalls viele Jahre, um sich im alltäglichen Leben zu etablieren.

Aktuell haben sich die Produkt- und Konjunkturzyklen wesentlich verkürzt. Veränderungen können ganze Konzerne oder sogar ganze Branchen innerhalb von Wochen und Monaten ruinieren. Amazon, Google, Apple und Co. haben gezeigt, wie schnell Innovationen am Markt platziert werden können und wie schnell in diesem Zuge jahrzehntealte Konzerne keine Existenzgrundlage mehr haben. An Firmen wie Nokia, einst Weltmarktführer bei Handys, lässt sich erkennen, wie schmal der Grat zwischen Erfolg und Abstieg inzwischen geworden ist. Und solche Trends sind nur einige Themen, die selbst große Unternehmen an den Rand einer Insolvenz führen können.

Die Risiken sind im heutigen Marktumfeld enorm vielschichtig geworden. Nicht nur die Konkurrenz und völlig neue Produkttrends sind aktuell von

D. Hahn, *Risiko-Management in Kommunen*, Edition Innovative Verwaltung, https://doi.org/10.1007/978-3-658-42713-9_1

grundlegender Bedeutung. Hackerangriffe, Digitalisierung, Datenschutz, Fachkräftemangel oder ungenügende Social-Media-Auftritte sind nur einige Themen,
die jede Firma momentan auf der Agenda haben sollte. Daher dürfte der
Begriff des Risikomanagements den allermeisten Vorständen und Aufsichtsräten
inzwischen kein Fremdwort mehr sein.

Im Gegensatz dazu steht die öffentliche Hand und speziell die Städte und
Gemeinden noch ganz am Anfang eines Diskussions- und Entwicklungsprozes-
ses, der im Idealfall dem Risikomanagement einen ähnlichen Stellenwert in den
Kommunen einräumen wird, wie es auch in der Privatwirtschaft der Fall ist.
Dabei ist die Bedeutung des Risikomanagements auch den Kommunen keineswegs unbekannt. In einer aktuellen, deutschlandweiten Umfrage der KGSt gaben
98 % der befragten Kommunen an, dass ein systematisches Risikomanagement
zumindest im Finanzbereich notwendig ist (KGSt, 2019, S. 3).

Auch die Kommunen in Deutschland unterliegen einer stetig steigenden
Anzahl von Risiken. Finanzielle Risiken, strukturelle Risiken, demografische
Risiken und eine Vielzahl weiterer Unwägbarkeiten können sich unter Umständen für Gemeinden und Städte zu existenziellen Problemen konkretisieren. An
dieser Stelle setzt dieses Buch an, um präventiv tätig zu werden und Gefahren
vorzubeugen, bevor entsprechende Probleme tatsächlich eintreten. Ein solches
Risikoscreening unterstützt die Kommunalverwaltung bei der Risikoidentifizierung und hilft so die Handlungsfähigkeit der Gebietskörperschaft dauerhaft
sicherzustellen.

Denn nicht nur die großen Konzerne sehen sich unter Umständen mit
existenzgefährdenden Entwicklungen konfrontiert. Auch die Städte und Gemeinden befinden sich im Wettbewerb untereinander, müssen Datenschutz und
IT-Sicherheit gewährleisten und sind darauf angewiesen, die notwendigen Fachkräfte am Arbeitsmarkt anwerben zu können. Insofern haben es die Kommunen
zwar oftmals mit anderen Risiken zu tun, in vielen Bereichen unterscheiden
sich die Gefahren allerdings gar nicht so sehr von den Problemen, die für die
privatwirtschaftlichen Betriebe von Bedeutung sind.

Bei den Kommunen in Deutschland liegt eine äußerst heterogene Struktur vor.
Größe, Einwohnerzahl, Steueraufkommen, Beteiligungsstruktur, Mitarbeiterzahl
und Organisation sind nur einige Kriterien an denen sich die Unterscheidung
festmachen lässt. Daher benötigt jede einzelne Kommune individuelle Maßnahmen, um der Vielzahl von Risiken systematisch zu begegnen. Gerade hier
setzt dieses Buch an, um speziell kleineren Kommunen, aber auch größeren
Städten und Gemeinden, das Rüstzeug an die Hand zu geben, um mit grundlegenden und vor allem praktisch umsetzbaren Maßnahmen ein funktionierendes
Risikomanagement in der Praxis einführen zu können.

1.1 Zielsetzung des Buches

Zielsetzung dieses Buches soll es nicht sein, einmal mehr eine theoretische Darstellung des Risikomanagements vorzunehmen und dies um einen kommunalen Aspekt zu ergänzen. Im Fokus soll vielmehr die praktische Umsetzung in Städten und Gemeinden stehen. Als Ergebnis soll ein Handlungsleitfaden entstehen, der sich klar an Städte und Gemeinden richtet und es auch kleineren Kommunen ermöglichen soll, ein funktionierendes Risikomanagement in der kommunalen Praxis zu etablieren.

Dabei soll den kommunalen Besonderheiten Rechnung getragen werden. Gerade die kleineren und mittleren Kommunen werden größtenteils von ehrenamtlichen Politikern in den kommunalen Gremien geführt, verfügen nur über eingeschränkte Personalressourcen und besitzen zumeist nicht die Mittel um externe IT- oder Controllingfachleute mit der Einführung eines Risikomanagements oder Risikocontrollings zu beauftragen.

Das Risikomanagement lebt davon, es nicht als einmaligen Vorgang, sondern als dynamischen Prozess zu verstehen und dementsprechend ständig zu verbessern. Risiken müssen ständig lokalisiert, bewertet und gesteuert werden, so dass dieses Buch den Kolleginnen und Kollegen vor Ort die Möglichkeit geben soll, erste Schritte auf diesem Weg zu gehen.

Diese Publikation enthält die gängigsten Werkzeuge des Risikomanagements und passt sie hinsichtlich der kommunalen Risiken an. Dabei steht nicht die Zusammenfassung eines möglichen Instrumentariums im Vordergrund, sondern die Darstellung einiger weniger Werkzeuge, die sich auch in kleineren Verwaltungseinheiten problemlos umsetzen lassen. Speziell zur Definition und Umsetzung einer individuell zugeschnittenen Risikostrategie existieren mit der Balanced Scorecard und der SWOT-Analyse zwei Instrumente, die auch in kleineren Kommunen problemlos anwendbar sind. Zusätzlich werden mit der Bow-Tie Analyse und der PEST-Methode zwei Werkzeuge eingehend beschrieben, die insbesondere zur Risikoidentifikation herangezogen werden können.

Weiterhin werden im Verlauf dieses Buches die wichtigsten Risiken im kommunalen Umfeld herausgearbeitet, zusammengefasst und anschließend möglichen Steuerungsmaßnahmen zugeordnet. So hat der Praktiker ein Nachschlagewerk zur Verfügung, um einordnen zu können, welche Bausteine auf dem Weg zum funktionierenden Risikomanagement in seinem Tätigkeitsbereich ratsam sind. Natürlich sind in den jeweiligen Städten und Gemeinden individuelle Lösungen notwendig. Gleichzeitig dürften sich die grundlegenden Risiken in vielen Städten und Gemeinden jedoch zumindest grundsätzlich ähneln.

Priorität hat, den einzelnen Mitarbeitern einen möglichst leichten Einstieg in die Thematik zu ermöglichen. Die vorgeschlagenen Maßnahmen sollen mit den in der Verwaltung vorhandenen Kenntnissen umsetzbar und realisierbar sein, ohne dabei neues Personal oder zusätzliche IT-Unterstützung anschaffen zu müssen. Es gilt demzufolge, die individuell passenden Maßnahmen zu finden und daraufhin konsequent umzusetzen.

1.2   Inhaltlicher Aufbau

Im Anschluss an die Einleitung werden zunächst grundlegende Besonderheiten der Städte und Gemeinden herausgearbeitet. Diese Erkenntnisse sind wichtig für die weitere Bearbeitung des Buches, da sich Kommunen in einigen wenigen, aber durchaus entscheidenden Stellen von privatwirtschaftlichen Unternehmen unterscheiden.

Anschließend sollen in Kap. 3 die theoretischen Grundlagen beleuchtet werden. Es ist erforderlich die einschlägigen Begriffe zu kennen, wesentliche Vorgänge und Prozesse einzuordnen und klar voneinander abzugrenzen. Basis des Buches ist der sog. Risikomanagementprozess, der ausgiebig thematisiert und auf die kommunalen Rahmenbedingungen angepasst wird. Essenziell für die zielführende Anwendung des Risikomanagementprozesses ist es, daraufhin eine passende Risikostrategie für die eigene Kommune zu finden. Die lokalen und politischen Gegebenheiten der jeweiligen Gebietskörperschaften unterscheiden sich teilweise enorm, so dass die Risikostrategie in jedem Fall speziell konzipiert werden muss.

Im darauffolgenden Hauptteil liegt der Fokus auf einzelnen Risikogruppen und deren zugehörigen Maßnahmen.[1] Der Autor erhebt hier keinen Anspruch auf Vollständigkeit. Es geht vielmehr darum, die wichtigsten und gängigsten Risiken aufzuarbeiten und Lösungsansätze aufzuzeigen. Dabei soll der Leitgedanke der praktischen Umsetzbarkeit stets im Vordergrund stehen. Trotz des zuvor angesprochenen individuellen Ansatzes existieren eben doch Risikofelder, deren Auswirkungen mehr oder weniger stark in allen Städten und Gemeinden zu spüren sind. Diese Risikobereiche werden gemeinsam mit den denkbaren Gegenmaßnahmen erörtert.

Anknüpfend daran erfolgt im Kap. 5 die Erstellung des angesprochenen Handlungsleitfadens. Auch hier wird der Grundgedanke der praktischen Umsetzbarkeit

---

[1] Hier wird entweder auf einschlägige Fachliteratur oder aber auf die langjährige praktische Tätigkeit des Autors als Kommunalprüfer, Berater und Hochschullehrer zurückgegriffen.

weitergeführt, so dass Maßnahmen und Prozesse vorgeschlagen werden, die auch von kleinen Städten und Gemeinden problemlos umgesetzt werden können. Hier wird es notwendig sein, dass jede Kommune die vorgeschlagenen Möglichkeiten genau prüft und daraus eine eigene Vorgehensweise entwirft.

Abschließend wird noch ein kurzes Fazit gezogen, um die bisher gewonnenen Erkenntnisse zusammenzufassen und die herausgearbeiteten Kernaussagen abzurunden.

Literatur

Kommunale Gemeinschaftsstelle für Verwaltungsmanagement. (2019). *Bericht 1/2019 Umsetzungsstand des kommunalen Risikomanagements,* Köln. Nicht öffentlicher Bericht, Anfragen an kgst.de.

Kommunale Besonderheiten 2

Bei risikobezogenen Betrachtungen können die Besonderheiten der öffentlichen Verwaltung nicht ignoriert werden. Im Rahmen einer selbst durchgeführten Befragung[1] haben die befragten Kommunen mehr oder weniger unisono die fehlende Insolvenzgefahr für Städte und Gemeinden als zentralen Hinderungsgrund für die Implementierung eines Risikomanagements hervorgehoben.

§ 146 HGO – Insolvenz

Ein Insolvenzverfahren über das Vermögen der Gemeinde ist unzulässig.

Neben der gesetzlichen Pflicht dürfte das ständig bestehende Insolvenzrisiko Hauptanreiz zur Einführung von Risikomanagementmaßnahmen in der Privatwirtschaft sein. Wie bereits angesprochen, kann ein fehlerhaftes Risikomanagement im Privatsektor in kürzester Zeit ein existenzbedrohendes Ausmaß annehmen. Im öffentlichen Bereich folgt man jedoch noch oftmals dem Irrglauben, dass der gesetzlich gesicherte Status als Gebietskörperschaft vor allen Gefahren und Problemen schützt.

In der Privatwirtschaft wurde die Implementierung eines Risikomanagements bereits Ende der neunziger Jahre durch das Gesetz zur Kontrolle und Transparenz im Unternehmensbereich (KonTraG) zur Pflicht. Eine vergleichbare Vorschrift existiert für Kommunen bis heute nicht. Einige spezialgesetzliche Vorschriften

---

[1] Der Autor hat die angesprochene Befragung im Rahmen seiner Masterthesis im Sommer 2017 bei osthessischen Kommunen durchgeführt.

D. Hahn, *Risiko-Management in Kommunen*, Edition Innovative Verwaltung, https://doi.org/10.1007/978-3-658-42713-9_2

erfordern zwar bestimmte Kontrollen bzw. bestimmte Berichte und Reporting-maßnahmen, die Implementierung eines ganzheitlichen Risikomanagements ist in der öffentlichen Verwaltung jedoch bis heute keine Pflicht.

Darüber hinaus gibt es noch weitere wesentliche Unterschiede zwischen der öffentlichen Hand und privatwirtschaftlichen Betrieben. So haben Kommunen im Rahmen ihrer Produkte meist eine gewisse Monopolstellung inne. In ihren wich-tigsten Bereichen, wie etwa der Wasserversorgung und Abwasserentsorgung, dem Brandschutz, der Kinderbetreuung oder den Ordnungsamtsangelegenheiten, exis-tieren zumeist keine Konkurrenten. Risiken, die mit mangelnder oder sinkender Nachfrage verbunden sind, können demnach per se ausgeschlossen werden.

Auf der anderen Seite sind aber auch viele privatwirtschaftliche Chancen für die Kommunen nicht gegeben. Die Städte und Gemeinden können weder neue Produkte auf den Markt bringen, um neue Zielgruppen zu erschließen, noch kön-nen sie durch solche Maßnahmen in größerem Maße neue Kunden gewinnen. Sie können sich zwar als Wohnort oder Gewerbestandort positionieren, aber dies kann immer nur aufgrund einer langfristigen Strategie und unter Berücksichtigung, der in der Regel unveränderbaren Rahmenbedingungen, geschehen.

Zudem sind gerade die örtlichen Gegebenheiten zwingend vorgegeben. Kom-munen haben einerseits keine Möglichkeit, in neue Regionen zu expandieren, andererseits haben die Bürgerinnen und Bürger innerhalb der Gemeindegren-zen in vielen Bereichen keine Alternative zur Gemeindeverwaltung. Kommunale Pflichtaufgaben wie Wasserver- und Abwasserentsorgung oder diverse hoheitliche Tätigkeiten obliegen innerhalb der Gemeindegrenzen nun mal ausschließlich der Stadt oder der Gemeinde.

Außerdem liegt ein Unterscheidungsmerkmal sicherlich auch in der Gemein-wohlverpflichtung der Städte und Gemeinden. Wirtschaftlichkeitsgesichtspunkte sind nicht zwangsläufig die maßgeblichen Entscheidungskriterien. Gewisse Tätig-keitsbereiche gehen naturgemäß immer mit Verlusten einher, die ein Kaufmann sicherlich meiden würde. Hier ist die öffentliche Hand teilweise verpflichtet, bestimmte Aufgaben wahrzunehmen oder sie nimmt sich der angesprochenen Sachverhalte aufgrund ihrer Gemeinwohlverpflichtung an. Etwa der Betrieb von Kindergärten oder Schwimmbädern stellt in den allermeisten Fällen solch ein Verlustgeschäft dar. Trotzdem unterhalten viele Kommunen, mitunter aufgrund gesetzlicher Verpflichtungen, derartige Einrichtungen.[2]

---

[2] Vgl. z. B. § 30 Abs. 1 S. 1 HWG: „Die Gemeinden haben in ihrem Gebiet die Bevölkerung und die gewerblichen und sonstigen Einrichtungen ausreichend mit Trink- und Betriebswas-ser zu versorgen."

Gerade auch die allseits bekannte zeitliche Fokussierung auf Legislaturperioden ist für eine adäquate Risikovorsorge oftmals eher hinderlich. Die
Wahlperioden des Bürgermeisters und der anderen gewählten Volksvertreter
machen für die letztlich angestrebte Wiederwahl entsprechende Erfolge notwendig. Hier ist ein anhaltendes Risikomanagement oft eher kontraproduktiv, weil
es meist einen langfristigen Ansatz verfolgt und unter Umständen zu Lasten
kurzfristiger Erfolge geht. Kontrollmechanismen einzuführen und Risikovorsorge
sicherzustellen sind eben keine Themen, die für Wahlerfolge prädestiniert sind
(Pfnür et al., 2010, S. 18).

Außerdem werden die Kommunen im Gegensatz zu den privatwirtschaftlichen
Unternehmen von gewählten Vertretern geführt, die nicht zwangsläufig über eine
einschlägige Ausbildung verfügen müssen. Speziell in den Gemeindeparlamen-
ten ist eine Vielzahl verschiedenster Berufsgruppen und beruflicher Hintergründe
anzutreffen, so dass die Parlamentarier mit der öffentlichen Verwaltung meist
noch nie näher in Kontakt gekommen sein dürften. Im Vergleich dazu werden
Firmen in aller Regel von fachkundigem, entsprechend ausgebildetem Personal
geleitet. Geschäftsführer und Vorstände von Aktiengesellschaften blicken zumeist
auf eine jahrzehntelange einschlägige Berufslaufbahn zurück.

Mancherorts neigen die Kommunalparlamente auch dazu, Themen zu diskutieren, die entweder gar nicht in die eigene Zuständigkeit fallen, weil sie
beispielsweise bundesgesetzlich geregelt werden (Krappidel et al., 2013), oder
aber nicht wirklich von Bedeutung sind. Die politische Diskussion wird also
oftmals von den öffentlichkeitswirksamen Themen dominiert, obwohl sowohl
Mitarbeiter als auch Verwaltungsspitze ganz andere Themen für wichtig halten. Paradebeispiel war in diesem Zusammenhang die Flüchtlingsthematik. Im
Gegensatz zu Themen wie Digitalisierung oder demografischer Wandel, können Kommunen auf Fragen der Flüchtlingspolitik keinerlei Einfluss nehmen.
Dennoch war der Bereich im Herbst 2017 das dominierende Thema in den
kommunalpolitischen Diskussionen (Hahn, 2018, S. 29).

Schließlich bleibt noch festzuhalten, dass mit der Umstellung auf die Doppik
ein wesentlicher Unterschied zwischen Privatwirtschaft und öffentlicher Verwal-
tung beseitigt werden konnte. Früher konnte die Kameralistik, das maßgebliche
Rechnungslegungsverfahren in der öffentlichen Verwaltung, das grundlegende
Zahlenmaterial für verschiedene Risikomanagementmaßnahmen gar nicht zur
Verfügung stellen. Erst durch die Umstellung auf die Doppik mit der zwingend
vorgeschriebenen Kosten- und Leistungsrechnung und der produktbezogenen
Darstellung der Rechnungsergebnisse konnte hier Abhilfe geschaffen werden
(Ritz & Thom, 2019, S. 291).

Eine Analyse deutscher Landkreise hat in diesem Zusammenhang gezeigt, dass der Wille und das Gelingen des Risikomanagements untrennbar mit der Doppik als Rechnungslegungssystem zusammenhängen. Die Doppik und eine daraus abzuleitende Kosten-Leistungs-Rechnung bieten zum einen mehr Informationen, zum anderen aber auch die besseren Informationen, da Ressourcenverzehr und Ressourcenaufteilung auf die einzelnen Produkte besser dargestellt werden. Die Untersuchung von Derfuß, Körner und Lenz hat gezeigt, dass die Landkreise, die früher auf die Doppik als Rechnungslegungsverfahren umgestellt haben auch beim Risikomanagement besser aufgestellt sind, als die Kreise, die erst später aufgrund rechtlicher Verpflichtungen zur doppischen Haushaltssystematik gewechselt sind. Sie haben diesbezüglich umfassendere Maßnahmen eingeführt und die Zuständigkeit tendenziell einer höheren Hierarchieebene zugeordnet (Derfuß et al., 2016, S. 250 f.).

Insgesamt können die grundlegenden Unterschiede bezüglich des Risikomanagements wie in Tab. 2.1 dargestellt, zusammengefasst werden.

Tab. 2.1 Grundlegende Unterschiede zwischen Betrieben der Privatwirtschaft und Kommunen

Privatwirtschaft	Landkreise, Städte und Gemeinden
Die erste Priorität liegt klar auf Gewinnmaximierung, unattraktive Geschäftsfelder werden daher gemieden	Der Fokus liegt auf der Gemeinwohlverpflichtung bzw. auf der Daseinsvorsorge. Im Sinne der Allgemeinheit werden auch nicht rentable Leistungen erbracht
Geschäftsmodell kann bei Bedarf relativ flexibel angepasst werden (Produkte, Märkte, Produktionsstätten)	Die Rahmenbedingungen sind klar vorgegeben. Das Gemeindegebiet sowie die gesetzlichen und die freiwilligen Aufgaben sind gesetzlich definiert
Drohende Insolvenz als permanenter Antrieb für Risikovorsorge	Insolvenz ist gesetzlich ausgeschlossen
Zumindest inhabergeführte Unternehmen dürften eine langfristige Unternehmensstrategie verfolgen	Bürgermeister und Landräte sind auf eine Wiederwahl und damit auf kurzfristige Erfolge angewiesen
Die Firmen- oder Konzernleitung verfügt in aller Regel über eine entsprechende Ausbildung und einschlägige Berufserfahrung	Gremien sind zumeist mit ehrenamtlichen Politikern besetzt und Wahlbeamte kommen vorwiegend aus fachfremden Bereichen
Die Implementierung eines ganzheitlichen Risikomanagements ist nach § 91 Abs. 2 AktG zwingend vorgeschrieben[a]	Es existieren einzelne Vorgaben, die z. B. eine Risikoberichterstattung erfordern.[b] Die Einführung eines ganzheitlichen Risikomanagements ist jedoch nicht vorgeschrieben

[a] Das KonTraG ist ein sog. Artikelgesetz, welches 1998 u. a. die dargestellte Änderung des § 91 AktG herbeigeführt hat. Es enthält also keine direkten Rechtsgrundlagen, sondern diverse Anpassungen anderer Gesetze.
[b] Z. B. § 51 Abs. 2 GemHVO: „Der Rechenschaftsbericht soll auch darstellen: (…) Die voraussichtliche Entwicklung mit ihren wesentlichen Chancen und Risiken von besonderer Bedeutung."

Literatur

Derfuß, K., Körner, S., & Lenz, F. (2016). Kommunales Risikomanagement – Empirische Befunde aus deutschen Landkreisen. *ZFO – Zeitschrift Führung + Organisation, 4,* 249–256.

Hahn, D. (2018). Risikowahrnehmung in hessischen Kommunen. *Innovative Verwaltung, 12,* 27–29.

Krappidel, A., Plassa, R., & Runberger, M. (2013). Organisationsidentitäten von kommunalen Wählergemeinschaften und Ortsparteien. In K. Harm & J. Aderhold (Hrsg.), *Die
subjektive Seite der Stadt.* Springer VS.

Pfnür, A., Schetter, C., & Schöbener, H. (2010). *Risikomanagement bei Public Private
Partnerships.* Springer.

Ritz, A., & Thom, N. (2019). *Public Management.* SpringerGabler.

Risikomanagement 3

Die allgemeine Betriebswirtschaftslehre zählt das Risikomanagement zu den Koordinationsfunktionen, die gemeinhin der Unternehmensleitung zugesprochen werden (Wöhe et al., 2020, S. 190). Unter dem „Dach" des Controllings dient die Steuerung der diversen unternehmerischen Risiken also letztlich der Erreichung der mittel- und langfristigen Zielvorgaben (Wöhe et al., 2020, S. 190). Somit leistet das Risikomanagement in den Betrieben einen wesentlichen Beitrag zur Erhaltung von Marktanteilen, Festigung und ggf. Steigerung von Gewinnen und letztlich zur Sicherung des Fortbestandes der Gesellschaft.

Deswegen zählt Wöhe in seinem Lehrbuch zur Einführung in die allgemeine Betriebswirtschaftslehre „alle Maßnahmen zur Erkennung und bestmöglichen Beherrschung einzelner unternehmerischer Risiken" (Wöhe et al., 2020, S. 191) zum Risikomanagement. Der systematische Umgang mit Risiken ist demnach in der Marktwirtschaft als betriebswirtschaftliche Kerndisziplin etabliert, wohingegen ein systematischer Umgang mit Chancen und Risiken im öffentlichen Kontext weder vorgeschrieben ist noch praktisch gelebt wird.

3.1 Begriffsabgrenzung

Zur Bestimmung zielführender Maßnahmen ist es zunächst erforderlich, die Grundbestandteile der Thematik klar zu definieren. Zentraler Begriff des Themenkomplexes ist ohne Zweifel das Risiko. Das Wesen des Risikos ist dabei keineswegs so eindeutig, wie es eventuell zunächst den Anschein macht. Der Begriff des Risikos wird in verschiedenen Büchern thematisiert. So definiert

© Der/die Autor(en), exklusiv lizenziert an Springer Fachmedien Wiesbaden GmbH, ein Teil von Springer Nature 2023
D. Hahn, *Risiko-Management in Kommunen*, Edition Innovative Verwaltung,
https://doi.org/10.1007/978-3-658-42713-9_3

Romeike in seinem Buch „Risikomanagement" ein Risiko als „Streuung um einen bestimmten Erwartungs- oder Zielwert" (Romeike, 2018, S. 9). Demnach gibt der Risikobegriff sowohl die positive Abweichung (= Chance) als auch die negative Abweichung (= Risiko im engeren Sinne) wieder. Diese Definition würde Möglichkeiten bzw. Chancen mit einbeziehen und so zu einer nur schwer überschaubaren Vielzahl von Risiken führen. Ziel dieses Buches soll es aber gerade sein, ein praktisch umsetzbares Konzept zu entwickeln. Deswegen scheint die Begriffsdefinition der KGSt für unsere Zwecke weitaus praktikabler:

> „Risiken sind alle Ereignisse innerhalb und außerhalb kommunaler Verwaltungen, die sich ungünstig auf die kommunale Zielerreichung auswirken können. In diesen Risikobegriff sind sowohl Ressourcenrisiken als auch Risiken zu Wirkungen, Produkten und Prozessen eingeschlossen." (KGST, 2011, S. 23)

Demzufolge handelt es sich bei einem Risiko im engeren Sinn also speziell um negative Plan- bzw. Zielabweichungen. Da die Anzahl der Chancen für Kommunen ohnehin eher begrenzt sein dürfte (wie bereits erläutert, sind die klassischen unternehmerischen Chancen durch neue Produkte oder neue Märkte nur rudimentär vorhanden), werden wir uns im Rahmen der weiteren Bearbeitung des Themas auf die Risiken im engeren Sinne konzentrieren.

Wie sich aus der KGSt-Definition direkt ergibt, sind Risiken untrennbar mit Zielen bzw. Zielsystemen verbunden. Das lässt sich am ehesten anhand der Börse bzw. anhand des Aktienmarktes erklären. Die Kurse einzelner Unternehmen resultieren in aller Regel nicht aus Erfolgen der Vergangenheit, im Fokus stehen viel eher die Prognosen für die Zukunft (Beike & Schlütz, 2015, S. 133). Sollte ein Erfolgsziel daraufhin jedoch verfehlt werden, zieht das einen immensen Vertrauensverlust bei den Anlegern nach sich und damit einhergehend meist deutliche Kursverluste.

Nun hat die Kommune zwar keine originären Rendite- oder Umsatzziele, dennoch haben Ziele auch im kommunalen Umfeld eine hohe Bedeutung. Sie sind zentrales Steuerungsinstrument und dienen dazu, die strategischen Vorgaben der Gemeindevertretung in die operative, alltägliche Ebene zu übertragen. Die Bedeutung von Zielen im kommunalen Finanzwesen wird auch dadurch deutlich, dass der Begriff in den einschlägigen Gesetzen und Verordnungen zahlreich hervorgehoben wird.

Hinweis Nr. 3 zu § 4 GemHVO – Teilhaushalte, Budgets

Die produktorientierte Darstellung der haushaltswirtschaftlichen Vorgänge erfordert eine Darlegung, welche Ziele die Gemeinde mit den Produkten und Dienstleistungen erreichen will. Damit verbunden ist eine Kontrolle der Zielerreichung. Um dies zu ermöglichen sind Produktziele zu definieren und zumindest bei den wesentlichen Produkten in den Teilhaushalten anzugeben.

Wie in Kap. 2 aufgezeigt wurde, streben Kommunen grundsätzlich nicht nach der eigenen Gewinnmaximierung. Da es im Grunde vorrangig um die Daseinsvorsorge für die Allgemeinheit geht, existieren für die Kommunen neben den klassischen monetären Zielen weitergehende Leistungsziele, deren Erfüllung mitunter selbst ein Risiko für die finanzielle Stabilität der Stadt darstellen kann. In Hinweis Nr. 5 zu § 4 GemHVO nennt der Verordnungsgeber selbst einige solcher Leistungsziele:

- Einführung der Mittagsverpflegung in Kindertageseinrichtungen.
- Ermittlung eines Betreuungskonzeptes für die Einrichtung.
- Die Entwicklung einer Standortanalyse im Stadtgebiet.
- Die Steigerung der Vermarktung von kommunalen Gewerbeflächen.
- Usw.

Schließlich bleibt festzuhalten, dass Ziele in der doppischen Haushaltssystematik eine herausgehobene Stellung einnehmen. Sie dienen zur Steuerung von der Gemeindevertretung bis zum Sachbearbeiter in der Verwaltung. In diesem Kontext ist der Begriff des Risikos untrennbar mit dem Zielsystem der Gemeinde verbunden. Ein Risiko stellt dabei stets die Möglichkeit einer negativen Abweichung vom angestrebten Ergebnis dar. Ein strukturiertes Risikomanagement ist daher ohne klar definierte Ziele nicht vorstellbar (Schwarting, 2015, S. 31).

Die angestrebten Ziele müssen in diesem Kontext auch Ausfluss einer einheitlichen Risikostrategie der Kommune sein. Der Produktbereich „Wasser und Abwasser" kann eben keine grundsätzlich anderen Ziele verfolgen als der Bereich „Bauen und Wohnen". Natürlich haben beide Bereiche andere Aufgaben, andere Ressourcen zur Verfügung und teilweise andere Adressaten. Im Hintergrund muss aber eine Gesamtstrategie, ein Leitbild, oder Ähnliches existieren, dem sich die operativen Bereiche unterordnen und an dem sich das langfristige Handeln der Kommune orientiert.

Es bleibt in diesem Zusammenhang also als eine erste Handlungsempfehlung festzuhalten: Risikomanagement kann ohne klar festgelegte Ziele nicht gelingen.

Dementsprechend muss im Vorfeld an dieser Stellschraube gedreht werden, um zunächst die Basis für spätere Maßnahmen zu schaffen. Grundlage für die einzelnen Ziele und Vorgaben in Produktbereichen und Produkten muss demnach eine Gesamtstrategie, die bestenfalls über Legislaturperioden hinaus verfolgt wird, sein. Eine KGSt-Untersuchung aus dem Jahre 2010 hat gezeigt, dass bei der Definition von Zielen offensichtlich noch Verbesserungspotenzial besteht (vgl. Abb. 3.1).

Aufbauend auf der Definition des Risikos bleibt noch das bereits des Öfteren angesprochene Risikomanagement abzugrenzen. Auch hier sind die Definitionsversuche in der Literatur keineswegs einheitlich, enthalten aber grundsätzlich ähnliche Grundbestandteile. Lt. Gleißner und Romeike können als Risikomanagement „alle Aktivitäten des Unternehmens im Umgang mit Risiken bezeichnet werden. Dazu gehören vor allem die Identifikation, Bewertung, Aggregation und Überwachung von Risiken sowie die Risikobewältigung" (Gleißner & Romeike, 2005, S. 28). In ähnlicher Weise definiert die KGSt ein Risiko bzw. das Risikomanagement in der öffentlichen Verwaltung als „Gesamtheit aller organisatorischen Regelungen zur Risikoerkennung und zum Umgang mit den Risiken des Verwaltungshandelns und Entscheidungen" (KGSt, 2011, S. 4).

Folglich geht es also darum Risiken zu finden, ihre Eintrittswahrscheinlichkeit und ihren potenziellen Schaden einzuschätzen, sie ggf. zu bestimmten Gruppen zusammenzufassen und auf dieser Grundlage zu überwachen und soweit wie möglich zu verhindern oder zu bewältigen. Alle Maßnahmen, die demnach unter den genannten Aspekten subsumiert werden können, sind als Teile des Risikomanagements zu betrachten.

3.2   Die handelnden Akteure

Getragen werden alle Maßnahmen des Risikomanagements von einer gelebten Risikokultur. Damit ist das Umfeld gemeint, dass Mitarbeiterinnen und Mitarbeiter in der Praxis dazu anregen sollte, Risiken offen anzusprechen und nicht zu verschweigen. Nur wenn die Risikokommunikation offen und ehrlich und ohne Vorbehalte erfolgt, können zielführende Maßnahmen auch rechtzeitig ergriffen werden. Viel schlimmer wäre es sicherlich, bekannte Risiken bewusst zu ignorieren, nur weil die vorherrschende Risiko- bzw. Verwaltungskultur einen offenen Umgang mit drohenden Gefahren nicht toleriert. Das ist oft der Fall, wenn Risiken nicht schlicht und ergreifend als Risiken, sondern als persönliche Verfehlung wahrgenommen werden (Schütz, 2009, S. 139).

Ziele und Kennzahlen im kommunalen Alltag

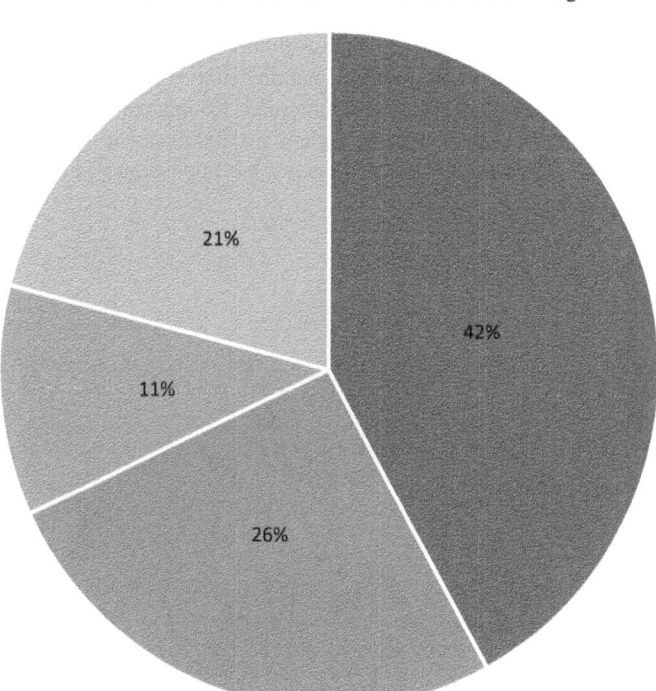

■ Keine oder nur eingeschränkte Ziele u. Kennzahlen

▨ Ziele und Kennzahlen in allen Teilhaushalten

▨ Ziele in einigen Teilhaushalten, aber keine Kennzahlen

▨ Nur mündliche Ziele, keine Kennzahlen

Abb. 3.1 Ziele und Kennzahlen im kommunalen Alltag. (Quelle: KGSt, 2010, S. 90)

Die Risikokultur wird maßgeblich durch die Kommunikationsstrategie der Gemeinde beeinflusst (Nehmeyer-Srocke, 2020, S. 61). Alle Stakeholder des Risikomanagements sind durch ständige Kommunikation angehalten, Informationen

auszutauschen, Vorgehensweisen abzustimmen und Strategien einheitlich umzusetzen. Nur durch eine abgestimmte Herangehensweise lassen sich die Vorteile
eines systematischen Risikomanagements vollumfänglich realisieren.

Die Träger des Risikomanagements, nämlich die Politik, die Verwaltungsleitung, die Prüfungsorgane, wie Revision und Kommunalaufsicht und nicht
zuletzt die Mitarbeiter an der Basis, stellen im Rahmen der vorherrschenden
Risikokultur die Weichen für das Gelingen aller Maßnahmen im Bereich des
Risikomanagements (vgl. Abb. 3.2).

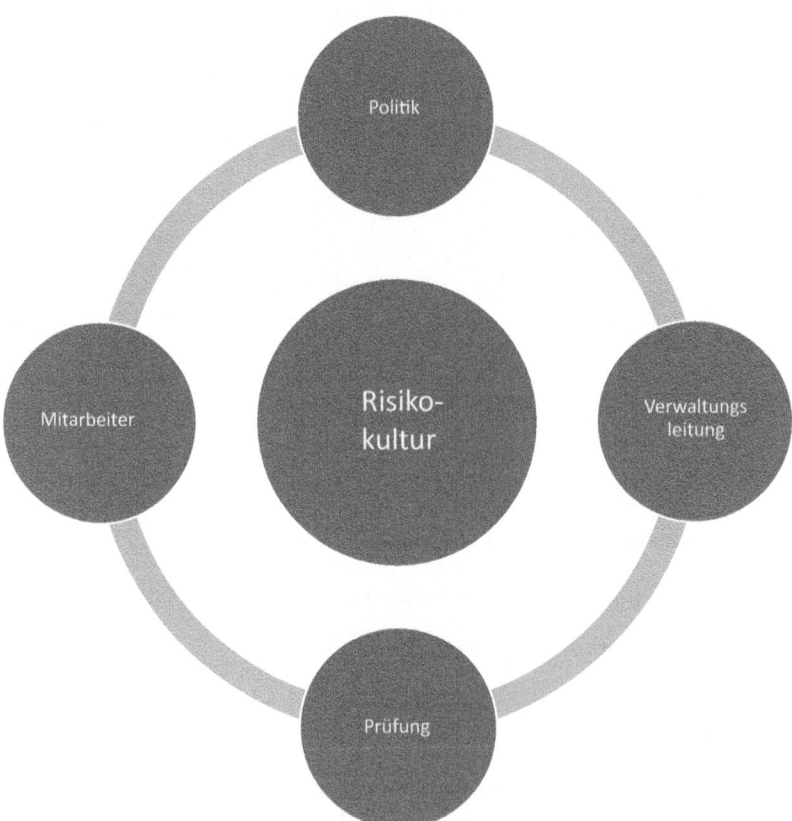

Abb. 3.2 Die handelnden Akteure und die Risikokultur. (Quelle: Eigene Darstellung)

Verwaltungsleitung

Die Landräte und Bürgermeister sind einerseits Vorgesetzte der Belegschaft, andererseits aber auch auf Beschlüsse und Anweisungen von den Gremien angewiesen. Sie fungieren demnach als Schnittstelle zwischen Politik und Verwaltung. Die Verwaltungsleitung muss die von den Gremien vorgegebene Risikostrategie umsetzen und umgekehrt die identifizierten Risiken der jeweiligen Fachämter zusammenfassen und komprimiert an die Gremien weitergeben. Zudem sind die Landräte und Bürgermeister das Aushängeschild der Verwaltung. Sie sind auf eine entsprechende Außenwirkung angewiesen, um in regelmäßigen Abständen Wahlerfolge erzielen zu können. Zu diesem Zweck ist ein funktionierendes Risikomanagement nur eingeschränkt hilfreich, da solche Bestrebungen in der Öffentlichkeit relativ schnell als „Panikmache" verstanden werden können.

Politik

Die politischen Entscheider tragen letztendlich die Gesamtverantwortung. Inwieweit Risikomanagementmaßnahmen überhaupt ergriffen werden, liegt weitgehend in ihrer Hand. Die politischen Gremien müssen die notwendigen Mittel zur Verfügung stellen und durch ihre Arbeitsweise die notwendige Risikokultur vorleben. Da es sich bei den Politikern in aller Regel um ehrenamtliche, fachfremde Personen handelt, ist die Politik auf eine zielführende Umsetzung der Risikopolitik durch die Verwaltung angewiesen.

Dabei obliegt es gerade der Gemeindevertretung bzw. der Stadtverordnetenversammlung, eine klare Risikostrategie zu definieren, an der sich Verwaltungsleitung und Belegschaft orientieren können. Die Politik kann sicherlich nicht jedes einzelne operative Ziel definieren und überwachen. Sie kann aber eine Gesamtstrategie, ein Leitbild vorgeben, dessen operative Umsetzung daraufhin vom Gemeindevorstand oder vom Magistrat gewährleistet werden muss.

Prüfung

Die Prüfbehörden, die im Regelfall bei den Landkreisen angesiedelt sind, können durch ihren externen Blickwinkel neue Sichtweisen einbringen. Sie sind nicht in die Organisationsstruktur vor Ort eingebunden und somit eher in der Lage, auch kritische Sachverhalte offen anzusprechen. Darüber hinaus haben sie das Privileg, überregionale Erfahrungen sammeln zu können, die sie daraufhin an die einzelne Gemeinde weitergeben können.

Außerdem können die Prüfbehörden, allen voran die Kommunalaufsicht des Landkreises oder des Regierungspräsidiums, verbindliche Auflagen an die Kommunen erteilen oder rechtswidrige Beschlüsse rückgängig machen, allerdings nur wenn die entsprechenden Rechtsvorschriften das ermöglichen. Insofern können die

Aufsichtsbehörden nicht nur beanstanden und Empfehlungen aussprechen, sondern tatsächlich Einfluss auf grundlegende Entscheidungen nehmen.

Mitarbeiter
Die Mitarbeiter bilden die Basis eines gelungenen Risikomanagements. Niemand kann potenzielle Schäden und deren Eintrittswahrscheinlichkeit so gut einschätzen wie die Mitarbeiter des entsprechenden Fachbereichs. Sowohl Verwaltungsleitung als auch Politik sind auf das Know-how der Mitarbeiterinnen und Mitarbeiter angewiesen und das nicht nur bei der Risikoidentifizierung, sondern auch später bei der Umsetzung konkreter Maßnahmen.

Alle genannten Akteure des Risikomanagements beeinflussen sich dabei gegenseitig (vgl. Abb. 3.3). Im Grunde ist es nicht möglich, dass die Verwaltungsleitung ein hervorragendes Risikomanagement betreibt, die Mitarbeiter im Gegenzug aber keinerlei Beitrag dazu leisten. Ebenso kann die Verwaltungsleitung ohne Rückendeckung der Gremien keine zielführenden Maßnahmen ergreifen. In diesem Umfeld sind alle Subjekte voneinander abhängig. So lebt die Verwaltungsleitung die Risikokultur zwar einerseits vor, gleichzeitig ist sie aber auch von dem Fachwissen der zuständigen Mitarbeiter abhängig. Genauso debattieren die Gremien in der Regel nur die Themen, die die Verwaltungsleitung auf die Tagesordnung setzt. Im Umkehrschluss kann der Bürgermeister aber auch nur die Maßnahmen ergreifen, für die ihm die notwendigen Mittel von der Gemeindevertretung genehmigt werden.

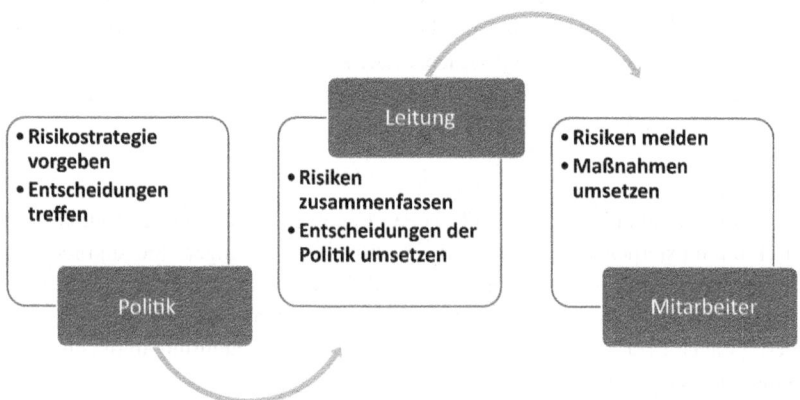

Abb. 3.3 Handelnde Akteure und deren Wechselwirkungen. (Quelle: Eigene Darstellung)

Die Risikomanagementabteilung nimmt hier eine Zwischenposition ein. Sie sammelt und katalogisiert einerseits Informationen und Meldungen der Mitarbeiter, sie muss aber andererseits auch Sorge dafür tragen, dass die von der Verwaltungsleitung vorgesehen Maßnahmen auch umgesetzt werden. Zudem dürfte eine separate Risikomanagementabteilung oder ein separater Risikomanager ohnehin nur in den allerwenigsten Kommunen vorhanden sein. In solchen Fällen dürfte die Wahrnehmung des Risikomanagements am ehesten in das Aufgabenportfolio der Finanzabteilung passen.[1]

Das Fundament für ein strukturiertes Risikomanagement geht jedoch stets von der Politik aus. Die KGSt-Befragung Anfang des Jahres 2019 hat gezeigt, dass die Kommunen, die über kein funktionierendes Risikomanagement verfügen, und auch in naher Zukunft keine entsprechenden Maßnahmen planen, zum weitaus überwiegenden Teil (69 %) die fehlende Unterstützung der Politik dafür verantwortlich machen. Sobald die Einführung eines Risikomanagements konkret geplant ist, rücken dann eher Zeitmangel und fehlende Personalressourcen als Hinderungsgründe in den Vordergrund (96 %) (KGSt, 2019, S. 19 f.).

3.3   Der Risikomanagementprozess

In den letzten Jahren und Jahrzehnten waren die Städte und Gemeinden immer Risiken ausgesetzt und sind es selbstverständlich auch weiterhin. Strategien zur Risikovermeidung oder -begrenzung wurden auch in den vergangenen Zeiträumen immer wieder entwickelt und verbessert. Aus Risiken der Vergangenheit konnten immer wieder entsprechende Gegenstrategien ermittelt werden, allerdings in den allermeisten Fällen im Nachhinein. Jedoch mangelt es seit jeher vorwiegend an einer systematischen Herangehensweise, um Maßnahmen miteinander zu verknüpfen und einzelne Handlungen zu koordinieren (Körner et al., 2015, S. 129).

Um der Fülle an Risiken strukturiert begegnen zu können, hat sich der sog. Risikomanagementprozess in der Privatwirtschaft mittlerweile etabliert. Die strukturierte Vorgehensweise soll dabei einen dynamischen Prozess generieren, um Risiken laufend zu überwachen und Probleme zu lokalisieren, anstatt erst nach

---

[1] So sehen es auch 60 % der befragten Kommunen bei der KGSt-Umfrage 2019 (KGSt, 2019, S. 15).

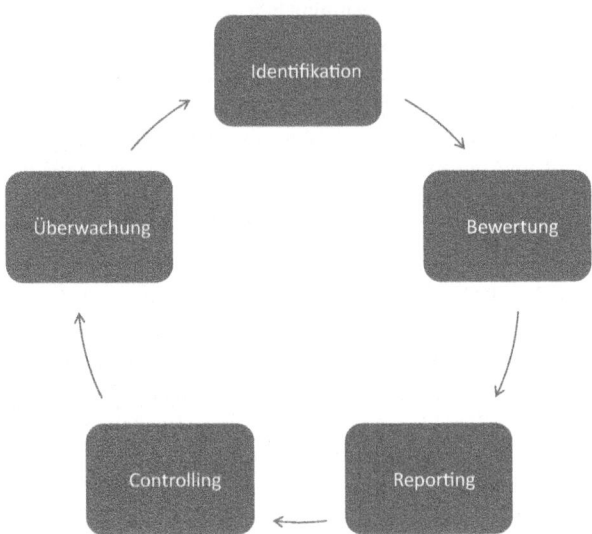

Abb. 3.4 Operativer Risikomanagementprozess. (Quelle: Eigene Darstellung in Anlehnung an Vanini, 2012, S. 43; Romeike, 2018, S. 38)

eingetretenen Schadensfällen tätig zu werden. Je nach Quelle finden sich unterschiedliche Schaubilder zum Risikomanagementprozess, wobei die Grundidee nahezu in allen Versionen identisch ist (vgl. Abb. 3.4).

Um dem Grundgedanken Rechnung zu tragen, ist der Prozess zwingend als Kreislauf ohne Anfangs- und Endpunkt darzustellen. Es handelt sich um einen dynamischen, dauerhaften Prozess, der zu keinem bestimmten Zeitpunkt beginnt und zu keinem vordefinierten Moment endet. Risiken müssen ständig identifiziert, bewertet, an die Verwaltungsspitze berichtet, gesteuert und überwacht werden.

Risiken müssen grundsätzlich zunächst identifiziert werden, um sie daraufhin bewerten zu können. Die Bewertung erfolgt regelmäßig hinsichtlich ihres potenziellen Schadens und der Eintrittswahrscheinlichkeit. Hieraus ergibt sich folglich die Bedeutung für die Unternehmens- und Verwaltungspraxis, da die gefährlichsten Risiken regelmäßig einen sehr großen Schaden verursachen können, mit hoher Wahrscheinlichkeit eintreten oder eben beides.

Die darauffolgenden Phasen variieren in verschiedenen Veröffentlichungen zu diesem Thema. Grundsätzlich einheitlich ist jedoch die Leitidee, die lokalisierten und eingestuften Risiken greifbar und steuerbar zu machen. Dazu müssen die

Risikofelder kontrolliert und überwacht werden. Zumeist wird auch deren Zusammenfassung zu Risikogruppen empfohlen, um die unzähligen Risiken durch Aggregation überhaupt erst überblicken zu können. Außerdem ähneln sich die Gegenmaßnahmen für diverse Risikofelder oftmals sehr stark.

Die Darstellung des Risikomanagementprozesses in wenigen, klar abgrenzbaren Phasen scheint vor allem für kleinere und mittlere Kommunen angebracht, da empirische Erhebungen gezeigt haben, dass die deutschen Kommunen bei der Einführung einer solchen systematischen Risikobetrachtung noch relativ am Anfang stehen (Körner et al., 2015, S. 129). Außerdem ermöglicht es eine stark komprimierte Vorgehensweise klare Prioritäten zu setzen und klare Zuständigkeitsbereiche zu definieren.

Grundsätzlich lebt der Risikomanagementprozess von ständiger Optimierung und Aktualisierung. Dabei wird er von einer Risikokultur getragen, die das Fundament aller Risikobetrachtungen in der jeweiligen Kommune bildet. Risikokultur meint in diesem Kontext die Sensibilität der Mitarbeiter für Risiken und deren Herangehensweise an mögliche Risiken. Diese Risikokultur muss von den Vorgesetzten vorgelebt werden und kann durch Fortbildungen, Besprechungen und stetige Sensibilisierung gefördert werden. Grundsätzlich ist eine entsprechend gelebte Risikokultur in der Verwaltung essenziell für das Gelingen eines zielführenden Risikomanagements (Körner et al., 2015, S. 130 f.) (Abb. 3.5).

3.3.1 Risikoidentifikation

Am Anfang des Risikomanagementprozesses steht stets die Risikoidentifikation. Hier geht es darum, bereits bestehende und eventuell erst später auftretende Risiken zu lokalisieren. Die daraus gewonnenen Erkenntnisse bilden später die Grundlage für weitere Maßnahmen im Rahmen des Risikomanagements.

Wichtig ist es die Identifikation als kontinuierlichen Prozess zu betrachten und nicht als einmaligen Vorgang. Der entsprechende Prozess kann nur zu verlässlichen Ergebnissen führen, wenn die ausgemachten Risiken in regelmäßigen Abständen auf den Prüfstand gestellt werden. Risiken verändern sich ebenso, wie sich im Lauf der Zeit neue Chancen für die Kommune ergeben können (Romeike, 2003, S. 165).

Trotzdem muss am Anfang jedes Risikomanagements ein erstmaliges Risikoinventar stehen. Alle Risiken werden aufgeführt, ohne zunächst eine Unterscheidung nach potenziellem Schaden oder Eintrittswahrscheinlichkeit vorzunehmen. Diese Bewertung obliegt später dem Controlling, dem Risikomanager oder der Verwaltungsleitung. Wichtig ist es aber gerade am Anfang, so viele Risiken wie

Abb. 3.5 Integration des Risikomanagements in die Organisationskultur. (Quelle: Eigene Darstellung in Anlehnung an Romeike & Hager, 2020, S. 407)

möglich zu erfassen, damit diese überhaupt im Blickfeld der verantwortlichen Personen sind.

Bei der Identifikation der Risiken ist Kreativität gefragt. Sie kann auf der einen Seite durch Beobachtungen oder Interviews erfolgen, andererseits ist aber auch eine eher systematische bzw. quantitative Herangehensweise über Frühwarnindikatoren oder Kennzahlen möglich. In diesem Zusammenhang ist es wichtig, aussagefähige Frühwarnindikatoren zu definieren, um daraufhin Rückschlüsse auf möglichen Risiken ziehen zu können (Körner et al., 2015, S. 131).

Aufgrund der Aufgabenvielfalt, die gerade in Kommunen vorherrscht, sollte die Risikoidentifikation grundsätzlich in den operativen Abteilungen verankert sein. Eine zentrale Organisation, wie sie bei Banken oder Versicherungen durchaus Sinn macht, wäre in Kommunen nicht zielführend. Banken vertreiben einen klar abgrenzbaren Bereich an Produkten, deren Ertragskraft vorwiegend von den makroökonomischen Rahmenbedingungen wie z. B. der aktuellen Zinspolitik der EZB abhängig ist. Städte und Kommunen haben im Vergleich dazu ein sehr breit gestreutes Aufgabenfeld. Eine zentrale Stelle kann nicht alle Risiken kennen, die in der Kinderbetreuung, der Gewerbeentwicklung, dem Brandschutz und dem

Straßenverkehrswesen gerade aktuell sind oder ggf. in Zukunft relevant werden könnten. Insofern muss die Risikoidentifikation im kommunalen Umfeld zwingend nach dem Bottom-Up-Prinzip erfolgen.

Risiken müssen von den täglich damit befassten Fachabteilungen an das zentrale Risikomanagement (oder bei kleineren Kommunen direkt an die Verwaltungsleitung) gemeldet werden. Idealerweise standardisiert und direkt mit den wichtigsten Parametern wie Schadenshöhe, Eintrittswahrscheinlichkeit, Priorität, usw. Ein hoher Grad an Standardisierung senkt die Hemmschwelle für Kolleginnen und Kollegen und fasst die wichtigsten Fakten direkt komprimiert zusammen. So können solche Meldungen von der Risikomanagementabteilung mit überschaubarem Zeitaufwand erfasst und katalogisiert werden.

Ein Standard-Reporting könnte beispielsweise die in Abb. 3.6 genannten Grundbestandteile vorsehen, um drohende Risiken an eine zentrale Stelle weiterzuleiten.

Auf Grundlage der so erhobenen Daten kann der oder die für das Risikomanagement zuständige Mitarbeiter einen regelmäßigen Risikobericht für die Verwaltungsleitung oder für den Gemeindevorstand erarbeiten. Das hätte zum einen den Vorteil, dass die verantwortlichen Personen regelmäßig Kenntnis von den Risiken „an der Basis" hätten und andererseits einzelne Mitarbeiter die Führungsetage ein Stück weit an der Verantwortung für einzelne Gefahren beteiligen könnten.

Wichtig ist in diesem Kontext noch zu erwähnen, dass eine zielführende Risikoidentifikation nur mit entsprechendem Fachpersonal durchführbar ist. Frühere Untersuchungen haben gezeigt, dass die Qualität der Risikoidentifikation zum einen mit der Fachkompetenz der Mitarbeiter und zum anderen mit deren Kommunikation korreliert (Müller, 1981, S. 276 f.). Daraus ergibt sich, dass eine gelungene Risikoidentifikation die permanente Fort- bzw. Weiterbildung der Mitarbeiterinnen und Mitarbeiter voraussetzt. Nur wer seinen Horizont bei Seminaren oder Kongressen regelmäßig erweitert, kann frühzeitig Problemstellungen erkennen und Lösungsvorschläge erarbeiten.

Die Funktionsfähigkeit des Risikomanagements ist also untrennbar mit der (vor)gelebten Risikokultur einerseits und der Aus- und Fortbildung der Mitarbeiter andererseits verbunden.

Die PEST-Methode

Eine Methode, die oftmals zur Risikoidentifikation herangezogen wird, ist die sogenannte PEST- oder PESTEL-Analyse (Ekkenga & Kramer, 2011, S. 121 f.). Die Methode orientiert sich vornehmlich an den externen Rahmenbedingungen, die auf

- **Kurzbeschreibung des Risikos:**

- **Zuständiger Produktbereich:**

- **Bedeutung für:**

Gesamte Gemeinde / Produktbereich / Einzelne Aufgabe

- **Priorität**

Sehr dringend / Dringend / Normal

- **Potenzieller Schaden:**

Hoch / Mittel / Niedrig

- **Voraussichtliche Eintrittswahrscheinlichkeit:**

Sehr wahrscheinlich / Wahrscheinlich / Eher unwahrscheinlich

- **Denkbare Gegenmaßnahmen:**

Abb. 3.6 Muster Risikomeldung. (Quelle: Eigene Darstellung)

Strategien und Entwicklungen der Unternehmung oder der Kommune unmittelbaren Einfluss haben. Ziel der Methode ist es, das Umfeld der Stadt systematisch zu untersuchen, um möglichst alle denkbaren Risikotatbestände zu erkennen. Durch die Strukturierung soll Vollständigkeit und Vergleichbarkeit sichergestellt werden, ohne dabei einen unwirtschaftlichen Aufwand zu verursachen.

Im Zentrum der PEST-Analyse stehen die politischen (political), ökonomischen (economical), sozio-kulturellen (sociocultural) und technologischen (technological) Gegebenheiten vor Ort. Im Einzelnen können folgende Aspekte zu den Themenfeldern gezählt werden:

- Politik: Veränderung der politischen Mehrheitsverhältnisse, Entwicklungen in Bundes- und Landespolitik, Einflussnahme durch weitere politische Gruppen wie z. B. Bürgerinitiativen oder Gewerkschaften
- Ökonomie: Gesamtwirtschaftliche Entwicklungen, Konjunktur, Zinssätze, Inflation, Geldpolitik, Veränderungen des Arbeitsmarktes
- Sozio-Kulturelles: Demografische Veränderungen, geänderte Einstellung zum Arbeitsleben („work-life-balance"), zunehmende Bereitschaft gegen behördliche Entscheidungen vorzugehen, Digitalisierung der Gesellschaft, gesamtgesellschaftliche Trends
- Technologie: Technologischer Fortschritt, Digitalisierung der Arbeitswelt, neue Kommunikationstechnologien, Schnelllebigkeit technischer Voraussetzungen

Sofern grundlegende, evtl. strategische, Entscheidungen in der Kommune zu treffen sind, kann eine PEST-Analyse Sinn machen, um die Entscheidung risikopolitisch auf ein breites Fundament zu stellen. Idealerweise wird die Analyse auf mehreren Ebenen der Verwaltung (Mitarbeitende, Leitungsebene, Politik) durchgeführt, um alle Facetten und Konsequenzen der Entscheidung erfassen und dokumentieren zu können.

In der Literatur wird die PEST-Methode mittlerweile oftmals zur sog. PESTEL-Methode erweitert (Ekkenga & Kramer, 2011, S. 121 f.). Die bekannten Eckpunkte werden hier um die Aspekte Umwelt (enviromental) und Recht- bzw. Gesetzmäßigkeit (legal) erweitert. Speziell die Gesetzmäßigkeit dürfte für die Kommunalverwaltung einen besonderen Stellenwert haben. In Kombination mit dem politischen Faktor ergeben sich Leitplanken, die für die Städte und Gemeinden von höchster Bedeutung sind, letztlich aber nicht beeinflusst werden können.

Kommunen sind Teil des politisch-administrativen Systems, ohne dabei signifikanten Einfluss auf politische Entscheidungen nehmen zu können. Sie sind von politischen und rechtlichen Veränderungen zwar unmittelbar betroffen, können auf diese aber nicht wirklich einwirken.

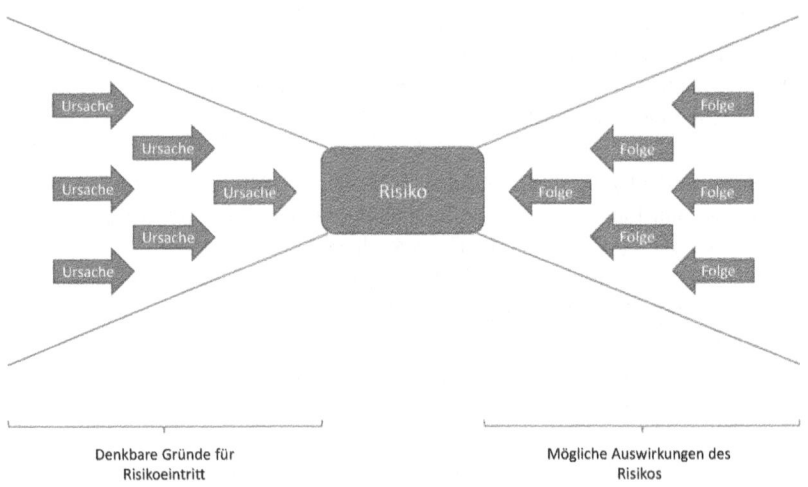

Denkbare Gründe für   Mögliche Auswirkungen des
Risikoeintritt   Risikos

Abb. 3.7 Bow-Tie Analyse. (Eigene Darstellung)

Die Bow-Tie Analyse

Mit der Bow-Tie Analyse steht den Kommunen ein weiteres praktikables Werkzeug zur Risikoidentifikation zur Verfügung. Da Ursachen und Auswirkungen eines Risikos trichterförmig gegenübergestellt werden, hat sich der Begriff Bow-Tie Analyse (Bow-Tie bedeutet zu deutsch „Fliege") etabliert (Abb. 3.7).

Die Bow-Tie Analyse stammt ursprünglich aus der Industrie, und wurde dort insbesondere zur Klärung von Problemfragen in der Produktion verwendet (Romeike & Hager, 2020, S. 325). Mittlerweile hat die Methode jedoch Eingang in die allgemeine Managementlehre gefunden und wird dort vornehmlich zur Strategieentwicklung eingesetzt. Sie kann aber auch als Hilfsmittel an mehreren Stellen des Risikomanagementkreislaufs fungieren, gerade im Rahmen der Risikoidentifikation.

Das Instrument ermöglicht eine relativ einfache Gegenüberstellung von Ursachen und Auswirkungen des Risikoereignisses. Damit liefert die Analyse bereits im Rahmen der Risikoidentifikation erste Indizien für die spätere Bewertung und Steuerung des Risikos, was letztlich den größten Nutzen der Methode darstellt (Romeike & Hager, 2020, S. 325). Zudem eignet sich die Visualisierung sehr gut, um Zusammenhänge gegenüber Mandatsträgern und interessierten Bürgerinnen und Bürgern zu kommunizieren.

Durch die intuitive Handhabung und klare Strukturierung kann die Darstellung ohne weitere Fachkenntnisse nachvollzogen werden (KGSt, 2023, S. 22). Gerade im Rahmen von Workshops kann sich dieses Attribut als nützlich erweisen. Die Methode dient dazu die Kreativität der Beschäftigten zu fördern und darauf aufbauend neue Wirkungszusammenhänge zu erkennen.

In einem zweiten Schritt können anschließend sogenannte „Barrieren" in die Abbildung implementiert werden. Barrieren stellen in diesem Zusammenhang Sicherungsmaßnahmen dar, die entweder dazu dienen sollen den Risikoeintritt zu verhindern oder die Risikofolgen zu minimieren (Abb. 3.8).

Die nunmehr eingezogenen „Schwellen" können in präventive und reaktive Maßnahmen unterteilt und in einem zweiten Schritt durch Berücksichtigung von Wahrscheinlichkeiten quantitativ analysiert werden (Romeike & Hager, 2020, S. 151). Somit bietet die Vorstellung der „Fliege" mit ihren beiden Flügeln nicht nur Anhaltspunkte für einen Einstieg in die Thematik, sondern ermöglicht auch anspruchsvollere Analyseschritte.

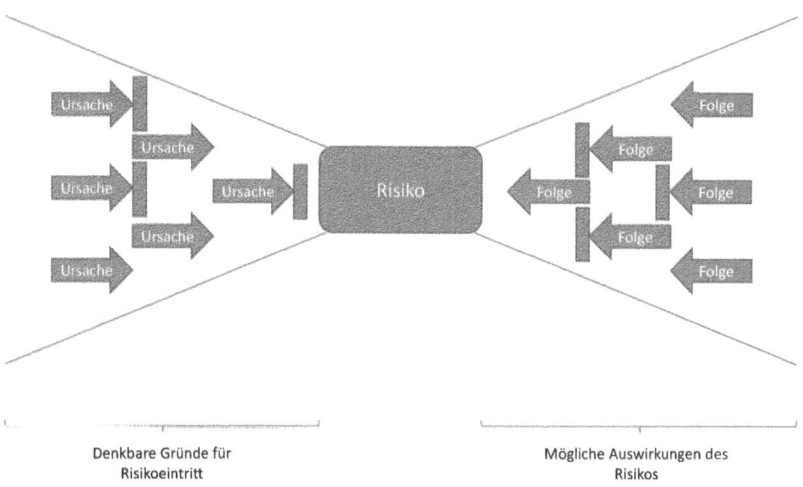

Abb. 3.8 Bow-Tie Analyse mit Barrieren. (Eigene Darstellung)

3.3.2 Risikobewertung

Im zweiten Schritt sieht der Risikomanagementkreislauf die Bewertung der identifizierten Risiken vor. Eine Bewertung wird notwendig, um die Vielzahl von Risiken zu bestimmten Kategorien zu aggregieren. So entsteht aus dem Datenmaterial eine verwendbare Grundlage für strategische Entscheidungen. Die kommunalen Gremien sind aufgrund ihrer zumeist ehrenamtlichen Tätigkeit und dem damit einhergehenden Zeitmangel auf eine entsprechende Aufarbeitung des Datenmaterials durch die Verwaltungsbeschäftigten angewiesen.

Als Kriterien für die Bildung der angesprochenen Kategorien werden in den einschlägigen Veröffentlichungen in der Regel „Eintrittswahrscheinlichkeit" und „potenzielle Schadenshöhe" verwendet. Auf dieser Basis kann eine Matrix erstellt werden, aus der die dringendsten Risiken sofort ersichtlich sind (Cordes & Odenthal, 2016, S. 98).

Diese relativ simple Betrachtungsweise wird von einigen Fachleuten mitunter etwas kritisch beäugt, da sie voraussetzt, dass jedem Risiko eine klar zu beziffernde Eintrittswahrscheinlichkeit und ein klar zu beziffernder potenzieller Schaden beigemessen werden kann (Romeike, 2018, S. 41). Tatsächlich werden sich beide Parameter aber wohl eher in Bandbreiten einordnen lassen und damit dieser zweidimensionalen Betrachtung weitgehend entziehen. Nichtsdestotrotz dürfte diese Risikobewertung gerade für den Einstieg kleiner und mittlerer Kommunen mit einer relativ knappen Personaldecke hervorragend geeignet sein, um der Verwaltungsspitze erste Untersuchungsergebnisse vorlegen zu können.

Des Weiteren wurden in Kap. 2 die wichtigsten Unterschiede zwischen Kommunen und Unternehmen dargestellt. In diesem Kontext sollten wir nochmal die unterschiedlichen Führungsstrukturen betrachten. Unternehmen werden meist von einschlägig ausgebildetem Fachpersonal geführt. Kommunen im Vergleich dazu regelmäßig von ehrenamtlichen, fachfremden Politikern. Auch diese Tatsache spricht dafür, den Einstieg in diese Thematik zunächst mit einem überschaubaren Modell zu wagen und die kommunalen Gremien nicht direkt mit einer Weibullverteilung, einer PERT- oder Dreiecksverteilung[2] zu verschrecken.

Die Matrix in Abb. 3.9 ermöglicht allenfalls eine erste Einschätzung der kommunalen Risiken. Sie ermöglicht einen schnellen Überblick und eine Visualisierung für die Kommunikation mit Vorgesetzten oder in Gremien, stößt

---

[2] Die Weibullverteilung sowie die PERT- und die Dreiecksverteilung wären mathematische Möglichkeiten, um die Eintrittswahrscheinlichkeit und die Schadenhöhe in Bandbreiten darzustellen.

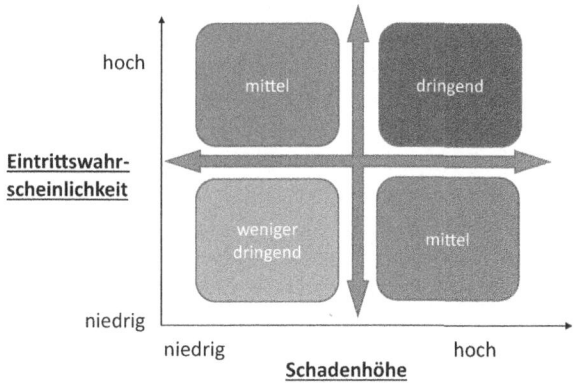

Abb. 3.9 Modell der Risikobewertung. (Quelle: Eigene Darstellung in Anlehnung an Cordes & Odenthal, 2016, S. 98)

allerdings auch an Grenzen. So sind beispielsweise Risiken denkbar, deren Eintrittswahrscheinlichkeit zwar so gering ist, dass sie in der Kategorie „mittel" einzustufen sind, deren Schaden aber existenzbedrohend sein könnte, so dass diesen Risiken allein aufgrund der möglichen Ausprägung ihres Schadens eine möglichst hohe Priorität zuzuweisen ist. Hier liegt ohnehin nur ein grundsätzlicher Einstieg vor. Die vorgenommenen Einschätzungen müssen weiter verfeinert und ständig optimiert und hinterfragt werden.

Beispiel: Globale Pandemie

Die Corona-Pandemie stellt ein hervorragendes Beispiel für dieses Dilemma dar. Eine Pandemie solchen Ausmaßes wäre mit den Parametern „Eintrittswahrscheinlichkeit" und „Schadenhöhe" vermutlich nur schwer zu greifen gewesen. Dem zweifellos enorm hohen Schaden steht eine verschwindend geringe Eintrittswahrscheinlichkeit gegenüber. Ein solches Risiko wäre also vermutlich nicht mit höchster Priorität verfolgt worden.◄

Daher würde es sich in einem zweiten Schritt anbieten, die Risiken zusätzlich hinsichtlich ihres Managementaufwandes einzuordnen. Hier wird relativ schnell deutlich, welche Ansatzpunkte sich für erste Maßnahmen anbieten würden. Nämlich die Risiken, die eine hohe Relevanz, also eine Hohe Eintrittswahrscheinlichkeit und einen potenziell großen Schaden aufweisen, aber relativ schnell in den Griff zu bekommen wären. Sei es durch eine Versicherung, sei es durch längerfristige Vertragsgestaltungen oder Ähnliches. Speziell für kleinere, ländlich geprägte Kommunen mit ihrer teilweise sehr geringen Mitarbeiteranzahl versprechen solche Leuchtturmprojekte schnelle Erfolge beim Risikomanagement mit begrenztem Aufwand.

Im Rahmen der selbst durchgeführten Befragung von osthessischen Kommunen zum Thema Risikomanagement hat der Großteil der befragten Gemeinden ein mögliches Zinsänderungsrisiko als eines der wichtigsten Risiken eingestuft. Gleichzeitig haben die befragten Kommunen den Managementaufwand aber nur äußerst gering eingeschätzt. Gerade solche Fallkonstellationen sind prädestiniert, um durch Umschuldung oder Verlängerung von Kreditverträgen den Sinn des Risikomanagements nachzuweisen und um gegenüber den Gremien und der Verwaltungsleitung den tatsächlichen Nutzen eines funktionierenden Risikomanagements belegen zu können.

Natürlich ist auch in diesem Zusammenhang die Qualifikation der einzelnen Mitarbeiterinnen und Mitarbeiter von besonderer Bedeutung. Die Risikobewertung steht und fällt mit der Fachkompetenz und der Erfahrung des zuständigen Mitarbeiters. Auf der einen Seite sind nicht alle Risiken zwangsläufig monetär zu bemessen (wie viel ist z. B. ein wesentlicher Reputationsschaden wert?), auf der anderen Seite ist die Eintrittswahrscheinlichkeit oft nur schwer einzuschätzen, weshalb eine Klassifikation durch einen kompetenten Mitarbeiter unbedingt erforderlich ist und darüber hinaus ständig aktualisiert werden muss.

3.3.3 Risikoberichterstattung

Der Risikoberichterstattung kommt vor allem im öffentlichen bzw. kommunalen Kontext eine besondere Bedeutung zu. Die Kommune stellt eine Institution dar, deren Legitimierung sich vornehmlich aus der Gemeinwohlverpflichtung ergibt. Daraus resultiert eine regelmäßige Informationspflicht gegenüber der Allgemeinheit, die über die Informationspflicht von Unternehmen und Bürgern hinausgeht (Cordes & Odenthal, 2016, S. 101).

Weiterhin werden die strategischen Entscheidungen von der Gemeindevertretung getroffen, einem Organ, welches in die täglichen Abläufe in der Verwaltung nicht involviert ist. Das wichtigste Gremium der Kommune ist also auf regelmäßige Berichte angewiesen, um von den maßgeblichen Vorgängen überhaupt Kenntnis zu erlangen und daraus die entsprechenden Schlüsse zu ziehen.

Grundsätzlich zu differenzieren ist ohne Zweifel nach der Art der Berichterstattung. Zum einen muss ein internes Berichtswesen eingeführt werden, damit die Fachabteilungen die vorhandenen Risiken strukturiert weitergeben können. Zum anderen muss ein externes Reporting die Gremien bzw. die Öffentlichkeit über entscheidende Vorgänge informieren. In diesem Zusammenhang sind diverse Berichte ohnehin vorgeschrieben. Dem Haushaltsplan ist ein Vorbericht beizufügen (§ 6 GemHVO), der Jahresabschluss ist durch einen Rechenschaftsbericht zu erläutern (§ 51 GemHVO) und die Gemeindevertretung ist unterjährig mehrmals über den Haushaltsvollzug zu unterrichten (§ 28 GemHVO).

Daraus wird erkennbar, dass die Berichterstattung an das zentrale Gremium der Gemeinde und die Öffentlichkeit zwar vorhanden, aber allenfalls rudimentär vorgeschrieben ist. Weitere Berichte erscheinen für ein zielführendes Risikomanagement zwingend erforderlich, da die beste Risikobewertung nicht erfolgreich sein kann, wenn die zentralen Entscheidungsträger von den maßgeblichen Risiken keine Kenntnis erlangen oder erst zu einem Zeitpunkt, zu dem ein sinnvolles Eingreifen bereits unmöglich ist.

Bezüglich der internen Berichte sollte auf ein standardisiertes Risikomeldesystem, ähnlich wie in Abschn. 3.3.1 bereits vorgeschlagen, zurückgegriffen werden. Aus der Fülle von gemeldeten Risiken obliegt es nun der Controlling- oder Risikomanagementabteilung bzw. bei kleineren Kommunen direkt der Verwaltungsleitung die wichtigsten herauszufiltern, zusammenzufassen und ggf. an die Politik weiterzugeben (vgl. Abb. 3.10).

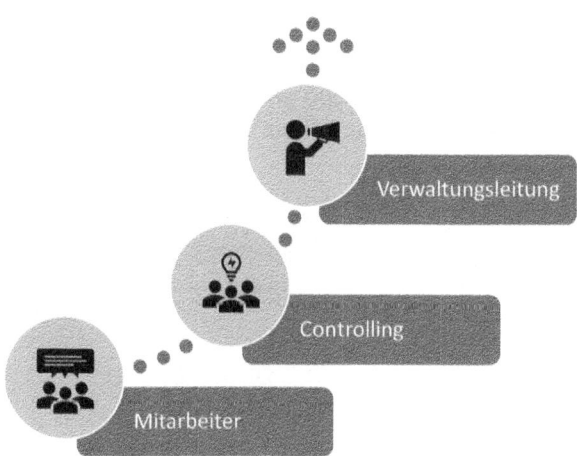

Abb. 3.10   Ablauf der internen Risikoberichterstattung. (Quelle: Eigene Darstellung)

Neben der dargestellten Informationsfunktion dient ein funktionierendes Reporting auch einzelnen Legitimations- bzw. Haftungszwecken. Sowohl der Politiker als auch der Verwaltungsbeschäftigte sollte darauf achten, die ihm vorliegenden Informationen zeitnah weiterzugeben, um so sicherzustellen, dass sich beim tatsächlichen Gefahreneintritt für ihn keine persönlichen Konsequenzen wegen unzureichender Kommunikation ergeben.

3.3.4 Risikosteuerung

Im Rahmen der Risikosteuerung stellt sich nun die Frage, wie mit den identifizierten und bewerteten Risiken umgegangen werden soll. Die Literatur sieht hier grundsätzlich vier mögliche Gegenmaßnahmen vor: Entweder die generelle Vermeidung der Risiken, die Minderung der entsprechenden Risiken, Outsourcing, also das Verlagern der Risiken, oder aber eine grundsätzliche Akzeptanz des Risikos (Körner et al., 2015, S. 133).

Diese Maßnahmen stellen eine Hierarchie dar und sind grundsätzlich in die Risikokultur und die Risikostrategie der Gemeinde einzuordnen. Erste Wahl sollte generell die Risikovermeidung sein, im Gegenzug dürfte die Akzeptanz eines Risikos die letzte denkbare Maßnahme sein. Dazwischen bewegen sich Risikominderung und -outsourcing (vgl. Abb. 3.11).

Welche Maßnahme, für welches Risiko grundsätzlich geeignet ist, kann nur aufgrund genauerer Betrachtung ermittelt werden. Dabei sind auch hier die angesprochenen Dimensionen „Eintrittswahrscheinlichkeit" und „potenzielle Schadenshöhe" elementar, um eine erste Einschätzung bezüglich geeigneter Gegenmaßnahmen vornehmen zu können. Weiterhin stellt sich oftmals die

Abb. 3.11 Maßnahmen im Rahmen der Risikosteuerung. (Quelle: Eigene Darstellung in Anlehnung an Körner et al., 2015, S. 133)

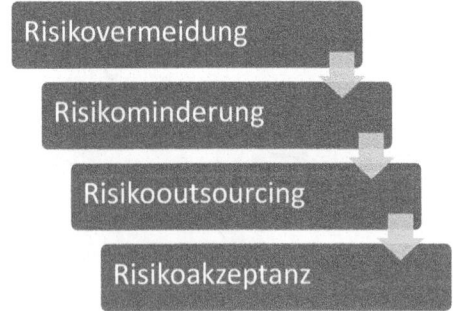

Frage, ob überhaupt, und wenn ja, mit welchem Aufwand eine vollständige Risikovermeidung erzielt werden kann.

Nur bei den Risiken mit geringer Eintrittswahrscheinlichkeit und geringer Schadenshöhe ist die simple Akzeptanz des Risikos denkbar. Sofern eine der beiden Dimensionen signifikant ansteigt, sollte zumindest über Outsourcing oder die Minderung des Risikos nachgedacht werden. Bei den „dringenden" Risiken, also den Risiken mit hoher Eintrittswahrscheinlichkeit und potenziell hohem Schaden, sollte, wenn möglich auf eine Vermeidung hingewirkt werden (Körner et al., 2015, S. 134).

Unter gewissen Umständen bieten sich für gewisse Risiken auch spezielle Gegenmaßnahmen offensichtlich an. So kann die Schadenshöhe bei Unwetterschäden durch Outsourcing des Risikos auf eine Versicherungsgesellschaft auf nahezu „null" reduziert werden. Dementsprechend bieten die beiden Dimensionen „Eintrittswahrscheinlichkeit" und „potenzielle Schadenshöhe" lediglich ein erstes Indiz für die Wichtigkeit der Risiken und denkbare Gegenmaßnahmen. In jedem Einzelfall ist genau zu prüfen, welche Optionen die Kommune in der Praxis tatsächlich hat.

Im Ergebnis muss jedes Risiko separat eingeordnet, bewertet und überwacht werden. Eine Risikovermeidung ist eben nicht immer möglich, wohingegen eine Risikominderung in anderen Bereichen einfach und praktikabel durchzuführen ist. Jedem Risikobereich muss mit individuellen Risikostrategien begegnet werden, so kann dem Zinsänderungsrisiko mit einem funktionierenden Finanzmanagement und langen Kreditlaufzeiten relativ einfach entgegengewirkt werden. Im Vergleich dazu kann die Gemeinde die wirtschaftliche Schieflage eines großen Gewerbesteuerzahlers lediglich beobachten und somit frühzeitig erkennen, verhindern kann sie eine solche Entwicklung aber nicht.

3.3.5 Risikoüberwachung

Nach der Risikoidentifizierung und der entsprechend notwendigen Steuerung ist die regelmäßige Überwachung von größter Bedeutung. Das Risikomanagement stellt eben keinen einmaligen Vorgang dar, sondern einen stetigen Prozess. Daher müssen die lokalisierten Risiken gesteuert und gleichzeitig die Identifikation von neuen Risiken weiter vorangetrieben werden. Nur so ist es möglich, die vorhandenen Risiken im Griff zu behalten und auch neu aufkommende Risiken rechtzeitig zu erkennen (Romeike, 2003, S. 165).

Die Überwachung von Risiken kann in vielen Fällen durch Softwareunterstützung vereinfacht werden. Dabei ist es nicht erforderlich unbedingt teure

Fachanwendungen zu beschaffen. Für die meisten Zwecke dürften die klassische Tabellenkalkulation und die standardmäßigen Funktionen der Finanzsoftware ausreichen, um zumindest eine grundlegende Risikoüberwachung zu betreiben. Weisen die Mitarbeiter beispielsweise auf eine zunehmende Überalterung der kommunalen Infrastruktur hin, so sollte in regelmäßigen Abständen die Entwicklung der Abschreibungen mit den Investitionsauszahlungen abgestimmt werden. Sofern die Investitionen dauerhaft nicht mit den Abschreibungen Schritt halten, wird dieser Investitionsstau sich über kurz oder lang zum ernsthaften Problem konkretisieren. In ähnlicher Weise dürften sich in der Buchhaltungssoftware, der entsprechenden Anwendung des Sozialbereichs oder dem Programm der Immobilienverwaltung viele Möglichkeiten finden lassen, um Risikotatbestände dauerhaft zu überwachen.

Wichtig ist es, hier die diversen Maßnahmen auch zentral zu koordinieren. Eine Stelle muss den Überblick haben, welche Maßnahmen aktuell durchgeführt werden und welche Konsequenzen sich daraus ergeben. In der Praxis dürfte das meistens die Controllingabteilung bzw. der mit dem Controlling betraute Mitarbeiter sein. Dieser Umstand wurde im Übrigen in der Vergangenheit des Öfteren als ein zentrales Problem identifiziert. Eine groß angelegte Untersuchung bei Landkreisen hat in diesem Zusammenhang klare Defizite bei der Organisation ausgemacht, da das Risikomanagement bei mehr als drei Vierteln der befragten Landkreise nur dezentral erfolgt und so nicht wirklich klar ist, wo die Fäden zusammenlaufen bzw. wem überhaupt die Ergebnisse zu übermitteln sind (Derfuß et al., 2016, S. 250).

3.4   Die Risikostrategie

Bei der Risikostrategie handelt es sich neben der Risikokultur um ein weiteres Kernelement eines funktionierenden Risikomanagements. Unter Abschn. 3.1 wurde verdeutlicht wie eng verbunden ein funktionierendes Risikomanagement mit einem konsistenten, nachvollziehbaren Zielsystem ist. Dabei kann natürlich nicht jeder Produktverantwortliche seine eigenen Ziele und Wertvorstellungen verfolgen. Es müssen produktübergreifende Prämissen existieren, die von Politik, Verwaltungsleitung und operativer Ebene gemeinsam getragen werden.

Zeitlich gesehen kann eine solche Risikostrategie nur unter Berücksichtigung einer langfristigen Perspektive wirklich Sinn machen. Die in Kap. 2 dargestellten Unterschiede zu privatwirtschaftlichen Unternehmen verdeutlichen relativ gut, dass die Entwicklung einer Kommune im Kern nur über einen längerfristigen Zeitraum beeinflusst werden kann. Relativ kurzfristige Veränderungen durch neue

Produkte, neue Vertriebswege oder -partner scheiden für Kommunen eigentlich aus. Attraktivitätssteigerungen, das Ausweisen neuer Baugebiete, die Aufwertung der kommunalen Infrastruktur und Ähnliches kann nur langfristig erfolgen und wird sich höchstwahrscheinlich auch nur langfristig positiv auswirken. Insofern ist aus der kommunalen Perspektive zweifelsohne ein langer Atem gefragt.

Die Risikostrategie kann in diesem Kontext auch nicht klar von einer gesamten Strategie bzw. von einem Leitbild abgegrenzt werden. Die Frage, wo ich in zehn Jahren als Kommune sein will, ist untrennbar mit der Frage verbunden, welche Risiken ich bereit bin einzugehen. Wie auch im Unternehmensalltag muss sich auch die Kommune entscheiden, ob sie langfristig eine Expansionsstrategie mit entsprechenden Risiken verfolgen möchte oder ob sie doch lieber die defensive Bestandserhaltung bevorzugt.

Im Kern geht es also darum, folgende Fragen für sich selbst zu beantworten:

- Was ist unser „Markenkern"?
- Was unterscheidet uns von anderen Städten und Gemeinden?
- Wo möchten wir in 5, 10 oder 20 Jahren stehen?
- Was sind die Kernpunkte unserer langfristigen Strategie?
- Und vor allem: Welche Risiken sind wir bereit auf diesem Weg in Kauf zu nehmen?

In einem zweiten Schritt ist es daraufhin Aufgabe des Gemeindevorstandes und der Verwaltungsleitung, diese Zielsetzungen in praktische Schritte umzuwandeln. Alle Abteilungen und Produktbereiche müssen die gemeindlichen Ziele anerkennen und verfolgen. Auf dem Weg zur langfristigen Zielerfüllung sollten anschließend Meilensteine definiert werden, um die Motivation aller Beteiligten hochzuhalten (vgl. Abb. 3.12).

Je nach Größe der Stadt muss sich auch die Regelungstiefe in der Risikostrategiepyramide (vgl. Abb. 3.12) entsprechend unterscheiden. Für kleinere Kommunen dürfte es ausreichen, die Gesamtstrategie auf Ziele und Meilensteine der Produktbereiche herunterzubrechen. Im Gegensatz dazu dürfte es bei Großstädten jedoch notwendig sein, die Gesamtstrategie bis auf die Ebene der einzelnen Fachabteilung hin aufzuteilen.

Ähnlich dem unter Abschn. 3.3 bereits erläuterten Risikomanagementprozess ist auch die Definition der Risikostrategie kein einmaliger Vorgang. Die Risikostrategie ist zwar langfristig angelegt, muss aber dennoch von Zeit zu Zeit angepasst werden. Sie darf zweifellos nicht im Wochentakt verändert werden. Nichtsdestotrotz muss es sich auch hierbei um einen lebendigen Prozess handeln, der bei Bedarf Veränderungen erfährt, wenn sich herausstellt, dass die

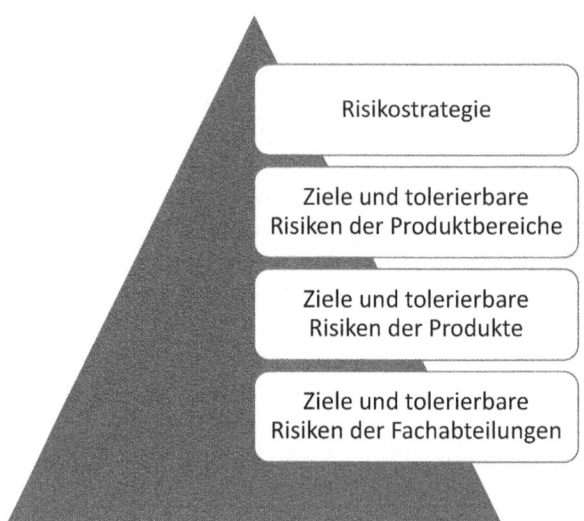

Risikostrategie

Ziele und tolerierbare
Risiken der Produktbereiche

Ziele und tolerierbare
Risiken der Produkte

Ziele und tolerierbare
Risiken der Fachabteilungen

Abb. 3.12 Risikostrategiepyramide. (Quelle: Eigene Darstellung)

maßgebliche Strategie entweder nicht mehr realisierbar ist oder aber niemals zielführend war. Auch grundlegende Rahmenbedingungen können sich ändern, wodurch Anpassungen an der eigenen Strategie unausweichlich werden.

Die Darstellung in Tab. 3.1 wäre unter Berücksichtigung der bisherigen Erläuterungen zum Beispiel für eine Tourismusgemeinde denkbar.

Im Gegensatz dazu müsste eine Kommune, die im Speckgürtel einer Großstadt liegt, natürlich andere Schwerpunkte setzen (vgl. Tab. 3.2).

Die beiden Beispiele machen deutlich, wie wichtig es ist, eine passende Langfriststrategie zu entwickeln und konsequent zu verfolgen. Langfristige Erfolge stellen sich nur ein, sofern bereits frühzeitig auf die Zielvorstellungen hingearbeitet wird. Da es für viele Politiker und engagierte Mitarbeiter nicht einfach sein dürfte, eine passende Risikostrategie für die eigene Kommune zu entwickeln und daraufhin operative Ziele für die einzelnen Produktbereiche zu definieren, werden in den folgenden beiden Abschnitten zu diesem Zweck zwei passende und vor allem einfach umsetzbare Instrumente erläutert.

Tab. 3.1 Risikostrategie einer Tourismusgemeinde

Risiko- bzw. Gesamtstrategie der Gemeinde „Rhön-City"

Die Gemeinde Rhön-City möchte sich weiterhin als attraktive Tourismusgemeinde etablieren. Sie möchte in diesem Zusammenhang interessante Angebote für Wanderer, Angler und Naturliebhaber schaffen und Gewerbetreibende besonders hinsichtlich neuer Tourismusangebote fördern. Eine Kurtaxe soll in vertretbarer Höhe für zusätzliche Einnahmen sorgen

Produktbereich	Finanzen	Bauen und Wohnen	Tourismus und Natur
Zeithorizont 5 Jahre	Einführung der Kurtaxe in vertretbarem Rahmen	Aktuelle Baugebiete final erschließen	Zusätzliche Angebote wie z. B. einen Fahrradverleih schaffen
Zeithorizont 10 Jahre	Trotz zunehmender Landflucht die Grundsteuerhebesätze stabil halten	Innerörtlichen Leerstand bevorzugt an Gastronomen und Hoteliers vermarkten	Dem örtlichen Gastronomenverband überörtliche Bedeutung verleihen
Zeithorizont 20 Jahre	Finanzierungsstruktur der Gemeinde von der Grundsteuer hin zu mehr Gewerbesteuer verändern	Keine neuen klassischen Baugebiete mehr ausweisen. Stattdessen bevorzugt Wiesen ankaufen und zu Naturflächen entwickeln	Einen neuen Tierpark erschließen und den vorhandenen Naturpark mit einem Gütesiegel aufwerten
Akzeptable Risiken	Die Verschuldung muss überschaubar bleiben, auch wenn Veränderungen so nur langsam vorankommen	Risiken durch schwer zu vermarktende Baugebiete sollen gänzlich entfallen. Im Gegensatz dazu akzeptieren wir das Risiko schrumpfender Bevölkerung	Durch den Fokus Naturtourismus akzeptieren wir das Risiko, dass unser Image zunehmend „langweilig" ist

Tab. 3.2 Risikostrategie einer „Speckgürtelgemeinde"

Risiko- bzw. Gesamtstrategie der Gemeinde „Stadtnah"

Die Gemeinde Stadtnah möchte auch weiterhin von den Vorteilen der nahen Großstadt partizipieren. Sie sieht sich vorrangig als Wohnortgemeinde für Personen, die in der Großstadt zwar arbeiten möchten, aber trotzdem gerne ruhiger leben wollen. Eine gute Verkehrsanbindung ist hier enorm wichtig, damit die positiven Effekte aus der nahen Großstadt optimal genutzt werden können

Produktbereich	Finanzen	Bauen und Wohnen	Verkehr und Infrastruktur
Zeithorizont 5 Jahre	Optimierung der Finanzierung durch Umschuldung diverser Kredite	Die bereits begonnene Vermarktung unseres Gewerbegebietes wird abgeschlossen	Die bereits laufende Breitbanderschließung unserer Kommune wird nicht teurer als geplant
Zeithorizont 10 Jahre	Der Fachbereich Finanzen erschließt so viele Fördertöpfe wie möglich, damit umfassend investiert werden kann	Im Gegensatz zur Vergangenheit sollen bevorzugt Baugebiete für Mehrfamilienhäuser ausgewiesen werden	Die Hauptverkehrsstrecke zum angrenzenden Oberzentrum wird um eine Spur erweitert
Zeithorizont 20 Jahre	Die Grundsteuerhebesätze steigen regelmäßig, damit zunehmende Investitionskosten finanziert werden können	Wir kaufen zunehmend Bestandsimmobilien an, um sie daraufhin als Sozialwohnungen am Markt anbieten zu können	Die Stadtbus- und S-Bahnanbindung der angrenzenden Großstadt wird auf unsere Gemeinde erweitert
Akzeptable Risiken	Ein deutlicher Anstieg der Verschuldung wird toleriert, um die notwendigen Investitionen zu ermöglichen	Wir laufen Gefahr langfristig mit deutlich steigenden Mieten konfrontiert zu sein	Wir begeben uns in eine unwiderrufliche Abhängigkeit zur Nachbarstadt

3.4.1 SWOT-Analyse

Vor dem Hintergrund komplexer Rahmenbedingungen ist neben den eigenen Stärken und Schwächen auch das Umfeld mit den Medien, Bürgerinnen und Bürgern, Konkurrenzgemeinden, Partnern und Mitarbeitern bei der Gestaltung der eigenen Risikostrategie zu berücksichtigen. Die Initiierung des angestrebten langfristigen

Erfolgs kann nur über eine klare Ausrichtung der Kommune gegenüber den zuvor genannten Stakeholdern erfolgen.

Bei all den entscheidenden Fragestellungen sind demnach die Konsequenzen abzuwägen. Die Möglichkeiten sind aus möglichst vielen Blickwinkeln zu beleuchten, damit die Politik oder die Verwaltungsleitung eine sinnvolle und transparente Entscheidung treffen kann. Dabei ist eine Systematisierung dieses Abwägungsprozesses vorteilhaft, da so bei jeder Entscheidung vergleichbare Maßstäbe angelegt werden können und die Entscheidung für alle Beteiligten nachvollziehbarer und transparenter wird.

Die Analysis of Strengths, Weaknesses, Opportunities and Threats (SWOT) kommt ursprünglich aus dem Marketing, stellt in diesem Zusammenhang aber auch ein Hilfsmittel dar, um Stärken, Schwächen, Chancen und Risiken des eigenen Unternehmens (oder in diesem Fall: Der eigenen Kommune) bewerten zu können. Aufgrund dieser Beurteilung können dann Rückschlüsse auf die eigene Strategie gezogen werden. Durch die Analyse des eigenen Umfelds soll es demnach ermöglicht werden, eine sinnvolle Strategie zu entwickeln (Kotler et al., 2011, S. 172).

Im Kern geht es bei der praktischen Umsetzung darum, einen Markt, ein Segment oder einen Marktbereich einmal aus der externen und einmal aus der internen Perspektive zu betrachten. Chancen und Risiken des Marktes werden mit den eigenen Stärken und Schwächen des Unternehmens abgestimmt. So kommt man schließlich zu Feldern in die es sich lohnt zu investieren und Segmente, die für die Organisation keine lohnende Investition darstellen. Unter Berücksichtigung der kommunalen Besonderheiten lässt sich dieses Instrument aber genauso auch auf Städte und Gemeinden anwenden.

Die SWOT-Analyse stellt dabei nicht nur fest in welchen Marktbereichen noch Chancen existieren, im Vordergrund steht vor allem die Verknüpfung zu den Kompetenzen der eigenen Unternehmung oder Behörde. Beispielsweise hat sich in den vergangenen Jahren der Markt der Bio-Lebensmittel zu einem boomenden Marktbereich entwickelt. Dennoch könnte es für einen konventionellen Nahrungsmittelhersteller nicht rentabel sein diesen Markt zu erschließen, wenn die eigenen Kompetenzen wie Fachkenntnisse, Marktposition oder die finanzielle Ausstattung dies nicht hergeben. Lohnenswert wird solch eine Maßnahme erst dann, wenn auch das Unternehmen die Voraussetzungen für die Strategie mitbringt, ansonsten kann der Aufwand für die Erschließung des Marktes schlicht zu groß werden.

Den gleichen Nutzen verspricht man sich auch bei der Anwendung im öffentlichen Umfeld:

- Wer oder wo sind die Zielgruppen, die mit unserer Kommunalstruktur am ehesten zu erschließen sind?
- Welche Entwicklungsmöglichkeiten scheinen zwar lohnenswert, sind aber wirtschaftlich oder strukturell nicht umsetzbar?
- Wo befindet sich unsere „Marktlücke", die wir mit den vorhandenen Ressourcen und Kompetenzen optimal besetzen können?

Nicht alle interessanten Märkte sind zwingend auch mit den vorhandenen Ressourcen zu erschließen. Darüber hinaus müssen die mit den Entwicklungsmöglichkeiten einhergehenden Risiken in einem vertretbaren Rahmen bleiben. So wird sichergestellt, dass zumindest die Pflichtaufgaben, auch im Falle eines Misserfolgs, noch gewährleistet werden können.

Am Anfang der Strategieentwicklung empfiehlt es sich, zunächst die Ausgangssituation detailliert zu ermitteln. Nur auf der Grundlage präziser Informationen können sinnvolle Anweisungen oder Ziele formuliert werden. Vor der eigentlichen SWOT-Analyse steht also noch ein Strategie-Audit, um die vorliegenden Gegebenheiten festzustellen. Das Strategie-Audit teilt sich dabei in einen externen und einen internen Bereich auf (Kotler et al., 2011, S. 171).

Bei der externen Analyse steht das makroökonomische Umfeld des Unternehmens oder der Kommune im Vordergrund. Es geht also darum alle, für das Unternehmen relevanten Gegebenheiten, im Umfeld zu untersuchen. Maßgebend sind also die Rahmenbedingungen, die die Organisation nicht oder nur sehr schwer beeinflussen kann. Hierunter fallen zum Beispiel Kaufkraft, Arbeitslosenquote oder Mobilität im Marktumfeld. Je nach Unternehmenszweck könnte auch das Wetter vor Ort oder die geografische Lage eine durchaus signifikante Rolle spielen.

Bei der internen Analyse stehen die Abläufe im Unternehmen im Vordergrund. Die Gegebenheiten in der eigenen Unternehmung werden untersucht, vom Einkauf bis zum Vertrieb. Je nach Größe und Komplexität der Firma kann dies zu einer sehr schwierigen Aufgabe werden. Außer den Abläufen ist auch die finanzielle Situation in die Analyse einzubeziehen, da auch das Zahlenwerk schließlich einen deutlichen Einfluss auf die strategische Ausrichtung des Unternehmens haben kann (vgl. Tab. 3.3).

Genauso lassen sich auch die Parameter, die den Charakter und die Perspektive einer Stadt oder Gemeinde ausmachen in einer solchen Analyse zusammenfassen (vgl. Tab. 3.4).

Wie in Tab. 3.3 und 3.4 dargestellt, ergeben sich schließlich vier Felder in der Matrix. Im Feld links oben treffen Chancen im aktuellen Markt auf Stärken des eigenen Unternehmens oder der eigenen Kommune. Das ist die

Tab. 3.3 Eine fiktive SWOT-Analyse am Beispiel eines Autobauers

Externe Faktoren Interne Faktoren	Chancen	Risiken
Stärken	• Eine zunehmende Tendenz zu Kleinwagen ist erkennbar, bei denen wir technologisch weiter sind als die Konkurrenz • Der Diesel-Antrieb sieht sich weiter mit Kritik konfrontiert. Wir setzen bereits seit Jahren auf Elektroantriebe	• Die amerikanische Regierung fördert zunehmend Startups im Bereich Elektromobilität, unserem Hauptgeschäftsfeld
Schwächen	• Die innovative Verknüpfung eines konkurrierenden Herstellers zwischen Fahrzeug und Smartwatch wird von den Kunden hervorragend angenommen	• Der Handelskrieg zwischen den USA und China schadet den Absatzzahlen großer SUVs, einem Marktsegment mit vornehmlich dieselbetriebenen PKW

Tab. 3.4 Eine fiktive SWOT-Analyse am Beispiel einer Tourismusgemeinde

Externe Faktoren Interne Faktoren	Chancen	Risiken
Stärken	• Internationale Krisen erhöhen seit Jahren den Anteil der Urlauber, die ihren Sommerurlaub in Deutschland verbringen • Sinkende Benzinpreise machen einen Deutschlandurlaub zunehmend günstig	• Sofern sich zukünftig internationale Krisenherde beruhigen, besteht die Gefahr, dass viele Deutsche die Gelegenheit zur Flugreise wieder ergreifen werden
Schwächen	• Viele Deutschlandurlauber schätzen zunehmend den Charme eines Strandurlaubs in Deutschland. Unsere geografische Lage im Schwarzwald ist aber unveränderbar	• Immer weniger Menschen ziehen Tourismusregionen als dauerhaften Wohnsitz in Erwägung. Für uns ist das doppelt problematisch, da wir seit Jahren mit der Landflucht junger Menschen zu kämpfen haben

optimale Konstellation, die der Organisation hervorragende Entwicklungschancen bietet. Es gibt also konkrete Möglichkeiten, die mit den eigenen Stärken ideal kombiniert werden können. Wohingegen im Feld unten links ebenfalls Chancen existieren, die aber nicht zum Firmen- oder Gemeindeprofil passen. In der Tab. 3.3 ist unten links von einer neuen Innovation durch die Verknüpfung von Fahrzeug und Smartwatch die Rede. Diese technische Entwicklung wird jedoch aufgrund des bestehenden Patentschutzes ausschließlich von einem anderen Konzern vermarktet.

Die Felder rechts oben und rechts unten stellen aufgrund meist nicht beeinflussbarer Entwicklungen des Umfeldes eher Risiken dar. Zum einen ermöglicht die amerikanische Förderpolitik den Konkurrenten den Aufbau neuer Werke im Bereich Elektromobilität, zum anderen stagniert der Umsatz bei großen SUVs wegen der Streitigkeiten zwischen den USA und China. In beiden Fällen handelt es sich also um Risiken für uns. In diesem Beispiel wäre es denkbar, die noch verbliebenen Investitionen in den Bau von SUVs komplett einzustellen, um unseren Vorsprung im Bereich Elektromobilität behaupten zu können.

Genauso lässt sich auch das Beispiel aus der kommunalen Welt interpretieren. Mit der Positionierung als Tourismusgemeinde besetzen wir einen stark wachsenden Markt, der auch zukünftig interessante Entwicklungsmöglichkeiten bietet. Gleichzeitig ist der alleinige Fokus auf diese Ausrichtung auch risikobehaftet, da die Urlauber bei einer Entspannung der weltweiten Krisenherde relativ schnell die Flugreisen wieder vorziehen könnten. Es fällt auf, dass mit der Marktlücke „Strandurlaub in Deutschland" eine noch dynamischer wachsende Marktlücke besteht. Es ist uns jedoch schlichtweg unmöglich diese Marktlücke zu besetzen, ganz gleich welche Anstrengungen wir unternehmen. Eine kommunale bzw. öffentliche Besonderheit.

Die Chancen und Risiken im Umfeld des Unternehmens sind für den wirtschaftlichen Erfolg von elementarer Bedeutung. An erschreckenden Beispielen wie Nokia, die den Trend vom mobilen Telefon zum Smartphone nicht rechtzeitig erkannt haben, lässt sich gut erkennen, welche gravierenden Folgen die mangelhafte Beobachtung der Marktgegebenheiten haben kann (Spiegel, 2017). Ähnliche Entwicklungen treffen aber auch auf Städte und Gemeinden zu. So ist die Stadt Offenbach die ärmste Region Deutschlands, die weder in den alten Bundesländern noch im Ruhrgebiet liegt, und das obwohl sie mit ihrer Lage im Rhein-Main-Gebiet durchaus über attraktive Entwicklungschancen verfügt (Wirtschaftswoche, 2019).

Die Chancen und Risiken befinden sich permanent im Wandel. So kann sich ein Risiko schnell zu einer Chance entwickeln und auch umgekehrt. Die

Gemeinde muss deswegen genau wie der Unternehmer für möglichst viele denkbare Entwicklungen Handlungskonzepte griffbereit haben. Die Risiken haben
dabei nicht nur unterschiedlich große Auswirkungen, sondern auch eine unterschiedlich große Eintrittswahrscheinlichkeit. Auch das muss bei der langfristigen
Strategie immer bedacht werden.

Die Analysis of Strengths, Weaknesses, Opportunities and Threats stellt
ein praktisches und einfach zu handhabendes Instrument zur Abwägung verschiedener Entscheidungsalternativen dar. Dabei stellt sie trotz ihrer Einfachheit
verschiedene Blickwinkel und Sichtweisen übersichtlich gegenüber und führt so
systematisch zu einer begründeten Entscheidung. Sie ist Teil des strategischen
Planungsprozesses eines Unternehmens und kann in diesem Zusammenhang auch
dazu eingesetzt werden, sich sukzessive eine langfristige Entwicklungs- und
Risikostrategie zu erschließen.

Außerdem spricht für solch eine systematisierte Verfahrensweise die Transparenz des Entscheidungsprozesses. Die Argumente, die für die gewählte Alternative ausschlaggebend waren, werden dargestellt und festgehalten und können so
den betroffenen Organisationen oder Personen kommuniziert werden. Somit sollte
unter den Beteiligten auch eine erhöhte Akzeptanz für den eingeschlagenen Weg
entstehen, was speziell für öffentliche Behörden und Gebietskörperschaften in
Anbetracht der dortigen Transparenzanforderungen interessant sein dürfte.

Dadurch, dass die SWOT-Analyse sich auf wenige, relevante Gesichtspunkte
beschränkt, ergibt sich die übersichtliche Handhabung und Darstellung. Sie eignet
sich deswegen auch für eine Vielzahl von Fragestellungen, nicht nur im klassischen Marketing, sondern gerade auch im Strategiebereich. Zusätzlich erleichtert
die Einfachheit der Darstellung auch die Kommunikation zu Politik, Gremien
und Bürgerinnen und Bürgern. Die gewonnenen Erkenntnisse können schnell
visualisiert und nachvollzogen werden, was ein hohes Maß an Transparenz und
Nachvollziehbarkeit verspricht.

Wichtig ist, die Analyse in regelmäßigen Abständen zu wiederholen, damit
veränderte Bedingungen auch entsprechend berücksichtigt werden. Es handelt
sich auch hier keineswegs um eine Stichtagsbetrachtung, sondern um eine dauerhafte Entwicklung, die laufende Veränderungen in den Entscheidungsprozess
miteinbeziehen sollte.

3.4.2   Balanced Scorecard

Nachdem eine Gesamtstrategie, ein Leitbild bzw. eine Risikostrategie gefunden
werden konnte, stellt sich anschließend die Frage, wie diese konkret umgesetzt

werden kann. Aufgrund der Vielzahl an Aufgaben und Produkten, die in der Kommunalverwaltung bewältigt werden müssen, ist es erforderlich, die kommunale Zielsetzung auf die einzelnen Bereiche aufzuteilen.

Mit der Balanced Scorecard haben die Wissenschaftler Robert S. Kaplan und David P. Norton in den neunziger Jahren ein Kennzahlensystem entwickelt, dass die aufgezeigte Lücke zwischen Strategiefindung und -umsetzung schließen soll. Dieses System hat sich in der Zwischenzeit zu einem grundlegenden Managementinstrument in vielen zukunftsorientierten Unternehmen entwickelt. Die beiden Wissenschaftler veröffentlichten ihre grundlegende Studie zur Balanced Scorecard 1992 im Harvard Business Manager (Horváth, 2012, S. 232).

Die grundlegende Neuerung bestand damals in der Verknüpfung verschiedener Kennzahlen, die sowohl monetär bewertbare als auch nicht monetär bewertbare Einflussgrößen miteinander verbinden sollte. Eindimensionale Leistungskennzahlen waren bereits bekannt und verbreitet. Bei der Balanced Scorecard lag der Fokus jedoch nicht nur, wie zur damaligen Zeit üblich, auf der Betrachtung der Vergangenheit, sondern durch die Einbeziehung nicht monetärer Kennziffern wie der Kundenzufriedenheit auch auf Einflussgrößen, die Rückschlüsse auf die zukünftige Entwicklung des Unternehmens zulassen (Stephan, 2014, S. 167).

Das Kennzahlensystem der Balanced Scorecard ermöglichte in der Folgezeit für die Unternehmen einen ganzheitlichen Blick auf ihr Unternehmen, der mit den zuvor bekannten Managementmethoden in dieser Form nicht durchführbar war. Auf dieser Grundlage war es möglich, Probleme frühzeitig zu erkennen, die sich in den bisher bekannten, monetären Kennzahlen und Kennzahlensystemen erst wesentlich später niedergeschlagen hätten.

Die Balanced Scorecard setzt dementsprechend an der Schnittstelle zwischen strategischer Grundsatzplanung und der kurzfristigen, operativen Planung an. Der Übergang zwischen diesen beiden Planungsebenen stellt die verantwortlichen Personen in der Verwaltungs- und Unternehmenspraxis immer wieder vor verschiedene Umsetzungsprobleme. Meist besteht das Hauptproblem darin, die grundsätzlichen strategischen Zielsetzungen der Organisationseinheit in praktikable Einzelziele oder Einzelprozesse aufzuteilen, die sich zur Umsetzung im Arbeitsalltag eignen. In diesem Kontext eignet sich die Balanced Scorecard hervorragend dazu, die langfristige Risikostrategie auf die einzelnen Produktbereiche aufzuteilen.

Mit der Balanced Scorecard steht der Kommune ein flexibel einsetzbares Managementinstrument zur Verfügung, welches sich nicht allein auf monetäre Einflussgrößen beschränkt. Die Balanced Scorecard sieht in aller Regel die finanzielle Perspektive, die Kundenperspektive, die interne Prozessperspektive und die Innovations- bzw. Wissensperspektive (auch bekannt als sog. Mitarbeiterperspektive) vor. Das Zusammenspiel dieser Sichtweisen soll eine möglichst ganzheitliche und umfassende Betrachtung ermöglichen (Horváth, 2012, S. 232 f.).

Die Gesamtvision bzw. das Leitbild, also in gewisser Weise die Langfriststrategie, wird auf die einzelnen Perspektiven heruntergebrochen. Die einzelnen Perspektiven werden wiederrum in separate Ziele und Kennzahlen aufgeteilt, so dass eine genaue Definition der einzelnen Ausprägungen des großen „Gesamtziels" erfolgen kann. So wird beispielsweise erörtert, was die jeweilige Gesamtstrategie für die finanzielle Perspektive bedeutet. Daraufhin werden aus finanzieller Sicht konkrete Ziele und Kennzahlen gebildet, um die angestrebte Langfriststrategie in greifbare Einzelpunkte umzusetzen.

Die Balanced Scorecard ist in den Controlling- und in den Risikomanagementkreislauf integrierbar und liefert somit Daten sowohl für die Planung als auch für die Rückkopplung am Ende des jeweiligen Kreislaufs. Das System der Balanced Scorecard unterstützt die Verantwortlichen in einem Unternehmen oder einer Abteilung dabei, sinnvolle Planzahlen zu finden, die Erfüllung der Zielvorgaben zu hinterfragen und anschließend die Erkenntnisse in neue Zielvorstellungen einfließen zu lassen und an Stake- und Shareholder zu kommunizieren (Abb. 3.13).

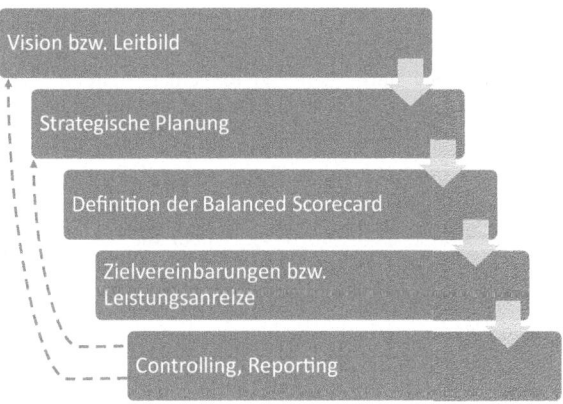

Abb. 3.13 Einbindung der Balanced Scorecard in den Managementprozess. (Quelle: Bieker et al., 2002, S. 363)

Letztendlich sind jährliche Reportings und Feedbackprozesse unerlässlich, damit durch die regelmäßige Rückkopplung auch Anpassungen an der übergeordneten Unternehmensstrategie vorgenommen werden können. So entwickelt sich ein Kreislauf, dessen Bindeglied zwischen Leitbild und operativen Zielen die Balanced Scorecard darstellt. Die Rückkopplung durch Controlling und Reporting führt so idealerweise zu notwendigen Anpassungen an der kommunalen Vision bzw. dem übergeordneten Leitbild.

Bereits Kaplan und Norton haben 1997 die Anwendbarkeit der Balanced Scorecard für die öffentliche Verwaltung und weitere Non-Profit Organisationen nicht gänzlich ausgeschlossen. Im Gegensatz zur Privatwirtschaft tritt die finanzielle Perspektive hier allerdings oft in den Hintergrund. Vorrangige Ziele sind im kommunalen Bereich eher die Gemeinwohlverpflichtung und das Umsetzen der gesetzlichen Aufgaben (Kaplan & Norton, 1997, S. 173–175).

So hat die Balanced Scorecard, wie die meisten Managementmethoden, bis zu ihrer heutigen Form einige Entwicklungsstufen durchlaufen. Die oben genannten Wissenschaftler haben zu dem Thema weitere Artikel im Harvard Business Review in den Jahren 1993 und 1996 veröffentlicht, um die Balanced Scorecard von der theoretischen Idee bis zum praktikablen Managementinstrument weiter zu entwickeln (Stephan, 2014, S. 168).

Inzwischen existieren verschiedenste Abwandlungen der original Balanced Scorecard für unterschiedlichste Branchen, Perspektiven und Anwendungsschwerpunkte. Neben der Anpassung an den öffentlichen bzw. kommunalen Sektor existieren mittlerweile auch diverse Variante für den Anwendungsbereich im Risikomanagementprozess.

Die bereits in Tab. 3.4 aufgezeigte Vision einer Tourismusgemeinde wird in diesem Zusammenhang in Abb. 3.14 wieder aufgegriffen. Um die Vision Tourismusgemeinde im Rahmen einer BSC in die Praxis umzusetzen, gilt es zunächst die einzelnen Perspektiven zu definieren. Allgemein anwendbar ist es, zunächst auf die Perspektiven Kunden, Finanzen, Prozesse und Mitarbeiter abzustellen (Schrapel & Breier, 2009, S. 319). Wobei die Kunden für die Vision Tourismusgemeinde wohl eher als Gäste zu definieren sind.

Anschließend müssen für die einzelnen Perspektiven Ziele und Kennzahlen gebildet werden, damit eine tatsächliche Umsetzung in der Praxis erfolgen kann:

Finanzperspektive

1. Ziel: Die für Touristen bedeutsamen Gebühren und Abgaben müssen in einem überschaubaren Rahmen bleiben.

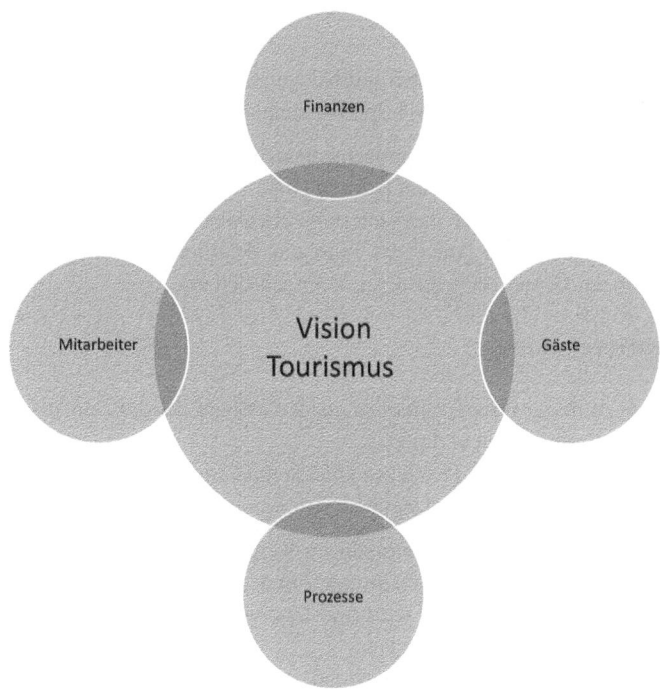

Abb. 3.14 BSC „Tourismusgemeinde". (Quelle: Eigene Darstellung)

2. Ziel: Finanzielle Anreize für tourismusrelevante Angebote müssen geschaffen werden.

3. Ziel: Eine niedrige Gewerbesteuer soll die Gewerbetreibenden im Tourismusbereich entlasten.

1. Kennzahl: Die örtliche Kurtaxe darf in den kommenden fünf Jahren um nicht mehr als 10 % steigen.

2. Kennzahl: Es gelingt, in den kommenden drei Jahren ein kommunales Förderprogramm für tourismusrelevante Betriebe aufzulegen.

3. Kennzahl: Der Hebesatz für die Gewerbesteuer wird in den kommenden fünf Jahren nicht steigen.

Gästeperspektive

1. Ziel: Zufriedenheit der Touristen spürbar steigern.
2. Ziel: Anzahl der Gäste ebenfalls spürbar steigern.
1. Kennzahl: Regelmäßige Befragungen zeigen eine Verbesserung der Zufriedenheit unserer Tourismusgäste um jährlich 10 %.
2. Kennzahl: Die Anzahl der Touristen steigt ebenfalls jährlich um 10 %.
3. Kennzahl: Speziell der Anteil der Touristen, die zum wiederholten Mal ihren Urlaub in der Gemeinde verbringen, steigt jährlich um 20 %.

Mitarbeiterperspektive

1. Ziel: Das Auftreten unserer Mitarbeiter lädt die Menschen dazu ein, ihren Urlaub in unserer Gemeinde zu verbringen.
2. Ziel: Die Kolleginnen und Kollegen können fundierte Auskünfte zu Wanderrouten, Sehenswürdigkeiten und weiteren Attraktionen geben.
1. Kennzahl: In regelmäßigen Befragungen werden die Kompetenz und Freundlichkeit der Mitarbeiter von Jahr zu Jahr mindestens 5 % besser bewertet.
2. Kennzahl: Binnen drei Jahren wird eine Touristeninformation mit entsprechend geschulten Mitarbeitern gegründet.
3. Kennzahl: Alle Mitarbeiter nehmen mindestens einmal pro Jahr an einer internen Schulung bezüglich der örtlichen Attraktionen teil.

Prozessperspektive

1. Ziel: Verbesserung der Zusammenarbeit mit der übergeordneten Tourist-Info des Landkreises.
2. Ziel: Unsere Vermarktung, speziell im Internet, wird wesentlich verbessert.
1. Kennzahl: Pro Jahr finden mindestens vier Arbeitskreissitzungen mit Vertretern des Landkreises statt.
2. Kennzahl: Die durch den Landkreis vermittelten Urlaubsgäste nehmen pro Jahr um 20 % zu.
3. Kennzahl: Die Anzahl der Gäste, die aufgrund unseres Internetauftritts auf die Gemeinde aufmerksam werden, steigt ebenfalls pro Jahr um 20 %
4. Kennzahl: Ein Mitarbeiter nimmt jährlich an mindestens drei Fortbildungen teil, die auf die Erstellung von Internetauftritten abzielen.

Wie bereits eingangs dieses Abschnitts herausgestellt wurde, lebt dieser Prozess in der kommunalen Praxis von seiner regelmäßigen Aktualisierung. Nur wenn die Ziele und Kennzahlen im praktischen Arbeitsalltag auch eine Rolle spielen und aktiv verfolgt werden, kann dieses Steuerungselement die gewünschte Unterstützung auch tatsächlich bieten.

Darüber hinaus ist es empfehlenswert, die Anwendung bzw. Umsetzung der BSC an persönliche Anreizsysteme zu koppeln. Wenn der Einsatz der BSC in der Verwaltungskultur vor Ort allgemein anerkannt ist und der einzelne Mitarbeiter vor Ort einen konkreten Anreiz hat, seinen Anteil zu leisten, ist vermutlich auch von einem dauerhaften Gelingen eines solchen Projektes auszugehen. Dazu wäre es z. B. denkbar, positive Beiträge zum Erreichen der einzelnen Ziele und zur Verbesserung der Kennzahlen in der jährlichen Leistungsbeurteilung oder mit der Gewährung entsprechender Zusatzzahlungen zu honorieren (Fieblinger, 2011, S. 40).

Da in aller Regel zahlreiche Risiken mit den Chancen der Kommune oder des Unternehmens einher gehen, wird in vielen Veröffentlichungen die Erweiterung der BSC um eine Risikoperspektive propagiert (exemplarisch Fieblinger, 2011, S. 46). Dies erscheint zwar einerseits praktikabel, dürfte im ersten Schritt aber nicht zwingend notwendig sein. Da ein Risiko nach vorherrschender Definition (vgl. Abschn. 3.1) eine Abweichung von vordefinierten Zielen darstellt, liefert die BSC auch ohne eine eigenständige Risikoperspektive genug Anhaltspunkte negative Entwicklungen zu erkennen. Allerdings dürfte die Ergänzung einer bestehenden BSC um eine solche Risikoperspektive in einem folgenden, zweiten Entwicklungsschritt durchaus einen Mehrwert bieten. Für das angesprochene Beispiel der Tourismusgemeinde könnte eine solche Risikoperspektive z. B. folgendermaßen aussehen:

Risikoperspektive

1. Risiko: Das Wohlbefinden und das Zusammengehörigkeitsgefühl der Bürgerinnen und Bürgern leidet massiv unter unserer Fokussierung auf den Tourismus.
2. Risiko: Die Ausrichtung als Tourismusgemeinde führt zu deutlichen Belastungen der Umwelt durch Verschmutzung, Lärm usw.
3. Risiko: Die Entwicklung zum Tourismusort bringt mehr finanzielle Be- als Entlastung mit sich.

1. Kennzahl: In regelmäßigen Befragungen wird ein signifikanter Rückgang der Lebensqualität bei den ursprünglichen Einwohnern festgestellt.

2. Kennzahl: In bestimmten Abständen veranlasst der Umweltausschuss unserer
Kommune entsprechende Untersuchungen. Diese zeigen eine Zunahme von
Umweltverschmutzung und Lärmbelästigung von mehr als 3 % pro Jahr.
3. Kennzahl: Ein Vergleich über mindestens fünf Jahre zeigt, dass unsere Strategie
finanziell gesehen mehr Be- als Entlastung mit sich bringt.

Es bleibt schließlich festzuhalten, dass auch die Kommunen die BSC einfach
und sinnvoll in ihre Verwaltungssteuerung einbinden können. Norton und Kaplan
haben mit ihrem Aufbau der BSC kein zwingend einzuhaltendes Schema festgelegt, sondern vielmehr ein flexibles Instrument entwickelt, welches auf nahezu
alle Gegebenheiten angepasst werden kann. Die BSC kann beim global tätigen
Industrieunternehmen ebenso Anwendung finden wie bei der ländlich geprägten
Schwarzwaldgemeinde. Wichtig ist es jedoch, die Perspektiven, Ziele und Kennzahlen kontinuierlich so anzupassen, dass unter Berücksichtigung der jeweiligen
Rahmenbedingungen ein funktionierendes System entsteht.

Literatur

Beike, R., & Schlütz, J. (2015). *Finanznachrichten: Lesen – verstehen – nutzen.* Schäffer-
Poeschel.
Bieker, T., et al. (2002). Erfahrungen und Schlussfolgerungen. In S. Schaltegger & T. Dyllick
(Hrsg.), *Nachhaltig managen mit der Balanced Scorecard* (S. 345–371). Gabler.
Cordes, P., & Odenthal, F. (2016). Risiko- und Chancenmanagement im Gesamtabschluss.
Der Gemeindehaushalt, 5, 97–104.
Derfuß, K., Körner, S., & Lenz, F. (2016). Kommunales Risikomanagement – Empirische
Befunde aus deutschen Landkreisen. *ZFO – Zeitschrift Führung + Organisation, 4,* 249–
256.
Ekkenga, J., & Kramer, A. (2011). Compliance-Risikoanalyse: Nutzen, Umsetzung und
Integration in das RM-System. In A. Klein (Hrsg.), *Risikomanagement und Risiko-
Controlling* (S. 113–134). Haufe.
Fieblinger, D. (2011). *Die Balanced Scorecard als Managementinstrument zur Leitung der
Bundeswehr.* Utz.
Gleißner, W., & Romeike, F. (2005). *Risikomanagement – Umsetzung, Werkzeuge, Risikobe-
wertung.* Haufe.
Horváth, P. (2012). *Controlling.* Vahlen.
Kaplan, R., & Norton, D. (1997). *Balanced scorecard.* Schäffer-Poeschel.
Kommunale Gemeinschaftsstelle für Verwaltungsmanagement. (2010). *Stand der Einführung
des neuen Haushalts- und Rechnungswesens,* Köln. Nicht öffentlicher Bericht, Anfragen
an kgst.de.

Kommunale Gemeinschaftsstelle für Verwaltungsmanagement. (2011). *Kommunales Risikomanagement – Teil 1, das kommunale Risikofrühwarnsystem,* Köln. Nicht öffentlicher Bericht, Anfragen an kgst.de.

Kommunale Gemeinschaftsstelle für Verwaltungsmanagement. (2019). *Bericht 1/2019 Umsetzungsstand des kommunalen Risikomanagements,* Köln. Nicht öffentlicher Bericht, Anfragen an kgst.de.

Kommunale Gemeinschaftsstelle für Verwaltungsmanagement. (2023). *Bericht 5/2023 Risikomanagement – Teil 3: Risikomanagement und Risikocontrolling – Mehrwert, Handwerkszeug und Erfolgsfaktoren,* Köln. Nicht öffentlicher Bericht, Anfragen an kgst.de.

Körner, S., Derfuß, K., & Lenz, F. (2015). Risikomanagement in Kommunen: Status Quo und Gestaltungsempfehlungen. *Der Gemeindehaushalt, 6,* 129–136.

Kotler, P., et al. (2011). *Grundlagen des Marketing.* Pearson Studium.

Müller, G. (1981). *Strategische Frühaufklärung.* Kirsch.

Nehmeyer-Srocke, I. (2020). Die Entwicklung einer Risikokultur ist entscheidend für die Wirksamkeit des Risikomanagementsystems – Ein Praxisbericht. *Der Gemeindehaushalt, 3,* 59–61.

Romeike, F. (2003). Risikoidentifikation und Risikokategorien. In F. Romeike & R. Finke (Hrsg.), *Erfolgsfaktor Risiko-Management* (S. 165–182). Gabler.

Romeike, F. (2018). *Risikomanagement.* Springer Gabler.

Romeike, F., & Hager, P. (2020). *Erfolgsfaktor Risiko-Management 4.0.* Springer Gabler.

Schrapel, J., & Breier, C. (2009). Risikomanagement bei den Berliner Wasserbetrieben. In F. Scholz, A. Schuler, & H. Schwintowski (Hrsg.), *Risikomanagement der Öffentlichen Hand* (S. 307–332). Physica.

Schütz, M. (2009). Risikomanagement aus Sicht des öffentlichen Sektors der Schweiz. In F. Scholz, A. Schuler, & H. Schwintowski (Hrsg.), *Risikomanagement der Öffentlichen Hand (S. 117-152).* Physica.

Schwarting, G. (2015). *Risikomanagement in Kommunen.* Erich Schmidt.

Spiegel. (2017). Was wurde aus Nokia? https://www.spiegel.de/netzwelt/gadgets/nokia-was-wurde-eigentlich-aus-dem-techkonzern-a-1147243.html. Zugegriffen: 26. Apr. 2023.

Stephan, M. (2014). *Strategietransformation.* Springer Gabler.

Vanini, U. (2012). *Risikomanagement: Grundlagen, Instrumente, Unternehmenspraxis.* Schäffer-Poeschel.

Wirtschaftswoche. (2019). Wo die reichsten und ärmsten Städte Deutschlands liegen. https://www.wiwo.de/finanzen/vorsorge/studie-zum-wohlstand-wo-die-reichsten-und-aermsten-staedte-deutschlands-liegen/24245424.html. Zugegriffen: 26. Apr. 2023.

Wöhe, G., Döring, U., & Brösel, G. (2020). *Einführung in die allgemeine Betriebswirtschaftslehre.* Vahlen.

Wesentliche Risiken und entsprechende Gegenmaßnahmen

4

Nach dem das theoretische Fundament gelegt wurde, soll in den weiteren Abschnitten konkret auf einzelne Risikobereiche eingegangen werden. Das soll den Mitarbeiterinnen und Mitarbeitern vor Ort die Möglichkeit geben, die eigene Kommune ohne weitere Umwege hinsichtlich der gängigsten Risiken abzuklopfen. Außerdem beinhalten die einzelnen Teilbereiche auch direkt entsprechende Risikomanagementmaßnahmen. Es soll dem Leser also nicht nur möglich sein, direkt zu überprüfen, ob die Risiken auch in der eigenen Kommune ein wichtiges Thema sein könnten, der Autor beabsichtigt darüber hinaus auch mögliche Lösungsmöglichkeiten aufzuzeigen.

Die Risikobereiche wurden anhand verschiedenster Fachveröffentlichungen gruppiert und zusammengefasst. Die Kategorisierung basiert außerdem auf den Erfahrungen des Autors als langjähriger Kommunalprüfer, Hochschuldozent und Autor diverser Veröffentlichungen.

Es kann hier natürlich keine Gewähr für Vollständigkeit übernommen werden. Beim Risikomanagement muss es sich zwangsläufig um ein höchst individuelles Konzept handeln. Dennoch soll mit den folgenden Erläuterungen der Grundstein gelegt werden, auf dem später weitere, individuelle Maßnahmen aufbauen können.

Autor des Kapitels 4.2: Prof. Dr. Richard Merker, Hessische Hochschule für öffentliches Management und Sicherheit, Kassel, Deutschland, richard.merker@hoems.hessen.de

4.1   Finanzielle Risiken

Finanzielle Risiken stellen ohne Zweifel das bekannteste Risikofeld dar. Sie sind einerseits schwer einzugrenzen, da über kurz oder lang fast jede Angelegenheit auch finanzielle Auswirkungen hat, andererseits sind zu diesem Themenfeld aber bereits umfassende Untersuchungsergebnisse und Hilfestellungen bekannt.

Im Gegensatz zu anderen Risikofeldern hat der Gesetzgeber speziell zu den finanziellen Risiken umfassende Rechtsvorschriften erlassen. Zu den einschlägigen Rechtsnormen zählen Gesetze, Verordnungen, die zugehörigen Hinweise bzw. Verwaltungsvorschriften oder Erlasse des zuständigen Ministeriums. Weiterführende Detailregelungen ergeben sich in vielen Fällen aus der gelebten Praxis, die wiederum größtenteils von den Aufsichtsbehörden und Rechnungsprüfungsämtern bestimmt wird.

Gerade bei den finanziellen Risiken haben die Fehler der Vergangenheit bereits zu entsprechenden Anpassungen der aktuellen Rechtslage geführt. So kam es in der Vergangenheit über die Jahre bei vielen Städten und Gemeinden trotz haushaltsmäßiger Überschüsse zu finanziellen Engpässen. Ursächlich hierfür war oftmals die eindimensionale Perspektive der kameralistischen Haushaltsführung, die wesentlichen Ressourcenverzehr durch Abschreibungen oder Rückstellungen generell außer Acht gelassen hat. Aus diesem Umstand hat man über die Jahre die Notwendigkeit einer Reform des Haushaltswesens abgeleitet. So wurde in Deutschland mittlerweile flächendeckend auf die doppelte Buchführung umgestellt.

Die doppelte Buchführung in Konten („Doppik") erfasst nicht mehr nur die reinen Zahlungsflüsse, sondern stellt auf Ressourcenverzehr und Ressourcenaufkommen ab. Demnach gibt es mehr Erträge als es Einzahlungen gibt, aber auch mehr Aufwendungen als es Auszahlungen gibt. Die Abschreibungen des Anlagevermögens bilden in diesem Zusammenhang das greifbarste Beispiel. Gebäude, Fahrzeuge und Maschinen werden älter und verlieren daher sukzessive an Wert. Dieser Werteverzehr wird in der Doppik über Aufwendungen für Abschreibungen abgebildet. In der Kameralistik hätte dieser Aufwand keinen Niederschlag gefunden, da mit diesem Wertverlust kein Geldfluss einhergeht.

Wie bereits in Kap. 2 unter den kommunalen Besonderheiten aufgezeigt wurde, bleibt den Kommunen bei wesentlichen finanziellen Entwicklungen in aller Regel ohnehin nur die Beobachterrolle. Städte und Gemeinden können grundlegenden gesamtwirtschaftlichen Veränderungen weder durch neue Produkte noch durch die Erschließung neuer Märkte begegnen. Ziel muss es hier grundsätzlich sein, wichtige Entwicklungen frühzeitig zu erkennen, um so gerade die Ausgabenseite rechtzeitig an die neuen Gegebenheiten anpassen zu können.

Im Vergleich dazu ist es für die Kommunen ungleich schwieriger, negativen Entwicklungen durch Anpassungen der Einnahmeseite zu begegnen. Wesentliche Erträge können Städte und Gemeinden lediglich aus Steuern, Zuweisungen, Gebühren und Beiträgen generieren. Dabei sind die Kommunen rechtlichen und praktischen Beschränkungen unterworfen, weshalb Ertragssteigerungen oftmals nur sehr begrenzt möglich sind.

Verbesserungen der Ertragsseite stellen letztlich Belastungen für die Bürgerinnen und Bürger dar. Insofern sind politische Mehrheiten hier nur schwer zu beschaffen. Im kommunalen Umfeld sind die Mandatsträger letztlich auch Gebühren- und Steuerzahler der jeweiligen Kommune. Dieser Umstand erschwert es zusätzlich signifikante Einnahmeverbesserungen zu generieren. Darüber hinaus werden die bedeutsamen Zuweisungen in aller Regel von Bund oder Land gezahlt, sodass die Gemeindefinanzen hier unmittelbar mit der finanziellen Ausstattung übergeordneter Instanzen zusammenhängen.

Steuern

Bei Steuern handelt es sich um allgemeine Deckungsmittel, denen keine direkte Gegenleistung gegenübersteht. Durch sie zieht der Staat den einzelnen Bürger im Rahmen seiner individuellen Leistungsfähigkeit zur Deckung allgemeiner Kosten heran. Die Steuerhoheit liegt grundsätzlich bei den Kommunen, soweit Land und Bund nicht ihrerseits bereits Steuern auf einen bestimmten Sachverhalt erheben.

§ 3 Abs. 1 AO – Steuern, steuerliche Nebenleistungen

(1) Steuern sind Geldleistungen, die nicht eine Gegenleistung für eine besondere Leistung darstellen und von einem öffentlich-rechtlichen Gemeinwesen zur Erzielung von Einnahmen allen auferlegt werden, bei denen der Tatbestand zutrifft, an den das Gesetz die Leistungspflicht knüpft; die Erzielung von Einnahmen kann Nebenzweck sein.

Letztlich stellt sich die Gestaltungsfreiheit der Städte und Gemeinden ohnehin recht eingeschränkt dar, da die wesentlichen steuerbaren Geschäftsvorfälle in aller Regel bereits vom jeweiligen Bundesland oder der Bundesrepublik besteuert werden. Zudem dürfte es im interkommunalen Wettbewerb nur schwer möglich sein, neuartige Steuern im Alleingang zu erheben. Allein der wirtschaftliche Aufwand einer Steuerhebung als Einzelkommune dürfte den Ertrag aus dieser Steuer bei Weitem übersteigen.

Wirkliche Gestaltungsmöglichkeiten ergeben sich meist nur bei den Real-steuern[1]. Die Grund- und Gewerbesteuer steht schon aufgrund grundgesetzlicher Regelungen den Kommunen zu. Die einschlägigen Rechtsvorschriften ermächti-gen die Städte und Gemeinden darüber hinaus auch die maßgeblichen Hebesätze individuell festzulegen. Der vom Finanzamt ermittelte Messbetrag wird mit dem örtlichen Hebesatz multipliziert, wodurch sich die individuelle Steuerlast ergibt. Die Städte und Gemeinden unterliegen aufgrund dieser Systematik jedoch auch einem ständigen Wettbewerb untereinander, der außergewöhnlich starke Steuererhöhungen einzelner Kommunen in der Regel unmöglich macht.

Art. 106 Abs. 6 Grundgesetz

(6) Das Aufkommen der Grundsteuer und Gewerbesteuer steht den Gemein-den, das Aufkommen der örtlichen Verbrauch- und Aufwandsteuern steht den Gemeinden oder nach Maßgabe der Landesgesetzgebung den Gemeindever-bänden zu. Den Gemeinden ist das Recht einzuräumen, die Hebesätze der Grundsteuer und Gewerbesteuer im Rahmen der Gesetze festzusetzen.

Neben den Anteilen an der Einkommen- und Umsatzsteuer, die den einzelnen Kommunen im Rahmen eines komplexen Verteilungsverfahrens teilweise weiter-geleitet werden, stellen die Grund- und Gewerbesteuer die wesentlichen Säulen des kommunalen Ertragsaufkommens dar. Im Gegensatz zur Grund- und Gewer-besteuer sind die Kommunen bei den jeweiligen Anteilen der Einkommen- und Umsatzsteuer jedoch vollständig auf die landes- bzw. bundesgesetzlichen Rege-lungen angewiesen. Insofern können sich Steuerungsmaßnahmen der jeweiligen Gemeinde ausschließlich auf die Höhe des aktuellen Hebesatzes für Grund- oder Gewerbesteuer beziehen.

Zuweisungen
Zuweisungen werden von Bund oder Land entweder für bestimmte Sachver-halte (Schwimmbad, Kinderbetreuung, usw.) oder ohne zugehörige Gegenleistung erbracht. Zuweisungen denen keine direkte Gegenleistung zugeordnet ist, werden in Hessen als sog. Schlüsselzuweisungen bezeichnet. Sie werden vom Land im Rahmen eines komplexen Verteilungsmechanismus gewährt und stellen für einige Städte mitunter die wichtigste Einnahmequelle dar.

---

[1] Entsprechend § 3 Abs. 2 der Abgabenordnung bilden die Grundsteuer und die Gewerbe-steuer die sog. Realsteuern.

§ 17 Abs. 1 HFAG – Schlüsselzuweisungen

(1) Die kreisangehörigen Gemeinden erhalten jährliche Schlüsselzuweisungen. Die Höhe bemisst sich für die einzelne Gemeinde nach ihrer Steuerkraft und dem Verhältnis, in dem ihr durch den Gesamtansatz ausgedrückter Finanzbedarf zu dem Finanzbedarf der anderen kreisangehörigen Gemeinden steht.

Aufgrund struktureller Schwierigkeiten wie z. B. schlechter Verkehrsanbindung, unzureichender Breitbandversorgung, überalterter Infrastruktur oder Ähnlichem sind einige Regionen für Familien und Gewerbetreibende nur wenig attraktiv. Damit gehen meist grundlegende finanzielle Probleme einher, die für die jeweiligen Städte nur schwer zu überwinden sind. Für solche Regionen sind Schlüsselzuweisungen oder auch zweckgebundene Zuweisungen von existenzieller Bedeutung. Das entscheidende Problem ergibt sich hier zumeist aus der quasi nicht vorhandenen Beeinflussbarkeit der Einnahmequelle. Die Kommunen, die zumeist am ehesten auf diese Zuweisungen angewiesen sind, haben in aller Regel nur sehr begrenzten Einfluss auf die Gesetzgebung, die diesen Zuweisungen zugrunde liegt. Eine direkte Beeinflussung dieser finanziellen Unterstützung durch das Land ist für die entsprechenden Städte und Gemeinden ohnehin unmöglich.

Gebühren

Als dritte wesentliche Ertragsquelle sind die Gebühren zu nennen. Gebühren werden entweder als Entgelt für bestimmte Verwaltungsleistungen (Verwaltungsgebühren) oder für die Inanspruchnahme einer öffentlichen Einrichtung (Benutzungsgebühren) erhoben. Die weitaus größeren Erträge ergeben sich hier bei den Benutzungsgebühren, da gerade die Wasser- und Abwassergebühren die Verwaltungsgebühren um ein Vielfaches übersteigen. Wasser- und Abwassergebühren fallen unter die Benutzungsgebühren, weil der Anlieger die Gebühr für die Nutzung der gesamten öffentlichen Einrichtung zahlt und nicht nur für die Teile, die explizit zu seiner Versorgung gebaut wurden. Ein grundsätzliches Problem ergibt sich aber auch in diesem Zusammenhang bei der konkreten rechtlichen Ausgestaltung. Die Gemeinde kann die Gebührenhöhe zwar individuell festlegen, jedoch darf diese maximal die Kosten der jeweiligen Einrichtung decken. Eine Kostenüberdeckung ist untersagt.

§ 10 Abs. 1 KAG Hessen – Benutzungsgebühren

(1) Die Gemeinden und Landkreise können als Gegenleistung für die Inanspruchnahme ihrer öffentlichen Einrichtungen Benutzungsgebühren erheben.

Die Gebührensätze sind in der Regel so zu bemessen, dass die Kosten der Einrichtung gedeckt werden. Das Gebührenaufkommen soll die Kosten der Einrichtung nicht übersteigen.

Insofern soll die Kommune ihre öffentlichen Einrichtungen also kostendeckend betreiben. Einen Deckungsbeitrag für den allgemeinen Haushalt einzukalkulieren ist aber nicht erlaubt. Diese Deckelung macht es den Kommunen unmöglich das Verhältnis zwischen Steuern und Gebühren so anzupassen, dass Einnahmeausfälle auf einer Seite durch Mehrerträge auf der Gegenseite kompensiert werden können. Außerdem steht die Kommune auch hier im interkommunalen Wettbewerb, so dass schon die reine Kostendeckung der öffentlichen Einrichtung in vielen Fällen eine Wunschvorstellung bleibt.

Im Übrigen gelten nahezu identische Regelungen für Beiträge. Durch Beiträge werden begünstigte Bürgerinnen und Bürger an Investitionen in Straßen, Wasserleitungen oder Abwasserkanälen beteiligt. Auch hier gilt das Kostendeckungsprinzip, so dass auch Beitragsmaßnahmen keine zusätzlichen Erträge für den allgemeinen Haushalt abwerfen. Die Gemeinde darf nur den tatsächlich entstandenen Aufwand für die jeweilige Straße oder den entsprechenden Kanal an die begünstigten Anlieger weitergeben.

§ 11 Abs. 1 KAG Hessen – Beiträge

(1) Die Gemeinden und Landkreise können zur Deckung ihres Aufwands für die Herstellung, Anschaffung, Erweiterung und Erneuerung ihrer öffentlichen Einrichtungen Beiträge erheben.

Als Zwischenfazit bleibt festzuhalten, dass Ertragssteigerungen für Städte und Gemeinden nur sehr schwer zu realisieren sind. Zuweisungen sowie Anteile an Einkommen- oder Umsatzsteuer werden von Seiten des Landes je nach Haushaltslage gewährt. Gebühren und Beiträge dürfen höchstens kostendeckend erhoben werden, so dass im Ergebnis wesentliche Ertragssteigerungen nur durch Anpassung der Hebesätze für Grund- und Gewerbesteuer herbeigeführt werden können. Doch auch hierbei sind den Kommunen in der Praxis enge Grenzen gesetzt, denn die Städte und Gemeinden stehen im direkten Wettbewerb miteinander. So ist es in der Praxis kaum denkbar, dass innerhalb einer Region deutliche Unterschiede bei den Grund- oder Gewerbesteuerhebesätzen dauerhaft bestehen können.

Umso wichtiger ist es jedoch, nicht nur die eigene wirtschaftliche Situation, sondern auch das gesamtwirtschaftliche Umfeld regelmäßig zu beobachten. Zum einen schlagen sich negative konjunkturelle Entwicklungen über kurz oder lang

auch in der eigenen Gemeinde nieder. Zum anderen ist es bei konsequenter Beobachtung der Wirtschaftslage eventuell möglich, frühzeitig finanzielle Rücklagen
für eine drohende Krise zu bilden.

4.1.1 Konkrete finanzielle Risiken

Obwohl das Ausmaß und die Bedeutung finanzieller Risiken im Einzelfall nur
schwer greifbar sind, soll in den folgenden Abschnitten auf einige Spezialfälle
dezidiert eingegangen werden. Auf diese Fallkonstellationen wird regelmäßig in
einschlägigen Veröffentlichungen der KGSt, des Hessischen Rechnungshofes oder
des zuständigen Ministeriums hingewiesen.

Abhängigkeit von einzelnen Gewerbesteuerzahlern
In vielen Gemeinden sind die Rathausfinanzen entweder von wenigen Gewerbe-
betrieben oder sogar nur von einem großen Gewerbesteuerzahler abhängig. Dieser
Umstand kann in konjunkturell soliden Zeiten zwar angenehm sein, führt aber in
Krisenzeiten unweigerlich zu enormen Haushaltsdefiziten.

Mit steigenden Gewerbesteuererträgen geht in solchen Kommunen zumeist auch
ein gesteigertes Anspruchsdenken der Bürgerinnen und Bürger einher. Annehmlich-
keiten, die sich die Stadt daraufhin in Zeiten gut gefüllter Kassen gönnt, lassen sich
oftmals nicht kurzfristig wieder abschaffen. Mit einem neuen Sportplatz, einem
neuen Schwimmbad oder einem zusätzlichen Kindergarten gehen regelmäßig hohe
Fixkosten einher, die auch in Zeiten rückläufiger Steuererträge weiterhin getragen
werden müssen (sog. Fixkostenfalle).

Der Präsident des Hessischen Rechnungshofes, Walter Wallmann, hat diesbezüglich das Zitat geprägt „Haushalte werden in guten Zeiten ruiniert" (Mitteldeutsche
Zeitung, 2019). Er spielt damit genau auf den Aspekt an, dass langlebige Wirt-
schaftsgüter ohne Berücksichtigung von Folgekosten angeschafft werden, obwohl
die Steuereinnahmen wahrscheinlich nur übergangsweise sprudeln.

Außerdem bleibt die Situation der Gemeinde in aller Regel auch dem bzw. den
Gewerbebetrieben nicht verborgen. In Zeiten rückläufiger Gewinne birgt diese Konstellation die zusätzliche Gefahr, dass der Hauptgewerbesteuerzahler die Kommune
unter Druck setzen kann, um für sich bessere Konditionen heraus zu handeln.

**Unzureichende, unregelmäßige oder falsche Gebühren- und Beitragskalkula-
tionen**
Ein weiteres finanzielles Standardrisiko ergibt sich oftmals aus den Anforderungen des kommunalen Abgabenrechts. Gebühren müssen in Hessen zumindest in

einem fünfjährigen Rhythmus vor- und nachkalkuliert werden. Dabei setzen rechtssichere Abgabenbescheide eine korrekte Anwendung des Abgabenrechts voraus. Gleichzeitig setzt auch die korrekte Beitragserhebung entsprechende Kalkulationen voraus. In beiden Fällen handelt es sich um höchst komplexe Rechtsgebiete, deren Regelungen sich hauptsächlich aus der einschlägigen Rechtsprechung ergeben.

Daraus können unter Umständen mehrere konkrete Risiken resultieren. Falsch kalkulierte Gebühren sind grundsätzlich angreifbar, sofern einzelne Gebührenzahler Widerspruch gegen ihre jeweiligen Bescheide einlegen. Rein rechtlich betrachtet haben zwar nur die Personen und Unternehmen Erstattungsansprüche, die auch Widerspruch eingelegt haben, aus politischer Perspektive dürfte es im Falle negativer Gerichtsentscheidungen in den meisten Fällen aber erforderlich sein, die Bescheide aller Gebührenzahler zu korrigieren.

Ähnlich verhält es sich im Bereich der Beiträge. Da es sich hierbei jedoch in aller Regel um wesentlich höhere Summen handelt, ist die Bereitschaft der betroffenen Bürger gegen die entsprechenden Bescheide vorzugehen meist ungleich höher. Diese ohnehin schon vorhandene Tendenz wurde noch zusätzlich angeheizt, indem der Gesetzgeber in Hessen im Vorfeld der Landtagswahl 2018 die Straßenbeiträge von der Soll-Vorschrift zur Kann-Regelung umformuliert hat. Diese Rechtsänderung macht es den Städten und Gemeinden in Hessen zunehmend schwierig Straßenausbaubeiträge zu erheben, da diese Beitragsform aus rechtlicher Sicht eben nicht mehr erhoben werden muss.

Beispiel: Kasselwasser

Ende des Jahres 2018 hat der VGH Kassel die Wassergebührenerhebung der Stadt Kassel für das Jahr 2012 für unzulässig erklärt (Aktenzeichen 5 A 1307/171). Eine fälschlicherweise umgelegte Konzessionsabgabe hat zur Rechtswidrigkeit der Bescheide geführt. Obwohl nur zwei von etwa 70.000 Gebührenzahlern klagten, ist davon auszugehen, dass aus politischen Gründen eine Korrektur aller Bescheide notwendig sein wird. Eine Hochrechnung der Hessischen Niedersächsischen Allgemeinen Zeitung (HNA) geht von einem Gesamtbetrag von etwa 25 Mio. EUR aus (HNA, 2021).

Im Rahmen des Revisionsverfahrens hat das BVerwG diese Entscheidung allerdings wieder aufgehoben (Urteil vom 23.03.2021, 9 C 4.20), sodass die Rechtmäßigkeit der damaligen Wassergebühr auch mehr als zehn Jahre später ungeklärt ist.◄

Der Kommunalbericht 2020 des Hessischen Rechnungshofes hat gezeigt, dass einzelne fehlerhafte Kalkulationen nicht das einzige Problem der Kommunen darstellen. Auf Grundlage der Gebührenjahre 2014 bis 2018 wurde die ord-nungsgemäße Kalkulation der Wasser- und Abwassergebühren diverser Städte und Gemeinden überprüft. Von den geprüften 14 Kommunen hatten drei Städte und Gemeinden in beiden Bereichen weder Vor- noch Nachkalkulationen erstellt. Allein die Stadt Reichelsheim in der Wetterau konnte rechtssichere Kalkulatio-nen vorlegen, die Kalkulationen der verbliebenen zehn Gemeinden entsprachen zumindest teilweise nicht den rechtlichen Anforderungen (Hessischer Rechnungs-hof, 2021a, S. 137).

Die einzelnen Gebührenkalkulationen waren nicht nur größtenteils falsch und damit rechtswidrig, sondern wiesen mitunter auch enorme Defizite auf, was vornehmlich mit der politischen Festsetzung der Gebühren zu tun hatte (Hes-sischer Rechnungshof, 2021a, S. 138). Grundlage für den Gebührensatz war also nicht das Ergebnis einer fundierten Kalkulation, sondern viel mehr die politische Willensbildung in den Gremien.

Fehlende Jahresabschlüsse
Bei der Erstellung kommunaler Jahresabschlüsse hat sich über die vergange-nen Jahre ein teilweise immenser Rückstand aufgebaut. Das ist gerade vor dem Hintergrund der herausgehobenen Stellung des Jahresabschlusses in der haushalts-rechtlichen Systematik besonders bemerkenswert. Seit der Einführung der Doppik stellt der Jahresabschluss das zentrale Steuerungsinstrument in den Kommunen dar. Im Jahresabschluss werden das Vermögen, die Schulden sowie das Res-sourcenaufkommen und der Ressourcenverzehr abgebildet. Das dort dargestellte Zahlenmaterial bildet daraufhin die zentrale Grundlage für die Entscheidungen der kommunalen Gremien.

Somit stellen fehlende Jahresabschlüsse nicht nur ein finanzielles Risiko, son-dern ein grundsätzliches Risiko für die jeweilige Verwaltungsleitung dar. Dieser Umstand wurde vom Hessischen Rechnungshof letztmalig im Kommunalbericht 2015 thematisiert. Damals hatten 22 der geprüften 26 Gemeinden Rückstände bei der Erstellung der Jahresabschlüsse. 14 von 26 Gemeinden hatten sogar mehr als drei Jahre Rückstand. Diese Verzögerungen machen eine strategische Steuerung der Kommunen nahezu unmöglich, da letztlich kein belastbares Zahlenmaterial vorhanden ist (Hessischer Rechnungshof, 2016, S. 95).

Der hessische Gesetzgeber hat dieses Problem genauso wie andere Landespar-lamente erkannt und daraufhin entsprechende Förderprogramme und verschärfte Rechtsvorschriften erlassen. Die grundsätzliche Problematik besteht jedoch weiter-hin.

Risiken im Rahmen kommunaler Geldanlage oder Kreditfinanzierung

Im Gegensatz zur kommunalen Geldanlage und der unter Umständen notwendigen Kreditfinanzierung werden Schwimmbäder und Bürgerhäuser meist gehegt und gepflegt. Ein aktives Management der kommunalen Finanzierung findet allerdings oft nur rudimentär statt. In vielen Fällen werden Kreditverträge nicht systematisch überwacht und Geldanlagen werden einfach routinemäßig bei der Hausbank getätigt. So werden Erträge einerseits verschenkt, andererseits werden für Kredite eventuell überhöhte Konditionen gezahlt oder Kündigungsfristen verstreichen ungenutzt.

Dies kann sich bei entsprechendem Umfang zu einem ausgewachsenen Problem entwickeln. Gegenmaßnahmen sind hier dringend erforderlich, da hier nicht nur kommunale Finanzmittel in Gefahr sind, sondern unter gewissen Umständen auch eine persönliche Haftung der handelnden Personen im Raum stehen könnte (Mager, 2015, S. 14).

§ 92 Abs. 2 HGO – Allgemeine Haushaltsgrundsätze

(2) Die Haushaltswirtschaft ist sparsam und wirtschaftlich zu führen. Dabei hat die Gemeinde finanzielle Risiken zu minimieren. Spekulative Finanzgeschäfte sind verboten.

Die denkbaren Probleme sind in diesem Zusammenhang relativ vielschichtig. Durch eine zu konservative Anlage, die über Jahre bei der gleichen Bank getätigt wird, verschenkt die Kommune unter Umständen Geld. Andererseits sind risikoreiche Anlagen mitunter gar nicht zugelassen und bergen darüber hinaus im Falle eines Verlustes zusätzliche politische Risiken. Aus § 92 HGO ergibt sich zwar das sog. Spekulationsverbot für Kommunen, allerdings lassen die Hinweise zu § 108 HGO Anlagen in Investmentfonds, die ausschließlich Standardwerte umfassen, explizit zu. So dürfte es auch in Zeiten der Nullzinspolitik möglich sein mit überschüssigen Finanzmitteln zumindest kleine Erträge zu erwirtschaften.

Die Probleme auf der Einnahmeseite dürften sich durch die laufende Zinswende mittlerweile zumindest etwas entspannt haben. In den vergangenen Jahren war es faktisch unmöglich durch klassische Bankprodukte eine nennenswerte Verzinsung zu erwirtschaften. Nichtsdestotrotz sind die Zinsen nur aufgrund der gestiegenen Inflation angehoben worden. Somit dürfte die Geldanlage bei der Hausbank immer noch zu negativer Realverzinsung führen, weil sich das Zinsniveau flächendeckend unterhalb der Inflationsrate bewegt.

Auf der anderen Seite birgt auch die oftmals notwendige Kreditfinanzierung teilweise enorme Risiken. Kreditverträge werden von den Kreditgebern oft komplex gestaltet, so dass die einzelnen Klauseln jedes Vertrages nur schwer zu überblicken sind. Relevant sind oft folgende Punkte:

- Kreditlaufzeit und Möglichkeit der vorzeitigen Kündigung
- Dauer der Festzinsvereinbarung
- Variable Gebührenmodelle
- Möglichkeiten zur Sondertilgung

Dabei ist es unbedingt erforderlich die Modalitäten jedes einzelnen Vertrages über Jahre oder sogar über Jahrzehnte konsequent zu beobachten. Nur so kann vermieden werden, entscheidende Fristen oder Fälligkeitszeitpunkte zu verpassen. Schon das in § 92 HGO definierte Wirtschaftlichkeitsgebot verpflichtet Kommunen, mit eigenen Mitteln mögliche Erträge zu erwirtschaften und notwendige Finanzierungen so günstig wie möglich abzuwickeln. Insofern ist es ureigene Aufgabe jeder Finanzabteilung, die ständige Optimierung des eigenen Finanzmanagements voranzutreiben.

Beispiel: Zinsderivate des Landes Hessen

Im Sommer des Jahres 2018 kam es zu einem großen Medienecho als der Hessische Rechnungshof Verluste im Rahmen von Zinssicherungsgeschäften des Landes Hessen anprangerte. Über eine Gesamtlaufzeit von 40 Jahren könnte es möglicherweise zu Verlusten aus sog. Zinsderivaten über etwa 375 Mio. EUR kommen.

Das Bundesland hatte 2011 solche Zinssicherungsgeschäfte abgeschlossen, um sich die historisch günstigen Zinsen langfristig zu sichern. Unglücklicherweise hat sich das schon historisch niedrige Zinsniveau in den nächsten Jahren noch deutlich reduziert, so dass diese Geschäfte zu entsprechenden Verlusten geführt haben (Hessischer Rechnungshof, 2018).◄

Gleichzeitig war in Hessen in den letzten Jahren ein deutlicher Anstieg des Kassenkreditniveaus zu verzeichnen. Kassenkredite sind vom Gesetzgeber ursprünglich zur kurzfristigen Überbrückung finanzieller Engpässe vorgesehen gewesen. Der Hessische Rechnungshof hat in seinem Kommunalbericht 2015 jedoch umfassend dokumentiert, dass solche Überziehungskredite inzwischen zunehmend zum Regelfall geworden sind (Hessischer Rechnungshof, 2016, S. 57 ff.). Nachdem einige Gegenmaßnahmen erfolglos verpufften, hat das Land Hessen mit der sog. „Hessenkasse" erstmals flächendeckend die aufgelaufenen Kassenkredite der Kommunen übernommen. Damit ging jedoch auch eine deutliche Verschärfung der einschlägigen Haushaltsvorschriften in der HGO zum 1. Januar 2019 einher.[2] So sollte sichergestellt werden, dass ein weiteres Ausufern solcher Überbrückungskredite begrenzt werden kann.

Erst kürzlich ist im Zuge der Insolvenz der Greensill Bank das Thema „Einlagensicherung" wieder mehr in den kommunalen Fokus gerückt. Nachdem sich bereits im Jahr 2020 Unregelmäßigkeiten bei der Greensill Bank abzeichneten, musste die Bank mit ihren diversen Tochtergesellschaften im Frühjahr 2021 Insolvenz anmelden. Für die Kommunen, die trotz verschiedener Anzeichen finanzieller Probleme noch Geldanlagen bei der Bank vorhielten, hatte das teilweise dramatische Konsequenzen. Da Städte und Gemeinden seit 1. Januar 2017 nicht mehr vom freiwilligen Einlagensicherungsfonds der Privatbanken geschützt sind, ist der Großteil der Einlagen vermutlich verloren (Der Neue Kämmerer, 2023). Der Schaden ging für einzelne Gemeinden in die Millionen, sodass das Medienecho gravierend ausfiel.

Rechtliche Unsicherheiten
Gerade im kommunalen Umfeld hat sich in den letzten Jahren ein weiteres Risiko zum faktischen Problem konkretisiert. Es handelt sich hierbei um die zunehmende Komplexität und Unsicherheit im Hinblick auf die rechtlichen Vorgaben. Das dynamische politische Umfeld auf nationaler wie supranationaler Ebene hat letztlich Umsetzungsschwierigkeiten bei den Städten und Gemeinden zur Folge.

Zum einen werden insbesondere steuerrechtliche Regelungen regelmäßig überprüft und verändert, zum anderen sind diese Regelungen daraufhin jahrelang in einem Zustand der Unsicherheit, da sie zunächst von der Rechtsprechung ausgelegt und konkretisiert werden müssen.

Diese Entwicklung stellt insbesondere die kleinen Kommunen vor große Probleme. Die kleineren Gemeinden haben weder die Personalressourcen noch die Ausstattung, um solche Prozesse über Jahre kritisch zu begleiten und daraufhin kompetent in der Praxis umzusetzen. Daher bewegen sich diverse Steuer-, Gebühren- oder Beitragserhebungen auf kommunaler Ebene dauerhaft in einem Zustand latenter Unsicherheit.

---

[2] Unter anderem wurde der grundlegende Haushaltsausgleich in § 92 HGO neu definiert und die Kassenkredite wurden zu Liquiditätskrediten umbenannt und deutlich eingeschränkt.

Beispiel: Die kommunale Wettbürosteuer

Die kommunale Wettbürosteuer war in den letzten Jahren Gegenstand diverser Rechtsstreitigkeiten. Das BVerwG hat in seinem Urteil vom 29.6.2017 zunächst festgestellt, dass der oft verwendete Flächenmaßstab unzulässig ist. Die Fläche des Wettbüros gibt den Umfang der platzierten Wetten nicht ausreichend wieder.

Jahre später hat das BVerwG mit diversen Entscheidungen am 20.09.2022 festgestellt, dass eine kommunale Wettbürosteuer, die sich hauptsächlich am Wetteinsatz orientiert, letztlich der bundesrechtlich geregelten Sportwettensteuer gleichartig sei, weshalb sie im Ergebnis unzulässig ist.

In Bremen hat man die Verfahrensweise zwischenzeitlich nun so verändert, dass die Anzahl der vorhandenen Bildschirme als Besteuerungsgrundlage dient. Da das Finanzgericht in Bremen diesen Maßstab bereits 2018 für unzulässig hielt, dürfte nicht davon auszugehen sein, dass die Variante vor dem BVerfG Bestand haben wird (Meier, 2023, S. 25–29).◄

Im Ergebnis lassen sich die finanziellen Risikobereiche, wie in Abb. 4.1 dargestellt, zusammenfassen.

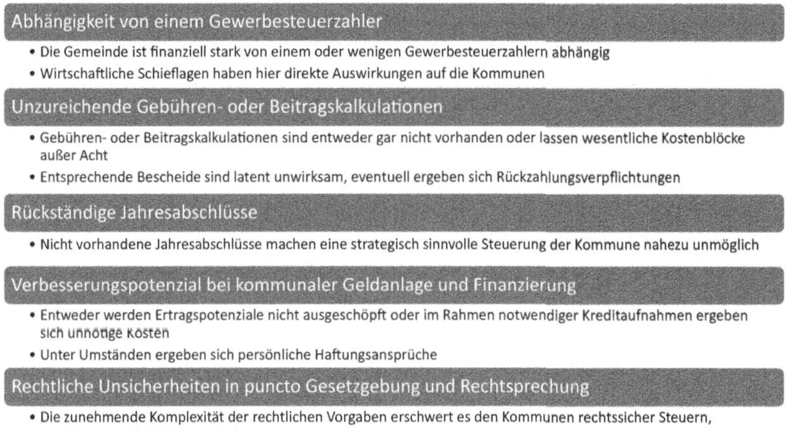

Abhängigkeit von einem Gewerbesteuerzahler

- Die Gemeinde ist finanziell stark von einem oder wenigen Gewerbesteuerzahlern abhängig
- Wirtschaftliche Schieflagen haben hier direkte Auswirkungen auf die Kommunen

Unzureichende Gebühren- oder Beitragskalkulationen

- Gebühren- oder Beitragskalkulationen sind entweder gar nicht vorhanden oder lassen wesentliche Kostenblöcke außer Acht
- Entsprechende Bescheide sind latent unwirksam, eventuell ergeben sich Rückzahlungsverpflichtungen

Rückständige Jahresabschlüsse

- Nicht vorhandene Jahresabschlüsse machen eine strategisch sinnvolle Steuerung der Kommune nahezu unmöglich

Verbesserungspotenzial bei kommunaler Geldanlage und Finanzierung

- Entweder werden Ertragspotenziale nicht ausgeschöpft oder im Rahmen notwendiger Kreditaufnahmen ergeben sich unnötige Kosten
- Unter Umständen ergeben sich persönliche Haftungsansprüche

Rechtliche Unsicherheiten in puncto Gesetzgebung und Rechtsprechung

- Die zunehmende Komplexität der rechtlichen Vorgaben erschwert es den Kommunen rechtssicher Steuern, Gebühren und Beiträge zu erheben

Abb. 4.1 Finanzielle Risiken. (Quelle: Eigene Darstellung)

4.1.2   Risikomanagementmaßnahmen

Obwohl grundlegende Negativentwicklungen im Finanzbereich von den betroffenen Kommunen in aller Regel nicht vermieden werden können, sind diverse Vorsorgemaßnahmen bei kleineren und größeren Gemeinden ohne Zweifel ratsam. Je nach Personalausstattung und Rahmenbedingungen vor Ort müssen die Maßnahmen entsprechend dosiert werden. Wobei bestimmte Schritte bei fast allen Städten und Gemeinden zweckmäßig sein dürften.

Grundsätzlich sind die in Abschn. 3.3.1 angesprochenen Risikoberichte auch von der Finanzabteilung zu erstellen. Mit solchen Meldungen kann sichergestellt werden, dass die wesentlichen finanziellen Risiken in regelmäßigen Abständen an die Verwaltungsleitung herangetragen werden. Diese Standardmeldungen sollten zumindest die unter Abschn. 3.3.1 aufgezeigten Parameter beinhalten. So kann sich die Verwaltungsleitung unter Berücksichtigung der Eintrittswahrscheinlichkeit, des potenziellen Schadens und der risikospezifischen Bedeutung selbst ein Bild machen, inwieweit sich aus dem Risiko konkreter Handlungsbedarf ergibt.

Weiterhin scheint es in begründeten Einzelfällen angebracht zu sein, externe Experten hinzuzuziehen. So kann punktuell externe Unterstützung eingekauft werden, die daraufhin bei einmaligen Problemstellungen aushilft. Natürlich kann ein solcher Beitrag vor dem Hintergrund des Wirtschaftlichkeitsgebotes kein Dauerzustand sein. Bei seltenen speziellen Problemen dürfte eine solche Beratungsleistung allerdings definitiv gerechtfertigt sein. So können die gemeindlichen Beschäftigten aus einer solchen Zusammenarbeit auch persönlichen Nutzen ziehen, in dem sie die eigenen Fähigkeiten erweitern. Sofern also ein Kommunalberater bei rückständigen Jahresabschlüssen unterstützt oder erstmalige Gebührenkalkulationen erstellt, kann die Gemeinde das Ergebnis und den Erstellungsprozess konstruktiv begleiten und die notwendigen Arbeiten mittelfristig selbst leisten. Zumal die daraus resultierenden Kosten mitunter im Rahmen der Gebühren- oder Beitragskalkulationen an die Gebühren- oder Beitragspflichtigen weitergegeben werden können.

Ergänzend ist es sicherlich auch denkbar, das örtliche Rechnungsprüfungsamt oder die Aufsichtsbehörde des Landkreises bei Detailfragen hinzuzuziehen. Die Kolleginnen und Kollegen verfügen über fundiertes Fachwissen und können dieses ohne Entgelt oder bürokratischen Aufwand mit den Beschäftigten in den Gemeindeverwaltungen teilen.

Im Bereich der kommunalen Finanzierung bietet es sich gerade bei größeren Volumina an, ein systematisches Vertragsmanagement aufzubauen. Dazu muss nicht zwangsläufig eine teure Spezialsoftware angeschafft werden. Durch die Kombination einer Tabellenkalkulation mit einer entsprechenden Terminplanungssoftware können Fälligkeiten systematisch erfasst, automatische Vertragsverlängerungen vermieden und eine dauerhafte Vertragsüberwachung sichergestellt werden. Gerade aufgelaufene Kassenkredite müssen unbedingt überwacht werden, da es sich um variable Finanzierungen handelt, die deswegen einem nicht unwesentlichen Zinsänderungsrisiko unterliegen.

Auch im Bereich der Gebühren- und Beitragsberechnungen ist es unbedingt erforderlich, systematisch den Ablauf gewisser Fristen zu überwachen. Gebührenunterdeckungen sind nach Ablauf der genannten Fünfjahresfrist unwiderruflich verloren, genauso verhält es sich bei beitragsrechtlichen Ausschlussfristen bis zu denen Investitionsmaßnahmen endgültig abgerechnet sein müssen.

Zusätzlich ist es in größeren Kommunen üblich, einen separaten Anlageausschuss zu bilden. Dieser Ausschuss ist ausschließlich mit der Verwaltung von Guthaben und Schulden betraut und tritt regelmäßig zusammen, um die notwendigen Vertragsanpassungen vorzunehmen. Durch regelmäßige Sitzungen des Ausschusses ist zudem sichergestellt, dass Fragen der Geldanlage und Finanzierung in gewissen Abständen immer wieder thematisiert werden. Es dürfte in diesem Kontext ratsam sein, einen solchen Ausschuss zumindest teilweise mit Fachleuten zu besetzen (Wambach & Adams, 2011, S. 185).

Generell empfiehlt es sich, so viel wie möglich im Finanzbereich im Rahmen von Richtlinien oder Dienstanweisungen zu regeln. Durch diese starke Formalisierung werden klar strukturierte Zuständigkeiten definiert und eine gewisse Verbindlichkeit sichergestellt. Es ist also klar, wer die Fälligkeiten der Kreditverträge zu überwachen hat, wer für ordnungsgemäße Kalkulationen verantwortlich ist und wer welche Aufgaben innerhalb des Prozesses „Jahresabschlusserstellung" übernimmt.

Final bleibt aber immer noch festzuhalten, dass ein gewisses Restrisiko niemals ganz auszuschließen ist. Vor allem bei Veränderungen, die vor Ort nicht beeinflusst werden können, bleibt der Stadt nur die Beobachterrolle. Hier sollte man aber zumindest die Beobachterrolle so aktiv wie möglich wahrnehmen. Denn es gilt der Grundsatz: Je eher Fehlentwicklungen erkannt werden, umso eher kann man sich darauf einstellen und notwendige Gegenmaßnahmen ergreifen. Deswegen sollte man auch als Kommune mindestens die wirtschaftlichen Entwicklungen im Auge behalten, die direkten Einfluss auf die ortsansässigen Großunternehmen haben. Auch festdefinierte Gesprächstermine mit den wesentlichen Gewerbetreibenden und die Beobachtung einschlägiger Branchentendenzen helfen dabei Gewerbesteuerrückgänge frühzeitig zu erkennen.

Zwischenfazit: Finanzielle Risiken

- Nahezu alle wesentlichen Risiken münden irgendwann auch in einem finanziellen Risiko.
- Städte und Gemeinden haben nur sehr begrenzte Möglichkeiten, ihre Einnahmen zu steigern und müssen daher besonders auf ihre Ausgaben achten.
- Ein funktionierendes Risikoreporting und ein wirksames Vertragsmanagement sind zwingend erforderlich und auch in kleineren Kommunen zu realisieren.
- Mitunter könnte es punktuell sinnvoll sein, auf externe Unterstützung zurückzugreifen. Dabei muss es nicht immer der kostenpflichtige Kommunalberater sein. Einzelne Fragestellungen können auch mit dem Rechnungsprüfungsamt oder der Aufsichtsbehörde des Landkreises erörtert werden.
- Die zuvor genannten konkreten finanziellen Risiken können mitunter existenzbedrohend werden und müssen daher unbedingt überwacht werden.

4.2   Personalrisiken

Dieses Kapitel wurde verfasst von Prof. Dr. Richard Merker, Hessische Hochschule für öffentliches Management und Sicherheit

4.2.1   Das Problem

Die Kommunalverwaltungen befinden sich im Wandel. Stetig werden sie mit neuen rechtlichen, technischen, wirtschaftlichen und gesellschaftlichen Entwicklungen konfrontiert. Durch den politischen Raum werden Aufgaben verändert oder neu hinzugefügt, ohne dass die alten wirklich von der Agenda verschwinden. Hinzu kommt, dass die politischen Entscheidungsträger in der Verwaltungsspitze wie auch im Parlament selbst einer befristeten Verweildauer in den Wahlämtern unterliegen, was zumeist dazu führt, dass ein nachhaltiges und zukunftsorientiertes Handeln die Ausnahme darstellt. Oftmals beschränken politische Entscheidungsträger ihren Handlungs- und Wirkungshorizont auf die Dauer der jeweiligen Legislaturperiode. Flankierend hierzu ergibt sich der Umstand, dass Verwaltungshandeln – auch vor dem Hintergrund der Auflagen der Kommunalaufsicht – vornehmlich an den finanziellen Rahmenbedingungen ausgerichtet wird.

Wie wenig zielführend dieses Zusammenwirken der Einflüsse ist, belegen die Folgen der Einstellungsstopps der vergangenen Jahre, die oftmals erst nach Jahren spürbar werden und dann schwerlich auf einzelne Entscheidungen der Vergangenheit rückführbar sind.

Oftmals sind kleine und mittlere Kommunen gerade einmal dazu in der Lage, mit Mühe das Tagesgeschäft zu bewältigen. Die durchweg überaus knapp bemessene Personaldecke bewirkt, dass keine oder nur zu geringe Ressourcen verfügbar sind, um sich der Weiterentwicklung der Verwaltung zu widmen und sich systematisch mit personellen, organisatorischen und technischen Herausforderungen der Zukunft auseinanderzusetzen.

Es stellt sich so die Frage, wie aktuelle Herausforderungen in Form der Digitalisierung von Verwaltungsleistungen, des demografischen Wandels der Bevölkerung und Belegschaft und der zukünftigen Verknappung der verfügbaren finanziellen Mittel bei gleichzeitigem Aufgabenzuwachs bewältigt werden können. Die damit einhergehenden Veränderungsprozesse sind fast schon zum Misserfolg verurteilt, denn es ist nach einer Vielzahl einschlägiger Studienergebnisse ein offenes Geheimnis, dass Veränderungsprozesse in Wirtschaft und Verwaltung vornehmlich am Faktor Personal scheitern oder zumindest durch diesen gebremst werden.

Fast allerorts wird zeitgleich durch Entscheidungsträger in Politik und Verwaltung betont, dass gerade das Personal die wichtigste Ressource einer Organisation ist. Wenn dies wirklich so ist, so muss das Personal auch als knappe Ressource behandelt und wertgeschätzt werden.

Ein kritischer Blick in die Verwaltungspraxis belegt jedoch, dass Personalmanagement gerade in kleinen und mittleren Kommunen zumeist im Sinne einer Personalverwaltung betrieben wird. Dem nicht einmal überhöhten Anspruch, eine wertvolle Ressource zukunftsorientiert zu steuern, wird die verwaltungsbetriebliche Praxis so leider an vielen Stellen nicht gerecht.

Will eine Kommunalverwaltung für die personalwirtschaftlichen Herausforderungen der Zukunft gerüstet sein, muss sie ein aktives Personalmanagement betreiben. Dies bedeutet unter anderem, sich aktiv mit den personellen Risiken zu beschäftigen, denen auch und insbesondere kleine und mittlere Kommunen ausgesetzt sind. Nun wird oftmals aus dem Kreis kleinerer und mittlerer Kommunen zurecht vorgetragen, dass es neben den finanziellen vor allem an personellen Möglichkeiten fehlt, ein modernes Personalmanagement zu betreiben. So finden bspw. in den seltensten Fällen akademisch qualifizierte Personen eine Stelle in der

Personalabteilung einer kleinen Kommune, weil dort zumeist schlichtweg keine adäquaten Stellen ausgewiesen sind. Dies führt dazu, dass wichtige personalwirtschaftliche Aufgaben, wie bspw. Personalmarketing oder Personalentwicklung, kaum in der notwendigen Art und Weise durchgeführt werden können. Hier ist eine klare Benachteiligung der kleinen und mittleren Kommunen gegenüber größeren Verwaltungen zu sehen. In solchen Fällen sieht der Autor dieses Beitrages vor allem die Landkreise in der Pflicht, die kreisangehörigen Städten und Gemeinden mit Kompetenz zu unterstützen.

Die nachfolgenden Ausführungen beschäftigen sich mit einer Analyse möglicher Risiken in Bezug auf die Ressource Personal sowie den Möglichkeiten, diesen möglichst proaktiv zu begegnen.

4.2.2   Personelle Risiken. Eine Auswahl

Die Auseinandersetzung mit Risiken gehört auch in der Personalmanagementlehre eher zur Ausnahme. Nur wenige und zudem privatwirtschaftlich ausgerichtete Publikationen widmen sich explizit diesem Themenfeld (Kobi, 2012; Klaffke, 2009; Klöti, 2008). Personelle Risiken in der Kommunalverwaltung bleiben so fast gänzlich unbeleuchtet. Die wichtigen Erkenntnisse der Privatwirtschaft zum Management von Personalrisiken haben bislang nur unzureichenden Einzug in die kommunale Praxis und den wissenschaftlichen Diskurs gehalten.

Vorab eine Klarstellung: Risiken ergeben sich zum einen aus dem gewöhnlichen Geschäftsbetrieb der Verwaltung und zum anderen können sie durch längerfristige Entwicklungen hervorgerufen oder verstärkt werden (Klaffke, 2009, S. 3). Anders, als bei manch anderen betrieblichen Risiken (bspw. Naturisiken, Politikrisiken) sind personelle Risiken nicht sofort spürbar und für Entscheider oftmals kaum evident. Oftmals wird ein konkretes Risiko erst wahrgenommen, wenn es im Verwaltungsalltag schmerzhafte Folgen mit sich bringt. Und auch dann wird vornehmlich versucht, dem Risiko auf der operativen Ebene zu begegnen. Oftmals werden die zugrundeliegenden, strategischen Probleme (z. B. im Bereich des Entgeltsystems) nicht angegangen, da die formelle Verantwortung für diese Felder i. d. R. von anderen Institutionen wahrgenommen wird. Hier sind dann die Verbände gefragt, ihren Einfluss gerade auch im Sinne der kleinen und mittleren Kommunen einzubringen.

Es gibt nicht „das" personelle Risiko. Wird ein Blick in die einschlägige Literatur zum Themenfeld der Personalrisiken geworfen, so kann eine Anzahl ähnlich gelagerter zentraler Risikokategorien identifiziert werden (vgl. Abb. 4.2):

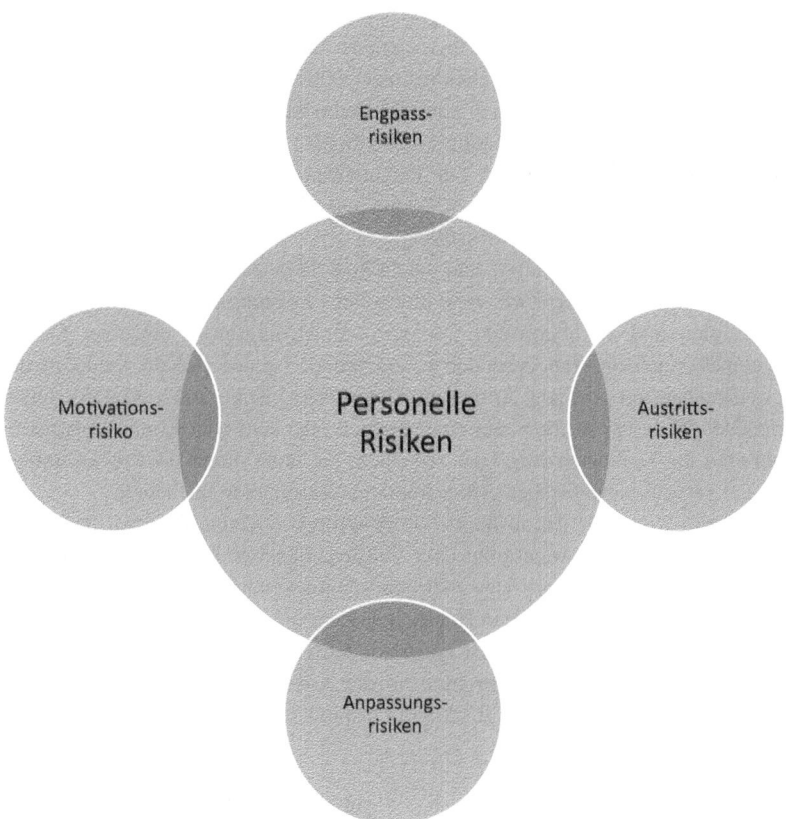

Abb. 4.2 Kategorien zentraler personeller Risiken. (Eigene Darstellung in Anlehnung an Kobi, 2012; Klaffke, 2009)

Darüber hinaus werden vereinzelt noch weitere Risikokategorien identifiziert, wie z. B. das Deliktrisiko (Klöti, 2008). Jedoch sind diese Felder oftmals bereits im Fokus anderer Risikoreduktionsbemühungen (bspw. der internen Revision) oder aber gehen in den hier angeführten vier Kategorien auf.

Die Kategorien werden nun einzelnen aufgeblendet. Es zeigt sich hierbei, dass die Differenzierung der Risikokategorien nicht ganz überschneidungsfrei ist.

4.2.2.1 Engpassrisiken

Das Engpassrisiko bezeichnet die Gefahr, dass der Kommunalverwaltung schlichtweg die notwendigen Leistungsträger fehlen (vgl. Abb. 4.3).

Eine Form der Engpassrisiken sind die **Bedarfslücken**, die sich insbesondere dann ergeben, wenn keine fundierte quantitative und qualitative Personalbedarfsplanung durchgeführt wird. Die Personalbedarfsplanung ist – so überhaupt existent – in kleineren und mittleren Kommunen zumeist weitgehend abgekoppelt von der Gesamtstrategie der Verwaltung.

Eine fundierte quantitative und qualitative Personalbedarfsplanung hat die Aufgabe, zu durchdringen, wie viele und welche Leistungsträger zukünftig benötigt werden und zu überprüfen, ob das Anforderungsprofil einzelner Stellen zeitgemäß erscheint. Ein besonderes Augenmerk lag bei diesem Punkt in der Vergangenheit auf den sog. kritischen Zielgruppen (Kobi, 2012, S. 459). Unter kritischen Zielgruppen innerhalb einer kleinen oder mittleren Kommunalverwaltung sind die Kompetenzträger zu verstehen, die nicht direkt oder nicht einfach auf den verwaltungstypischen Arbeitsmärkten rekrutierbar erscheinen.

Dies gilt bspw. für das in dieser Größengruppe wichtige Personal des gehobenen Dienstes bzw. Angestellter mit vergleichbaren Stellenbewertungen. Auf diesen Stellen sind oftmals sog. „Allrounder" notwendig, für deren Ausbildung die Hochschulausbildung an den Hochschulen der öffentlichen Verwaltung besonders geeignet erscheint. Daher ist ein besonderes Augenmerk darauf zu richten, dass die jeweilige Kommune proaktiv in die Aus- und Fortbildung dieser Personengruppe investiert. Unter Risikogesichtspunkten problematisch erscheint in

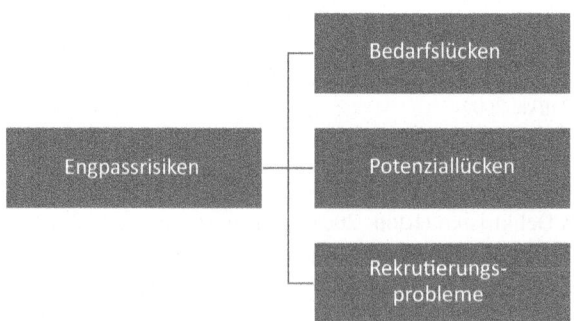

Abb. 4.3 Zentrale Engpassrisiken. (Eigene Darstellung in Anlehnung an Kobi, 2012, S. 45 ff.)

diesem Zusammenhang, dass die vom Gesetzgeber selbst vorgegebene Stellenausstattung („Stellenkegel") kleinerer Kommunen oftmals kaum attraktive Stellen
für akademisch qualifizierte Fach- und Führungskräfte ausweist. Obwohl sämtli-
chen Kommunen immer mehr Aufgaben zugewiesen werden oder zuwachsen,
für die umfassende fachliche Kompetenzen notwendig sind, verfügen diese nicht
über eine Stellenausstattung, um diese Aufgaben auch in der notwendigen Güte
wahrnehmen zu können. So sind in kleineren Kommunen oftmals neben dem Bürgermeister als politischen Beamten nur ein oder zwei Stellen den Entgeltgruppen
des gehobenen Dienstes zugeordnet, wobei diese Stellen dann auch ein recht
umfangreiches Aufgabenspektrum und die damit einhergehende Verantwortung
wahrzunehmen haben. Wenn dann solche Aufgabenträger, die oftmals Leitungs-
aufgaben und Sachbearbeitung (bspw. im Bereich des Ordnungsrechts) aus einer
Hand wahrnehmen, bspw. krankheits- oder fluktuationsbedingt ausfallen, ist die
Handlungsfähigkeit der betroffenen Verwaltung zumindest in Frage gestellt.

Eine strukturierte Personalbedarfsplanung wird zudem oftmals durch politische Entscheidungen konterkariert. Das Personal ist zumeist der erste Adressat
von Kosteneinsparungsprogrammen. Dies führt nicht selten zu einem unüberleg-
ten Abbau der Stellen, die möglicherweise entscheidend für die Sicherung der
Zukunftsfähigkeit der jeweiligen Verwaltung sind.

Personalentscheidungen müssen auch in Krisenzeiten verantwortungsvoll und
zukunftsorientiert getroffen werden, da Defizite in diesem Bereich durchweg
zu negativen Effekten in der Folgezeit führen. Kurzfristigen Sparerfolgen stehen dann (erheblich) höhere „Reparaturkosten" in der Zukunft gegenüber. Will
eine Kommune in der Zukunft handlungsfähig sein, so muss sie zwangsläufig
in die Aus- und Fortbildung des Personals investieren. Wird dieser Forderung
nicht entsprochen, müssen zukünftig vermehrt Leistungen von externen Dienst-
leistern bezogen werden, wodurch spätestens mittelfristig eine kostenintensive
Abhängigkeitsposition begründet wird. Daher muss sich auf der kommunalen
Ebene die Auffassung durchsetzen, dass Kosten für betrieblich notwendige Perso-
nalentwicklungsmaßnahmen ganz klar und eindeutig einen Investitionscharakter
aufweisen.

Quantitative Personalplanungen sind somit zwingend durch qualitative Überlegungen zu flankieren. Hier stellt sich dann die Frage, welche beruflichen
Kompetenzen in den kommenden Jahren von zentraler Wichtigkeit sein werden. Unter anderem muss gerade auch in kleinen und mittleren Kommunen
der Blick auf die zukünftigen Bedarfe zur (veränderten) Aufgabenwahrnehmung gerichtet werden. Zukünftige Verwaltungsarbeit wird mit Sicherheit durch
intensivere Digitalisierung und interkommunale Vernetzung geprägt sein. Zunehmend werden bereits jetzt in einigen Feldern gesetzlich definierte Forderungen

nach einer verstärkten Prozessorientierung erhoben, die kaum Rücksicht nehmen auf die spezifischen Rahmenbedingungen und die Stellenkegel kleinerer
Kommunalverwaltungen.

Fast alle Bereiche des täglichen Lebens sind von Digitalisierung geprägt.
Dies führt auch zu einer veränderten Erwartungshaltung der Bürger, die dann
auch gegenüber kleineren und mittleren Kommunen artikuliert wird. Das bedeutet, dass auch diese früher oder später zu vermehrter Digitalisierung gezwungen
sein werden. Dies sollte nicht nur als Bedrohung wahrgenommen werden, da
auch auf dieser Ebene ein Teil der Sachbearbeitung durch IT-basierte Lösungen übernommen werden und zu einer Entlastung der bisherigen Aufgabenträger
führen kann. Kann bspw. eine Gemeinde aus einem Mangel an Kompetenz
bzw. geeignetem Personal diese Herausforderungen nicht hinreichend bewältigen, so sind zukünftig vermutlich die Landkreisverwaltungen verstärkt gefragt,
hier eine Handlungsfähigkeit herzustellen. Denkbar ist dies bspw. in Form
von sog. „Shared Service Centern" und/oder kreisinternen Beratungsangeboten.
Auch sind zukünftig vermehrt die Möglichkeiten der interkommunalen Zusammenarbeit in Bezug auf eine gemeinsame Ausbildung und Beschäftigung von
Nachwuchs- bzw. Fachkräften mit einer ausgeprägten Digitalkompetenz zu prüfen. Die in den letzten Jahren zunehmende Bereitschaft zur Zusammenarbeit mit
Beratungsgesellschaften führt – wie bereits beschrieben – dazu, dass den kurzfristigen Einführungserfolgen langfristige Abhängigkeiten in Verbindung mit hohen
Kosten gegenüberstehen.

Eine Zukunftsfähigkeit kleinerer Verwaltungen ist nicht dadurch herstellbar,
dass an dieser Stelle ein systematischer Kompetenzabbau stattfindet. Neben den
Landkreisen scheinen auch die kommunalen Spitzenverbände gefordert, hier
auf zukunftsfähige Lösungen hinzuarbeiten. Diese müssen sicherstellen, dass
auf der kommunalen Ebene den zukünftigen Herausforderungen mit geeigneter
Kompetenz begegnet werden kann.

Wenn dann noch der demografische Wandel mit in die Betrachtung genommen
wird, so wird in Anbetracht der recht düsteren Prognosen ersichtlich, dass vermutlich bundesweit im Bereich der Kernverwaltungen im Jahr 2030 rd. 150.000
Verwaltungskräfte fehlen werden (PWC, 2017, S. 8). „Knapp jede 9. Stelle kann
dauerhaft nicht besetzt werden. Der Anteil kurzfristig nicht besetzbarer Stellen
fällt entsprechend erheblich höher aus" (PWC, 2017, S. 22). Eine weitere Studie
prognostiziert, dass bis zum Jahr 2030 dem öffentlichen Sektor mehr als eine
Million Fachkräfte fehlen werden (PWC, 2022, S. 5 f.).

Das Problem der Bedarfslücke wird sicherlich in der näheren Zukunft gerade die kleinen und mittleren Städte und Gemeinden im besonderen Maße pressieren, da hier die Stellenausstattung schlichtweg gegenüber größeren Verwaltungen verhältnismäßig weniger attraktiv erscheint.

Eine **Potenziallücke** korrespondiert mit der Bedarfslücke im Bereich des Personals. Die Potenziallücke bezeichnet den Umstand, dass gerade bei kleinen und mittleren Städten und Gemeinden nicht im notwendigen Maße potenzialstarke Bedienstete zur Verfügung stehen (Kobi, 2012, S. 46).

Dies hat vor allem mit dem Umstand zu tun, dass entwicklungswilligem – und vor allem entwicklungsfähigem – Personal kaum attraktive Stellen angeboten werden können. Gerade auch im Bereich der öffentlichen Verwaltungen ist zunehmend das Phänomen eines „brain drains" (Talentabwanderung) hin zu Großinstitutionen zu beobachten. Sämtliche Verwaltungsbetriebe konkurrieren um qualifiziertes und motiviertes Personal. Hierbei haben es – wie bereits angeführt – größere Kommunal-, Landes- und Bundesverwaltungen aufgrund ihrer gerade im Bereich des gehobenen und höheren Dienstes attraktiveren Stellenausstattung einfacher, talentierte Nachwuchskräfte mit attraktiven Entwicklungsoptionen zu locken.

Allzu oft sind typische Reaktionen vieler kommunaler Entscheidungsträger auf die potenziellen Entwicklungswünsche junger Nachwuchskräfte, diese weitgehend zu ignorieren oder auszubremsen. Was früher mit der Generation der Baby-Boomer mehr schlecht als recht (auch aufgrund des Überangebots an Arbeitskräften) funktioniert hat, ist leider heutzutage kein wirklich tragfähiges Handlungsmuster mehr.

In der heutigen Zeit streben aus den Schulen und Hochschulen junge Menschen in die Verwaltung, die sich zu jeder Zeit über die Vielzahl von Informations- und Kommunikationskanälen die möglichen Entwicklungspotenziale erschließen können. Den sog. Generationen Y und Z wird größtenteils in der Literatur unterstellt, dass diese eine verhältnismäßig geringe Bindungswilligkeit gegenüber Arbeitgebern aufweisen. So legen mehrere Studien die Vermutung nahe, dass sich die Generation Y durch eine hohe Wechselbereitschaft und schwache Loyalität gegenüber dem Arbeitgeber auszeichnet, wobei ein Grund für die Wechselbereitschaft in der Karriereorientierung zu sehen ist (Giry, 2016, S. 25 mit Nachweisen). Im „War for Talents" (Chambers et al., 1998) scheinen kleine und mittlere Kommunen per se schlechtere Karten zu haben.

Ein weiteres Manko mit Bezug zur Personallücke ist der Umstand, dass in kleineren und mittleren Kommunen zum Teil auch Potenzial brachliegt. Prinzipiell verfügbare Potenziale werden nicht erschlossen bzw. unterschätzt. Hier ist auch in kleinen und mittleren Kommunen ein Umdenken notwendig, denn nicht genutztes Potenzial auf Seiten der Bediensteten ist schlichtweg eine Verschwendung von Ressourcen, die sich kein Arbeitgeber leisten kann.

Dies hat auch damit zu tun, dass der Personalbereich aufgrund einer ebenfalls überschaubaren Personalausstattung kaum Zeit und Ressourcen zur Verfügung hat, sich intensiv mit den bereits verfügbaren bzw. entwickelbaren Kompetenzen zu beschäftigen. Die hierzu notwendige diagnostische Kompetenz ist zumeist kaum verfügbar. Systematische Personalentwicklungskonzepte stellen in kleineren Verwaltungen die Ausnahme dar. Dabei ist es die Aufgabe jeder Führungskraft – sei es in der Linie oder in Querschnittsfunktionen – sich aktiv um den eigenen Nachwuchs zu kümmern.

Potenziale können bereits durch einfache Maßnahmen erschlossen werden. So können entwicklungswilligen Fachkräften bspw. Stellvertreterfunktionen übertragen werden und/oder bietet es sich an, diese frühzeitig als Nachfolger für sich abzeichnende Vakanzen aufzubauen.

So nicht wichtige Gründe dagegensprechen, sollten Positionen innerhalb der Kommunalverwaltung zuerst den eigenen Bediensteten angeboten werden, um Perspektiven zu eröffnen. Eine gute Möglichkeit, Potenziale in einer kleinen oder mittleren Kommunalverwaltung zu heben, ist es, regelmäßig Entwicklungsgespräche mit Führungskräften oder Funktionsträgern der Personalabteilung zu führen. Ebenso können Bedienstete dazu aufgefordert werden, ihre spezifischen Kompetenzen und Entwicklungswünsche der Personalabteilung zu melden, damit diese bei künftigen Personalentscheidungen diese mit in die Überlegungen einfließen lassen kann.

Das **Rekrutierungsproblem** wird für kleine und mittlere Kommunalverwaltungen in der Zukunft sicherlich ein nicht zu unterschätzendes Entwicklungsrisiko darstellen. Über viele Jahre war gerade der Wunsch nach Beschäftigungssicherheit ein zentrales Argument für einen Eintritt in die öffentliche Verwaltung. Die Beschäftigungssicherheit war auch immer ein – wenn auch selten offen ausgesprochenes – Argument für eine strukturell verhältnismäßig schlechtere Bezahlung gegenüber der Privatwirtschaft. Die Beschäftigungssicherung verliert jedoch argumentativ an Stellenwert, wenn im Rahmen des gesamtwirtschaftlichen Fachkräftemangels in Kombination mit den Auswirkungen des demografischen Wandels eine branchenübergreifende Konkurrenz um qualifizierte und motivierte Nachwuchskräfte zu verzeichnen ist. Qualifiziertes Personal muss heute kaum mehr die Arbeitslosigkeit fürchten.

Der Intensivierung des Wettbewerbs auf dem Arbeitsmarkt für Nachwuchskräfte stehen kleine und mittlere Kommunen oftmals eher ratlos gegenüber.

Hier ist insbesondere die Frage zu stellen: Was soll junge kompetente Menschen dazu motivieren, eine kleine oder mittlere Kommune als Ausbildungs- oder Beschäftigungsbehörde zu wählen?

Zum einen ist es problematisch, dass die öffentliche Verwaltung oftmals undifferenziert wahrgenommen wird. Vorurteile werden zum Teil unreflektiert übertragen. Ansätze, wie das bspw. sog. „Employer Branding" (Schaffung einer Arbeitgebermarke), treffen schon in größeren Kommunen, Landes- und Bundesverwaltungen schnell an ihre Grenzen. Den wenigsten jungen Menschen sind die Unterschiede zwischen Kommunal- und Landesverwaltungen bekannt. Die zum Teil sehr differenzierte Binnensicht der Verwaltung trifft auf pauschalierende Stereotypen in der öffentlichen Wahrnehmung, auch und insbesondere bei potenziellen Fach- und Führungsnachwuchskräften. Personalverantwortliche müssen sich daher intensiver als in der Vergangenheit mit der Perspektive junger Menschen auseinandersetzen und Argumente sammeln, die diesen eine Arbeit in einer kleinen oder mittleren Kommunalverwaltung attraktiv erscheinen lassen.

Es kann ein Ausweg darin bestehen, das Verbindende der kommunalen Dienstleister – wie bspw. der Dienst am Gemeinwohl – „kirchturmübergreifend" zu betonen. Diese scheitert aber oftmals daran, dass das personalstrategische Denken an der eigenen Rathaustür Halt macht.

Wenn ein positives Arbeitgeberimage bewirkt werden soll, so ist dies am ehesten durch langfristige, verwaltungsübergreifende Kampagnen zu erzielen. Um das Risiko einer abnehmenden Attraktivität kleiner und mittlerer Kommunen auf den Ausbildungs- und Arbeitsmärkten entgegenzuwirken, kommt sicherlich auch auf die Städte- und Gemeindeverbände sowie die Landesinnenministerien die Aufgabe zu, hier verstärkt meinungsbildend tätig zu werden. Darüber hinaus müssen sich die Verantwortlichen in kleinen und mittleren Kommunen aber auch Gedanken machen, was diese positiv von anderen Arbeitgebern abhebt.

Aber was sind die Besonderheiten, die kleinere Kommunalverwaltungen attraktiv erscheinen lassen (können)? Es gibt sicherlich viele und gute Gründe. Nur werden diese nur selten offensiv kommuniziert. Sich alleine auf die Beschäftigungssicherung, eine positive Work-Life-Balance oder mitarbeiterorientierte Gleitzeitmodelle als Argumente zu verlassen, greift definitiv zu kurz. Die privatwirtschaftliche Konkurrenz schläft auf diesen Feldern auch nicht, zumal die Unternehmen von ihrer Belegschaft mit denselben Wünschen konfrontiert werden. Geradezu ärgerlich ist, dass die Privatwirtschaft mit diesen Wünschen wesentlich schneller und bedarfsorientierter umgeht, während in der öffentlichen Verwaltung innovative Vorschläge durch umfangreiche Prüfungen rechtlicher Rahmenbedingungen und sonstiger Vorbehalte geradezu erstickt werden.

Es gibt viele junge Leute, die den Wunsch haben, etwas Gutes für die Gesellschaft zu bewirken. Aber nimmt diese Gruppe gerade kleine und mittlere Kommunalverwaltungen als Erfüllungsorte ihrer Wünsche wahr? Gemeinsame, konzertierte und dauerhafte Aktionen mehrerer kleiner und mittlerer Kommunen im Bereich des Personalmarketings könnten hier zumindest ansatzweise für Abhilfe sorgen. Wenn diese Gruppe schon weitestgehend undifferenziert wahrgenommen wird, kann sie auch gemeinsam Werbung für das Berufsfeld betreiben. Zudem könnte dies bspw. auch ein Handlungsfeld für die Landkreise sowie – wie bereits beschrieben – für die Städte und Gemeindeverbände oder die jeweiligen Innenministerien sein, die ein ausgeprägtes Interesse an der Funktionsfähigkeit kleiner und mittlerer Kommunalverwaltungen haben sollten.

Zudem müssen kleine und mittlere Kommunen auch in der Ansprache potenzieller Nachwuchskräfte aktiver und kreativer werden. Warum werden bspw. keine bezahlten Praktika angeboten? Was sich in der Privatwirtschaft seit Dekaden bewährt hat, sollte in der Kommunalverwaltung zumindest probiert werden. Dies gilt umso mehr, wie mittlerweile eindeutig belegt ist, dass gerade Arbeitsproben – und nichts anderes sind Praktika – die höchste prognostische Validität (Vorhersagekraft im Hinblick auf einen späteren beruflichen Erfolg) aufweisen (Schmidt et al., 2016; Schuler, 2014). Zudem sollten Projekte in Zusammenarbeit mit den beiden letzten Abschlussklassen von Gymnasien, Gesamt- und Realschulen eher die Regel als die Ausnahme darstellen. Für solche Aktivitäten ließen sich sicherlich auch „aktive Pensionäre" einbinden. Zielführender wäre es jedoch, jüngere Bedienstete in die Schulen zu schicken, die sich am ehesten in die Lage junger Menschen hineinversetzen können und deren Sprache sprechen. Dem Argument, dass hierfür keine Zeit bzw. Ressourcen bereitstehen, kann nur entgegengehalten werden, dass sich die Zeit- und Ressourcenknappheit in der Zukunft eklatant verschärfen wird, wenn jetzt nichts unternommen wird. Gerade die Städte und Gemeinden als Schulträger sollten hier aus ihrer Rolle auch einmal einen greifbaren Nutzen für die eigene Personalakquisition ziehen.

Ein besonderes Rekrutierungsrisiko ist zudem im Bereich der akademisch geprägten Berufsfelder zu sehen, die mit den Bereichen Technik und Informatik verbunden sind. Die öffentliche Verwaltung wird von diesen Kompetenzträgern oftmals nicht als möglicher Arbeitgeber wahrgenommen. Hierfür ist zum einen sicherlich die verhältnismäßig unattraktive Entgeltstruktur verantwortlich. In der Vergangenheit haben oftmals Ingenieure den Weg in die öffentliche Verwaltung gefunden, wenn sie im privatwirtschaftlichen Kontext negative Erfahrungen gesammelt haben. Dieser „Kompetenzpool" scheint in der jüngeren Zeit – auch vor dem Hintergrund der ebenfalls bestehenden Nachfrage in der Privatwirtschaft – mit dem zunehmenden Bedarf kommunaler Aufgabenträger nicht Schritt zu halten. In Engpasssegmenten des Arbeitsmarktes sind gerade kleine und mittlere Kommunen aufgrund der Entgeltstrukturen kaum konkurrenzfähig.

In diesem Kontext sollten die einschlägigen Verbände, Tarifpartner ebenso wie die zuständigen Ministerien über drei Ansätze zur künftigen Entspannung der Lage nachdenken: Erstens könnte es sinnvoll sein, eine neue Entgeltgruppe einzuführen, die auf die Engpasssegmente des Arbeitsmarktes gerichtet ist und zumindest diesbezüglich die Abstände zum Entgeltniveau der Privatwirtschaft etwas kompensiert. Zweitens müssen darüber hinaus kreative Lösungen in Bezug auf die Arbeitsbedingungen gefunden werden, die eine Beschäftigung in einer Kommunalverwaltung attraktiver erscheinen lassen. Drittens gilt es unter Umständen darauf hinzuwirken, dass über die bestehenden Studiengänge für die öffentliche Verwaltung hinaus spezifische Hochschulangebote für die Bedarfe an technischer Kompetenz auf der kommunalen Ebene entwickelt werden.

Eine weitere Gruppe, die noch nicht im notwendigen Maße den Weg in die Kommunalverwaltungen gefunden hat, ist die der Menschen mit Migrationshintergrund.

Will eine Kommunalverwaltung einen Spiegel der Stadtgesellschaft darstellen, so ist es mittelfristig geradezu zwingend notwendig, die Änderungen der Bevölkerungs- zumindest in groben Zügen in der behördlichen Personalstruktur abzubilden. Hier bleiben zurzeit womöglich Potenziale ungenutzt, die hilfreich sein können, wenn es darum geht, die Wahrnehmungen, Bedürfnisse, Nöte und Besonderheiten der verschiedenen Bevölkerungsgruppen innerhalb einer Stadtgesellschaft zu verstehen und aus der Sicht einer Kommunalverwaltung berücksichtigen zu können.

Daher ist es sinnvoll, bspw. mit einschlägigen Verbänden, in denen sich Menschen mit Migrationshintergrund organisieren, und auch Gremien (bspw. Ausländerbeiräte) auf der kommunalen Ebene die Gründe für eine bisherige mangelnde Attraktivität der Kommunalverwaltung als Arbeitgeber zu erörtern und hieraus konstruktive Schlüsse zu ziehen.

4.2.2.2 Austrittsrisiken

Austrittsrisiken bezeichnen die Gefahr, dass Leistungsträger die Kommunalverwaltung

- während ihrer aktiven Zeit gegen den Willen der Personalverantwortlichen in Richtung eines konkurrierenden Arbeitgebers verlassen oder
- am Ende ihrer aktiven Zeit planmäßig verlassen, ohne dass im Vorfeld flankierende Maßnahmen ergriffen wurden.

Es geht hierbei also nicht um unvorhersehbare bzw. unvermeidliche Austritte, die bspw. durch eine Erkrankung, Tod oder bspw. persönliche Veränderungen bedingt sind.

Besonders kritisch sind die Fälle zu bewerten, bei denen es zu einem ungewollten Ausfall von Leistungsträgern und Führungsnachwuchskräften kommt, in die die betroffene Kommunalverwaltung in der Vergangenheit viel investiert hat bzw. die erheblichen Einfluss auf die Leistungsfähigkeit der Verwaltung haben.

Zum Teil wird in der Praxis die Auffassung vertreten, dass die Auseinandersetzung mit den Fragen der Personalfluktuation eher akademischer Natur ist („das passiert nun mal"). Wenn jedoch ein Fachdienstleiter, Fachbereichsleiter oder eine vergleichbare Person mit all ihrem Erfahrungswissen die Kommunalverwaltung verlässt, wird schnell spürbar, dass mit dem Weggang eine Anzahl schmerzhafter Erfahrungen verbunden ist:

- Das Wissen geht – wie beschrieben – oftmals weitgehend oder komplett verloren und muss zumeist mühselig aufgebaut oder rekonstruiert werden.
- Den getätigten Investitionen in die Kompetenz der fluktuierenden Fach- bzw. Führungskräfte stehen keine Rückflüsse gegenüber. Den Ertrag dieser Investitionen fahren dann andere Institutionen ein.
- Die Arbeit muss – zumindest bis zur vollwertigen bzw. adäquaten Nachbesetzung der Stelle – von den Zurückgebliebenen erledigt werden, was deren Motivation unter Umständen negativ beeinflussen kann. Nicht selten kommt es zu „Folge-Abgängen", oftmals als Folge einer Überlastung der verbliebenen Fach- und Führungskräfte.
- Der Weggang verunsichert die „Zurückgebliebenen". Dies gilt umso mehr, wenn der Person in der Kommunalverwaltung bereits eine exponierte Position zugekommen ist.
- Eine adäquate Neubesetzung der Stelle erfordert Zeit, Kosten und personelle Ressourcen, die die Behörde zumeist gerade in diesem Zeitraum kaum verfügbar hat.
- Der Zeitraum, der vergeht, bis ein Nachfolger die Aufgaben der zuvor vakanten Stelle vollumfänglich wahrnehmen kann, kann durchaus zwischen 12 und 24 Monaten liegen.

Auch eine kleine bzw. mittlere Kommunalverwaltung muss Sorge dafür tragen, dass trotz des Weggangs das an die Leistungsträger gebundene Wissen in der Organisation gehalten wird.

In der öffentlichen Verwaltung wurde in der Vergangenheit oftmals ein besonderer Wert auf die Verfügbarkeit von Formalqualifikationen und Faktenwissen von Personen (sog. explizites Wissen) gelegt. In der Folge praktischer Erfahrungen sowie wissenschaftlicher Impulse (insb. Nonaka & Takeuchi, 1997) setzt sich mittlerweile jedoch auch hier die Erkenntnis durch, dass der eigentliche Engpassfaktor in der Kommunalpraxis das erfahrungsbasierte Anwendungswissen (sog. implizites Wissen) ist.

Hier ist seit Jahren eine Anzahl von Instrumenten des Wissensmanagements verfügbar, die im Prinzip sicherstellen sollen und können, dass handlungs- und leistungsentscheidendes Wissen auch über den Abgang einzelner Personen hinaus für die Behörde verfügbar ist (bspw. KGSt, 2001 oder Müller & Förtsch, 2015). Auf die verschiedenen Formen der Wissenstransformation soll an dieser Stelle nicht eingegangen werden. Es sei an der Stelle aber betont, dass die Installation und Nutzung eines sog. Wikis, welches dem Grundprinzip des bekannten Internetlexikons „Wikipedia" folgt, auch für kleine und mittlere Kommunalverwaltungen kein Hexenwerk darstellt. Hierbei sollten aber zusammen mit dem Wiki immer auch Anreize geschaffen werden, dieses zu nutzen sowie dort auch aktiv Inhalte einzustellen und zu überarbeiten. Es hat sich bewährt, Wikis für einzelne Verwaltungsbereiche (bspw. Personal oder Finanzen) separat zu etablieren. Jedoch ist darauf hinzuweisen, dass die Instrumente auch angewandt werden müssen.

Idealerweise setzt sich jedoch die Kommunalverwaltung frühzeitig mit der Frage auseinander, wie die Bindung an die Organisation erhöht bzw. intensiviert werden kann. Hier muss gerade bei den Fach- und Führungskräften kleiner und mittlerer Kommunalverwaltungen ein besonderes Augenmerk auf die Etablierung einer emotionalen Bindung an den Arbeitgeber (sog. affektives Commitment) gerichtet werden. Dies gilt umso mehr, wie öffentliche Arbeitgeber sich oftmals sehr in der Gestaltung der Entgelthöhe eingeschränkt sehen. Die emotionale Bindung der Bediensteten hat eine nicht zu unterschätzende Bindungswirkung. Gleiches gilt für die soziale Bindung an den Kreis der Kolleginnen und Kollegen. Daher ist darauf zu achten, dass hier Möglichkeiten geschaffen werden, damit sich tragfähige Sozialstrukturen entwickeln können.

Vermutlich ist hier in der Zukunft ein höheres Maß an Kreativität gefragt, um den Wünschen der Bediensteten nach einer möglichst marktgerechten Bezahlung zumindest in Ansätzen Rechnung zu tragen.

Es bietet sich an, in regelmäßigen Abständen – wie bereits weiter vorne gefordert – Mitarbeiter- bzw. Entwicklungsgespräche zu führen, um auf wahrgenommene Wünsche, Befürchtungen, Vorbehalte etc. frühzeitig reagieren zu können. Diese Gespräche sollten jedoch von – möglichst geschulten – Verantwortlichen der Personalabteilung geführt werden, da eine Anzahl von Untersuchungen aufzeigt, dass der maßgebliche Grund für eine Fluktuation in der Person des Vorgesetzten zu sehen ist (Kobi, 2012, S. 74).

Ergänzend sollten durchaus auch anonymisierte Mitarbeiterbefragungen durchgeführt werden, die möglichst Klarheit über das Stimmungsbild innerhalb der Belegschaft verschaffen. Zudem sollten mit den bereits Fluktuierten zeitnah systematische Austrittsinterviews geführt werden. Entsprechende Fragebögen bzw. Gesprächsleitfäden sind in der Literatur verfügbar und müssen lediglich angewandt werden (bspw. Bösch, 2011 oder De Micheli, 2017).

4.2.2.3 Motivationsrisiken

„Motivation als Wille zur Leistung ist die Schlüsselvariable im Leistungsprozess: Erst Motivation ermöglicht dieses Leistungsverhalten und Arbeitsleistungen der Mitarbeiter. Eignung, Ressourcen und Arbeitsbedingungen reichen allein nicht aus." (Drumm, 2008, S. 381)

Motivationsrisiken bezeichnen die Gefahr einer bewussten oder unbewussten Leistungszurückhaltung durch die Bediensteten. Dies kann bspw. durch Burnout, innere Kündigung oder aber mangelnden Leistungswillen bedingt sein.

Keine Organisation kann es sich leisten, dass die Mitarbeitenden dem Arbeitgeber – bewusst oder unbewusst – einen erheblichen Teil ihres Leistungspotenzials vorenthalten.

Im Folgenden sollen kurz die im besonderen Maße relevanten Formen der motivationsbedingten Leistungszurückhaltung aufgezeigt werden:

Innere Kündigung

Diese äußert sich in einem passiven, desinteressierten und unkommunikativen Verhalten von Bediensteten (Schulze, 2012, S. 18). Der Mitarbeiter hat sich innerlich von seiner Arbeit distanziert und bringt sich nicht mehr ein. Im Gegensatz zur äußeren, arbeitsrechtlichen Kündigung ist dieses Phänomen aufgrund der inneren Komponente und einer tendenziell schleichenden Entwicklung schwer zu fassen. Die innere Kündigung zeichnet sich dadurch aus, dass sie nicht offen kommuniziert und auch nicht offiziell oder formell erklärt wird – und dementsprechend durch das unmittelbare Umfeld nur schwer wahrnehmbar ist (Kratz, 2014, S. 14). Der lautlose Verlauf findet seine Begründung in befürchteten Nachteilen aus einer offenen Kommunikation. Als Hauptauslöser kann die empfundene Arbeitsunzufriedenheit angesehen werden (Brinkmann & Stapf, 2005, S. 12). Eine innere Kündigung hat für die Betroffenen als auch den Betrieb gravierende Folgen. Kündigende koppeln sich und ihre private Entwicklung vom betrieblichen Geschehen ab.

Das Phänomen wurde erstmals von Reinhard Höhn im Jahr 1983 beschrieben als „bewußte[r] Verzicht [des Mitarbeiters] auf Engagement und Eigeninitiative im Unternehmen und damit die Ablehnung einer der wichtigsten Anforderungen, die an einen Mitarbeiter zu stellen sind. Der Mitarbeiter will zwar seine Stellung im

Unternehmen behalten, beabsichtigt aber, sich in keiner Weise zu engagieren. Er distanziert sich vielmehr innerlich vom Betriebsgeschehen und verhält sich soweit wie möglich passiv" (Höhn, 1983, S. 17). Später hat Höhn dieses Phänomen im besonderen Maße auch auf die öffentliche Verwaltung bezogen (Höhn, 1989). Als mögliche Gründe für eine innere Kündigung können verantwortlich gemacht werden (Walter, 2011, S. 104 ff.):

- Schlechtes Informationsverhalten, insb. der Vorgesetzten,
- einsame Entscheidungen der Behördenspitze in Verbindung mit mangelnder Partizipation der Mitarbeitenden,
- fehlende Mitwirkungsmöglichkeiten bei Meinungs- und Willensbildung innerhalb der Verwaltung,
- unzulässige Eingriffe in die Kompetenzbereiche der Bediensteten, bspw. auf dem Wege des Durchregierens und der Selbstinformation durch Vorgesetzte,
- mangelnde Gesprächs- und Diskussionsbereitschaft seitens der Vorgesetzten oder aber
- hierarchiegeprägte Verkrampfung der Kommunikationskultur.

Durch dieses Verhalten empfinden betroffene Bedienstete ab einem bestimmten Niveau eine Verletzung arbeitsvertraglicher Nebenpflichten des Arbeitgebers. Bei einem Vertragsschluss oder einer beamtenrechtlichen Ernennung gehen die beteiligten Parteien davon aus, dass sich das Arbeitsverhältnis auch durch Nebenpflichten – insb. Fairness und Gerechtigkeit im Umgang miteinander – auszeichnet. Diese Bedingungen sind Teil eines „psychologischen Vertrags", der alle nicht ausdrücklich in einem Arbeitsvertrag festgehaltenen Verpflichtungen und Erwartungen umfasst. Hierbei handelt es sich um ein Austauschverhältnis zwischen Arbeitgeber und Arbeitnehmer. Werden Erwartungen durch eine Vertragspartei nachhaltig nicht erfüllt, so hält die andere Seite ihren Teil ebenfalls nicht mehr ein (Schmitz & Jehle, 2013, S. 156). Bedienstete reduzieren dann ihr betriebliches Engagement trotz physischer Anwesenheit schrittweise auf ein zwingend notwendiges Maß.

Das Risiko einer inneren Kündigung kann vor allem dadurch reduziert werden, dass Führungskräfte für Mitarbeiterbedürfnisse und Auswirkungen des eigenen Verhaltens im betrieblichen Kontext sensibilisiert werden. Hier werden von Bildungseinrichtungen mit einer Ausrichtung auf die öffentliche Verwaltung regelmäßig einschlägige Workshops und Schulungsmaßnahmen angeboten, die in der Regel auch Wirkung zeigen.

Die Verwaltungsleitung sollte immer auch ein „offenes Ohr in die Verwaltung hinein" haben und verhaltensbedingte Führungsfehler, die ihr zugetragen werden, unbedingt zum Anlass nehmen, die jeweiligen Sachverhalte – möglichst auch unter Beteiligung des Personalrates – zu hinterfragen.

Burnout

Hiermit wird ein Zustand der Erschöpfung beschrieben, der auf einer dauerhaften physischen und/oder psychischen Überforderung von Bediensteten basiert. Erstmalig wurde das Phänomen des „Staff Burn-Out" im Jahr 1974 durch den amerikanischen Psychotherapeuten Herbert Freudenberger als Zustand des Energieverschleißes bzw. der Erschöpfung beschrieben. Dieser Zustand entsteht aufgrund von Überforderungen – von innen oder von außen – im privaten, beruflichen oder gesellschaftlichen Kontext und raubt den Betroffenen die notwendige Energie, mögliche Bewältigungsmechanismen und die innere Kraft (Freudenberger, 1974).

Burnout ist heutzutage ein verbreitetes Symptom, das quasi als Sammelbegriff für alle dauerhaft schädlichen Überforderungen und Stresssituation verwendet wird und die Betroffenen faktisch aus einer aktiven Teilnahme am Berufsleben ausschließt.

Ersichtlich bzw. wahrgenommen wird diese Erkrankung in der Verwaltung oftmals erst durch das (temporäre) Ausscheiden der betroffenen Bediensteten aus dem Dienst. Dieser Leistungsausfall ist sowohl für die Dienststelle als auch insbesondere für die Betroffenen sehr schmerzhaft.

Der Organisation geht – zumindest zeitweise – eine leistungsfähige und -willige Arbeitskraft verloren. Betroffene Bedienstete müssen sich in der Regel einer langfristigen und nicht immer direkt erfolgreichen Therapie unterziehen, die zudem im Berufsleben oftmals mit einer Stigmatisierung („nicht belastbar") einhergeht (vgl. Abb. 4.4).

In der Praxis ist oftmals das Phänomen zu beobachten, dass diejenigen, die gute Arbeit leisten, sukzessive mit Aufgaben überfrachtet werden. Ebenso sind regelmäßig Mitarbeiter zu beobachten, die sich mit ihrem Aufgabengebiet so identifizieren, dass sie quasi die Arbeit und Aufgaben an sich ziehen.

Kommunale Leitungskräfte müssen zur Vermeidung eines Burnouts unbedingt einen kritischen Blick auf die besonders engagierten Bediensteten werfen.

Hier ist unbedingt sicherzustellen, dass diese sich nicht dauerhaft „überengagieren". Dieses übermäßige Engagement kann sowohl betrieblich – bspw. durch Vorgesetzte – verursacht sein. Ebenso kann ein solches Verhalten seine Wurzeln in der Person selbst und/oder ihrem sozialen bzw. familiären Umfeld (bspw. Kinder oder zu pflegende Angehörige) haben.

Auch hier gilt es, u. a. regelmäßige Mitarbeitergespräche zu führen, um so eine mögliche dauerhafte Überlastung zu erkennen und reduzieren zu können.

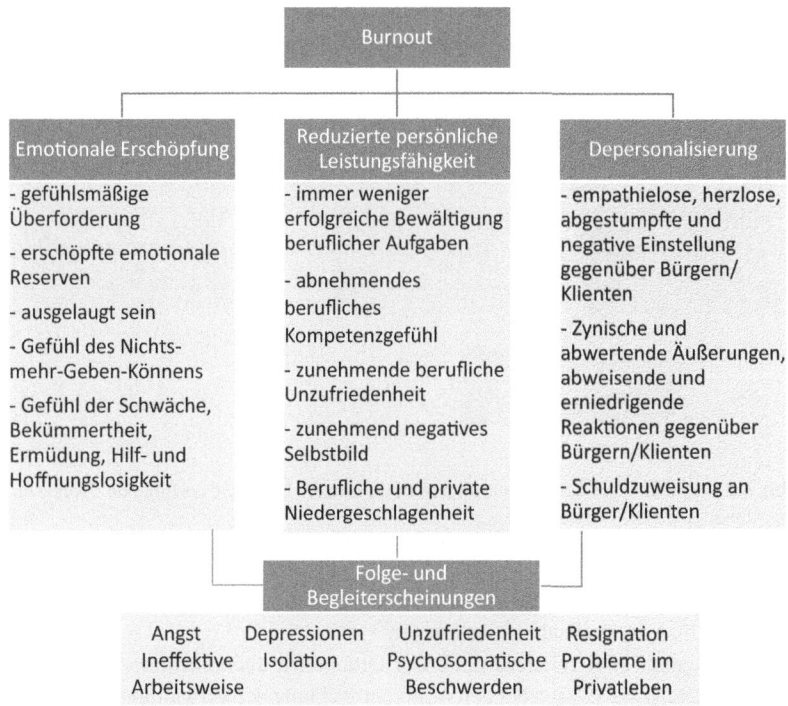

Abb. 4.4 Burnout. Hauptkomponenten sowie Folge- und Begleiterscheinungen. (Eigene Darstellung in Anlehnung an Körner, 2002, S. 25)

Ebenso gilt es für Führungskräfte in kleinen bzw. mittleren Verwaltungen, auch hier das „Ohr in die Verwaltung" zu richten, um mögliche übermäßige Belastungssituationen identifizieren zu können.

Deutet sich eine solche Situation in der Verwaltungspraxis an, so sollte schnellstmöglich eine arbeits- und organisationspsychologische Fachkraft hinzugezogen werden, um gemeinsam Auswegstrategien zu definieren.

Unterschätzte ältere Mitarbeiter

In der Praxis sind oftmals verdeckte altersdiskriminierende Verhaltensweisen zu beobachten. Je nach Verwaltung wird zumeist älteren Bediensteten eine mangelnde Leistungsfähigkeit unterstellt. So werden diese bspw. nicht mehr so oft in Projekte

Abnehmende Leistung älterer Bediensteter:
Eine selbsterfüllende Prophezeiung

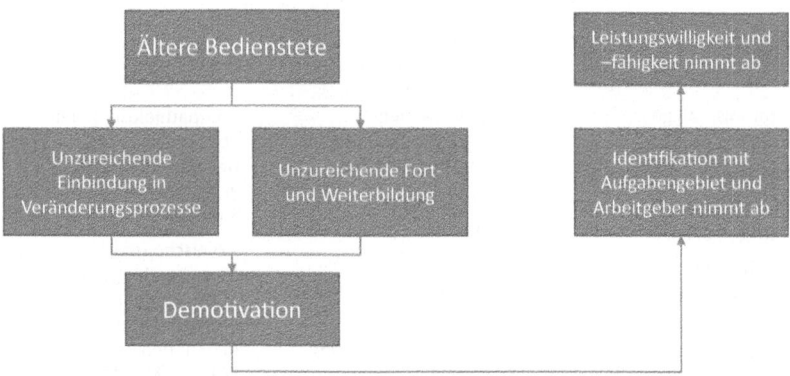

Abb. 4.5 Abnehmende Leistungen älterer Bediensteter: Eine selbsterfüllende Prophezeiung. (Quelle: Eigene Darstellung)

zur Verwaltungsmodernisierung entsandt oder ihnen werden immer seltener Fort- und Weiterbildungsmaßnahmen angeboten.

Diese Signale sind geradezu fatal. Der Gruppe der älteren Mitarbeiter wird so signalisiert, dass ihr Wissen bei der Weiterentwicklung der Verwaltung keine Rolle mehr spielt bzw. spielen wird. So wird klar kommuniziert, dass der Grad der individuellen Handlungskompetenz der älteren Bediensteten für den Arbeitgeber keine Rolle (mehr) spielt (vgl. Abb. 4.5). Dies gilt oftmals bereits für Bedienstete, die gerade die 50-Jahre-Altersgrenze überschritten haben.

Diese Haltung ist zum einen unter ethischen Gesichtspunkten fragwürdig und zum anderen ökonomisch durch nichts zu rechtfertigen. Wer sich – ohne konkreten Grund – als Führungskraft so verhält, verschwendet wichtige personelle Ressourcen und belegt eine weitgehende Unkenntnis der seit vielen Jahren vorliegenden Erkenntnisse zum Umgang mit älteren Bediensteten in der Kommunalverwaltung (KGSt, 2010).

Hier gilt es, gerade im Bereich des Personalmanagements eine alterssensible Vorgehensweise zu etablieren. Es sollte ein wertschätzender Umgang mit älteren Beschäftigten eingeübt werden, zumal die arbeitswissenschaftliche Forschung seit längerer Zeit aufzeigt, dass ein zunehmendes Alter nicht automatisch mit einer Abnahme der Leistungsfähigkeit korreliert (Kluge, 2006). Vielmehr gilt es auf der betrieblichen Ebene, die sich ändernden kognitiven Kompetenzen dieser Personengruppe nutzenstiftend zu entwickeln und einzusetzen.

Es kann auf keinem Fall seitens der Verwaltungsleitung toleriert werden, dass das Personalwesen einer Kommune quasi an der Gruppe der älteren Bediensteten „vorbeiplant".

Konzepte und Methoden eines demografiesensiblen und wertschätzenden Personalmanagements sind verfügbar und müssen seitens der kleinen bzw. mittleren Kommunen aktiv genutzt werden (Schirmer, 2016).

Absentismus

Die Abwesenheit Bediensteter am Arbeitsplatz in der Kommunalverwaltung stellt in der Praxis ein nicht zu unterschätzendes Problem dar. Problematisch ist dieser Sachverhalt, da das Arbeitsaufkommen unabhängig von der Anwesenheit der Bediensteten ist. Bürger werden durch privatwirtschaftliche Akteure fast permanent mit neuen Servicezusagen „verwöhnt". Dann ist es selbstverständlich, dass diese Qualitätsansprüche früher oder später auch an die Kommunalverwaltungen herangetragen werden. Hier ist jedoch in den letzten Jahren der Aufgaben- und Anforderungszuwachs in vielen Feldern begleitet worden von einem Abschmelzen des Personalkörpers (vgl. Abb. 4.6).

Hiermit ist ein nicht unerheblicher Anstieg des Leistungsdrucks einhergegangen, dem einige Bedienstete scheinbar dauerhaft nicht im notwendigen Maße gewachsen sind. Das Betriebliche Gesundheitsmanagement befindet sich gerade in kleinen und mittleren Kommunen zurzeit oftmals noch im Aufbau. Hier besteht in der Zukunft sicherlich noch weiterer Handlungsbedarf. Kann eine kleinere Kommune – bspw. aufgrund beschränkter Ressourcen – kein Betriebliches Gesundheitsmanagement gewährleisten, sollten diesbezüglich Kooperationspartner gesucht werden. Dies können z. B. größere Kommunen oder aber Landkreisverwaltungen sein, die ihr Leistungsprogramm den kleineren Partnern gegen Entgelt zur

	1991	2001	2021	Entwicklung
Bund	652.000	493.800	521.400	- 130.600
Länder	2.572.000	2.178.900	2.541.500	- 30.500
Kommunen	1.995.900	1.469.700	1.657.600	- 338.300
insgesamt	5.219.900	4.142.400	4.720.500	- 498.500

Abb. 4.6 Stellenabbau im öffentlichen Dienst bei Bund, Ländern und Kommunen 1991–2021. (Quelle: dbb, 2023)

Verfügung stellen. Dies bringt dann möglichweise für alle Beteiligten eine „Win-Win-Situation", da sich auch beim größeren Partner unter Umständen durch eine bessere Programmauslastung eine vorteilhaftere Kostensituation ergibt.

Absentismus schadet bereits unter Kostengesichtspunkten der Verwaltung, da eine Arbeitsleistung bezahlt wird, die nicht erbracht wird. Noch wichtiger ist jedoch das Argument, dass die Arbeit dann zumeist durch die verbleibenden Kolleginnen und Kollegen erledigt werden muss. Bei diesen stellt sich dann unter Umständen eine Arbeitsüberlastung ein, die möglicherweise gesundheits- und motivationsschädliche Effekte mit sich bringt. Die Folge ist dann unter Umständen ein „Absentismus-Domino-Effekt", bei dem der arbeitsmäßige Ausfall einzelner Bediensteter Folgeausfälle mit sich bringt. Dies gilt es unter allen Umständen zu vermeiden.

Es muss vor diesem Hintergrund regelmäßig geprüft werden, wodurch eine Abwesenheit am Arbeitsplatz bedingt ist. Hier sind frühzeitig konstruktiv-kritische Gespräche mit den Betroffenen zu führen. Sicherlich ist mit dem Betriebliche Eingliederungsmanagement ein gesetzlich basiertes Instrument für das Personalwesen entwickelt worden, dass die Gründe eines betrieblichen Absentismus analysieren soll. Das Instrument basiert jedoch auf einer Freiwilligkeit und Kooperationsbereitschaft der erkrankten bzw. „Absentismus-affinen" Bediensteten.

In der Praxis darf es nicht darum gehen, einen Handlungsdruck auf gesundheitlich beeinträchtigte und berechtigt krankgeschriebene Bedienstete auszuüben. Dies hinterlässt in der Verwaltung in der Summe mehr Schaden als Nutzen.

Es muss vielmehr darum gehen, die Gründe eines gehäuften Absentismus zu identifizieren, um Ansatzpunkte für eine Reduktion dieses Risikos entwickeln zu können. Hierdurch wird es unter Umständen möglich, gerade auf den Personenkreis, der ohne tragfähige Begründung eine hohe Absentismus-Affinität aufweist, zumindest einen sozialen – und gegebenenfalls in der Folge auch einen rechtlichen – Druck auszuüben.

4.2.2.4 Anpassungsrisiken

Anpassungsrisiken betreffen die Qualifikation und Einsatzfähigkeit der Bediensteten und bezeichnen die Gefahr einer unzureichenden Anpassung der Mitarbeiterkompetenzen an sich ändernde Anforderungen des Berufslebens (Klaffke, 2009, S. 8).

Kommunalverwaltungen sind eingebunden in eine Vielzahl von Veränderungsprozessen, die sich inner- wie außerhalb der Organisation vollziehen. Hier sind nur beispielhaft technische, rechtliche, wirtschaftliche, kulturelle oder bspw. demografische Entwicklungen anzuführen. Fraglich ist vor diesem Hintergrund, inwieweit die Qualifikationen und Kompetenzen der Fach- und Führungskräfte in der Kommunalverwaltung mit diesen Entwicklungen mithalten (können). Bereits rechtliche Entwicklungen, bspw. in den Bereichen Datenschutz oder Sozialrecht, stellen viele Verwaltungen vor nicht unerhebliche Herausforderungen. An dieser Stelle muss seitens der Kommune aktiv auf die Personal- bzw. Kompetenzentwicklung der Bediensteten eingewirkt werden.

Wichtig ist es in diesem Zusammenhang, dass die Kommune sich möglichst frühzeitig und aktiv mit sich abzeichnenden Entwicklungen auseinandersetzt. Eine rein reaktive Verhaltensweise bei der Weiterentwicklung des Personals führt regelmäßig zu nicht unerheblichen Friktionen.

Oftmals ergibt sich in Kommunen folgende Abfolge der Einführung von Neuerungen: Zuerst wird ein Handlungsbedarf wahrgenommen, weil sich bspw. ein Gesetz geändert hat oder aber eine freiwillige Aufgabe anders als bisher wahrgenommen werden soll. In der Regel wird dann eine neue technische Lösung (bspw. Soft- und/oder Hardware) zur Umsetzung diese Änderungen gesucht und ausgewählt. Anschließend werden organisatorische Veränderungen in den Fokus genommen und es werden notwendige Modifikationen an den betrieblichen Strukturen und Prozessen auf den Weg gebracht. Erst nachdem nun diese technischen und organisatorischen Neurungen betrieblich umgesetzt und weitgehend „zementiert" wurden, richtet sich der Blick auf die Personen, die in dieser veränderten Konfiguration erfolgreich arbeiten sollen. Das heißt, dass das Personal zumeist am Ende der betrieblichen Planungskette steht, was zur Folge hat, dass diese Bediensteten oftmals nicht dazu in der Lage sind, diese Neuerungen in der gewünschten Qualität umzusetzen. Daraus folgen dann unzureichend oder falsch qualifizierte Bedienstete, ein gestörter Betriebsablauf sowie eine Frustration bei allen Beteiligten (Staudt, 2000). Die Anforderungen von morgen sind jedoch mit den Kompetenzen der Vergangenheit nicht zu bewältigen.

Nun ergibt sich der Umstand, dass das Thema Personalentwicklung in der behördlichen Praxis kleiner und mittlerer Kommunen oftmals keinen hohen Stellenwert einnimmt. Sicherlich trägt hierzu bei, dass eine unzureichende Qualifikation – anders als im privatwirtschaftlichen Kontext – nicht automatisch zu einer Beschäftigungsgefährdung der betroffenen Personen führt. Umso wichtiger ist es, hier bei allen Beteiligten für ein höheres Maß an Sensibilität zu werben. Auch viele Personalabteilungen haben in der Vergangenheit nicht im notwendigen Maße auf das Thema Personalentwicklung gesetzt. Mit jeder Qualifizierungsmaßnahme geht in der Folge auch die Frage der weiteren betrieblichen Verwendung sowie möglicher Forderungen der Qualifizierten nach einer höherwertigen Verwendung einher. Zudem macht jede Qualifizierungsmaßnahme das Personal auch attraktiver für die Konkurrenz.

In Teilen der öffentlichen Verwaltung ist darüber hinaus ein besonderes Personalentwicklungsverhalten zu beobachten. So nährt unter anderem eine Studie von Wasen die Vermutung, dass insbesondere Personen, die eine akademische Ausbildung und anschließend Sozialisation in der Kommunalverwaltung hinter sich gebracht haben, Personalentwicklung vornehmlich dann unternehmen, wenn hiermit die Chance auf eine Beförderung verbunden ist (Wasen, 2018). Das heißt: Ohne Beförderungsmöglichkeit keine eigeninitiierte Personalentwicklung. Folglich sind hier Vorgesetzte und Personalabteilung gefordert, auch ohne einen direkten Beförderungszusammenhang auf regelmäßige Personalentwicklung zu dringen.

Die wissenschaftliche Auseinandersetzung mit betrieblichen Veränderungsprozessen belegt, dass die Umsetzung von Innovationen zumeist an der Kompetenz und Motivation der „betroffenen" Personen scheitern (Staudt et al., 2001). In einigen Kommunalverwaltungen wird der Wandel zudem noch durch ein ausgeprägtes Besitzstandsdenken sowie eine damit einhergehende Anspruchsmentalität behindert.

Umso wichtiger ist es, das Personal von vornherein an der Entwicklung von Neuerungen zu beteiligen (Schedler & Siegel, 2004, S. 140 ff.). Es bietet sich insbesondere auch an, die Personalvertretung direkt aktiv in die Veränderungsprozesse einzubinden. Wenn die betroffenen Bediensteten und die Personalvertretung von vornherein in die Gestaltung der Veränderungsprozesse involviert werden, wird im Idealfall möglichen Bedenken frühzeitig Rechnung getragen. Es können so gemeinsam mit der Arbeitnehmerseite geeignete Einführungsstrategien entwickelt werden, bei denen betriebliche und individuelle Belange Berücksichtigung finden.

4.2.3 Fazit

Wie ersichtlich wurde, ist die Handlungs- und Entwicklungsfähigkeit gerade kleiner und mittlerer Verwaltungen durch eine Anzahl personeller Risiken geprägt. Diesen wird im betrieblichen Alltag oftmals nicht die notwendige Aufmerksamkeit entgegengebracht.

Hier konnten nur einige Risikofelder identifiziert und beleuchtet werden. Es zeigt sich, dass auch in kleinen und mittleren Kommunalverwaltungen ein sensibler und vorausschauender Umgang mit der Ressource Personal notwendig ist.

Eine Sensibilisierung der Führungskräfte für diese Risiken kann im Rahmen eines betrieblichen Controllings – besser noch: eines Personalcontrollings – erreicht werden (Merker, 2015). Entsprechende Konzepte mit Kennzahlen und Indikatoren sind prinzipiell verfügbar (bspw. DGFP, 2013). Jedoch wird ein Verwaltungscontrolling gerade in kleinen und mittleren Kommunen zurzeit noch nicht im notwendigen Maße praktiziert und beschränkt sich zumeist auf den Bereich des Haushaltsvollzuges.

Hier besteht sicherlich in der Zukunft noch Handlungsbedarf, da dem Personal (auch) in der Zukunft ein überaus wichtiger Stellenwert bei der Sicherung der Handlungs- und Entwicklungsfähigkeit auf der kommunalen Ebene zukommt. Es muss daher sichergestellt werden, dass die Personalrisiken im Fokus der Verwaltungsleitung und der Personalverantwortlichen stehen.

Hier muss vermutlich jede Kommune ihren eigenen Weg finden, mit den hier skizzierten Risiken umzugehen. Wenn die vorhergehenden Ausführungen ein höheres Maß an Sensibilität erzeugen, ist schon ein kleiner, aber wichtiger Schritt getan.

Denn ohne ein kompetentes und motiviertes Personal sind die Anforderungen an die Kommune in der Zukunft nicht zu bewältigen.

Zwischenfazit: Personelle Risiken

- Qualifiziertes und motiviertes Personal ist zentraler Erfolgsfaktor für alle Bereiche der öffentlichen Verwaltung.
- Gerade die kleineren und mittleren Kommunen unterliegen in diesem Bereich zusätzlichen Risiken, da sie weder über die notwendigen finanziellen Handlungsmöglichkeiten verfügen, noch entsprechende Entwicklungsoptionen für interessierte Bedienstete zur Verfügung stellen können.
- Speziell die älteren Mitarbeiter stellen eine weitgehend unterschätzte Ressource der Kommunalverwaltung dar. Dieses Potenzial zu heben, dürfte eine zentrale Aufgabe in den nächsten Jahren sein.
- Der immer weiter fortschreitende Fach- und Führungskräftemangel sollte nicht nur beobachtet, sondern proaktiv gestaltet werden. Die streng reglementierte öffentliche Verwaltung kann strukturellen Defiziten nur mit innovativen Maßnahmen entgegenwirken.
- Da Gemeinden und Städte in der Öffentlichkeit oftmals ohnehin undifferenziert wahrgenommen werden, bieten sich interkommunale Zusammenarbeiten an, um Nachwuchskräfte zu gewinnen und das Arbeitgeberimage in der öffentlichen Wahrnehmung sukzessive zu verbessern.

4.3   Dolose Handlungen

Die dolosen Handlungen[3] bzw. die Korruptionsprävention werden meist als Kernbereich des Risikomanagements gesehen. In diesem Zusammenhang ist jedoch oft ein Widerspruch zwischen tatsächlichen Fakten und subjektiver Wahrnehmung festzustellen. Im Rahmen einer selbst durchgeführten Befragung osthessischer Kommunen hat nicht eine einzige Gemeinde bei sich ein tatsächliches Risiko im Bereich der dolosen Handlungen gesehen. Im Gegensatz dazu hat eine kürzlich veröffentlichte Studie der KGSt gezeigt, dass bei mehr als zwei Dritteln der dort untersuchten Kommunen in der Vergangenheit bereits dolose Handlungen festzustellen waren (KGSt, 2019, S. 4).

Insofern tendieren Kommunen, wie Unternehmen vermutlich auch, dazu das Risiko der Korruption eher anderen zuzuordnen, anstatt die Gefahren im eigenen Umfeld zu realisieren. Dolose Handlungen werden nur bei anderen Städten und Gemeinden vermutet. Selbst getroffene Vorkehrungen werden so lange nicht hinterfragt, bis Schadensfälle tatsächlich eintreten. Es gilt in diesem Zusammenhang der Grundsatz: „Betrug und Veruntreuung gibt es nur bei anderen".

Beispiel: Regierungskrise und Neuwahlen in Österreich

Im Mai 2019 wurde bekannt, dass der österreichische Vizekanzler und FPÖ-Vorsitzende Strache bereits 2017 einer russischen Unternehmerin umfangreiche Staatsaufträge in Aussicht gestellt hat, wenn diese im Gegenzug durch Spendengelder seine Wahlkampagne unterstützen würde. Im Zuge dieser Veröffentlichung wurde die Regierungskoalition von Kanzler Sebastian Kurz am 18. Mai 2019 aufgekündigt und Neuwahlen angekündigt (Die Welt, 2019).◄

Als klassische Gegenmaßnahme zur Korruptionsprävention wird in erster Linie das sog. Interne Kontrollsystem (IKS) gesehen. Das IKS ist Teil des Risikomanagements. Dabei ist es natürlich auch für andere Risikobereiche anwendbar, allerdings entfaltet es seinen originären Nutzen am ehesten im Rahmen der Korruptionsprävention.

---

[3] Der Duden übersetzt „dolose" Handlungen mit den Adjektiven „verboten" oder „nicht erlaubt". Es geht also im Kern um Veruntreuung, Betrug, Vorteilsannahme usw. Die Richtlinie zur Korruptionsprävention und zur Korruptionsbekämpfung des Hessischen Innenministeriums aus dem Jahr 2019 spricht von „dem Missbrauch des anvertrauten Amtes zum privaten Vorteil".

„Ein Internes Kontrollsystem (IKS) besteht aus systematisch gestalteten organisatorischen (Sicherungs-) Maßnahmen und Kontrollen in der Kommune zur Einhaltung von Richtlinien und zur Abwehr von Schäden, die durch das eigene Personal oder böswillige Dritte verursacht werden können. Die Maßnahmen beruhen auf technischen und organisatorischen Prinzipien. Sie umfassen Aktivitäten und Einrichtungen zur verwaltungsinternen Kontrolle sowie ihre Beziehungen zueinander." (IDR, 2018, Nr. 2)

Dabei wird das IKS von verschiedenen Akteuren umgesetzt und kann verschiedene Ausprägungen annehmen. Je nachdem welchen Reifegrad das vorliegende IKS bereits hat, wird eine Weiterentwicklung des IKS zunehmend komplexer. Natürlich hat das IKS bei Kommunen mit zehn Beschäftigten auch andere Anforderungen zu erfüllen, als dies bei Großstädten oder Landkreisen der Fall ist. Je überschaubarer die eigene Körperschaft ist, umso eher muss man sich auf grundlegende Sicherungsmaßnahmen beschränken. Im Vergleich dazu macht ein wesentlich größerer und komplexerer Verwaltungsaufbau natürlich auch umfassendere Sicherungsmaßnahmen notwendig.

Nichtsdestotrotz ist ein gewisses Mindestmaß an Absicherung in jeder Kommune von Nöten. Nur so kann zumindest eine Grundabsicherung gegen etwaige Korruptionshandlungen gewährleistet werden. Außerdem sind gewisse Risiken bei kleineren Kommunen evtl. sogar bedeutsamer. So ist eine Jobrotation in kleinen Gemeinden in der Regel nicht möglich und der relativ kleine Kollegenkreis arbeitet bereits sehr lange in dieser Konstellation zusammen, so dass evtl. eine – zu enge – Vertrautheit entstanden ist. In derartigen Fällen werden Passwörter arglos weitergegeben oder Unterlagen ohne wirkliche Prüfung unterschrieben.

Das IKS fügt sich nahtlos in die diversen Risikomanagementmaßnahmen ein (vgl. Abb. 4.7). Es ist zwar vorrangig auf das Verhindern von dolosen Handlungen ausgerichtet, unterstützt aber auch bei der Steuerung diverser interner Prozesse. So kann ein funktionierendes, gut strukturiertes IKS die Qualität der Arbeitsergebnisse verbessern und gleichzeitig bei der Umsetzung effizienter Verfahrensabläufe unterstützen.

Das Risiko doloser Handlungen steht in einer direkten Wechselbeziehung mit den vorhandenen internen und externen Kontrollen. Interne Kontrollen fallen hier unter den Oberbegriff des IKS und externe Kontrollen werden bei den Kommunen hauptsächlich von den Rechnungsprüfungsämtern der Landkreise wahrgenommen.[4] Neben den regelmäßigen Prüfungen durch die Prüfungsämter

---

[4] In absoluten Ausnahmefällen, z. B. bei Kommunen mit mehr als 50.000 Einwohnern, wird die Rechnungsprüfung vom eigenen Rechnungsprüfungsamt und nicht vom örtlichen Landkreis wahrgenommen.

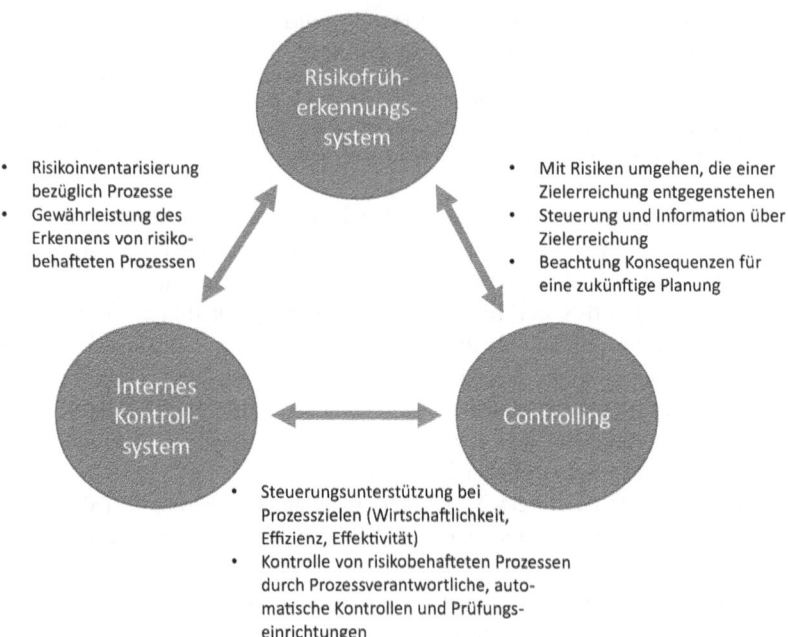

- Risikoinventarisierung bezüglich Prozesse
- Gewährleistung des Erkennens von risikobehafteten Prozessen

- Mit Risiken umgehen, die einer Zielerreichung entgegenstehen
- Steuerung und Information über Zielerreichung
- Beachtung Konsequenzen für eine zukünftige Planung

- Steuerungsunterstützung bei Prozesszielen (Wirtschaftlichkeit, Effizienz, Effektivität)
- Kontrolle von risikobehafteten Prozessen durch Prozessverantwortliche, automatische Kontrollen und Prüfungseinrichtungen

Abb. 4.7 Zusammenhänge zwischen den Elementen des Risikomanagements. (Quelle: KGSt, 2011, S. 26)

der zuständigen Landkreise finden weitere Prüfungen durch den Rechnungshof, die Rentenversicherung, das Finanzamt, Berufsgenossenschaften oder andere Behörden statt. Je nach Kontrolldichte, Qualität und Intensität der Kontrollen und Sicherungsmaßnahmen steigt oder fällt daraufhin der Anreiz, sich durch verbotene Handlungen einen eigenen Vorteil zu verschaffen. Sowohl interne als auch externe Kontrollmaßnahmen tragen demnach nicht nur zur Identifikation von Missbrauchsfällen und Fehlern, sondern auch zur Prävention bei.

In diversen Veröffentlichungen wird in diesem Kontext auch vom sog. „Fraud-Triangle" gesprochen. Die drei Parameter Druck, Gelegenheit und Einstellung müssen zueinander finden, um beim einzelnen Mitarbeiter ein entsprechendes Fehlverhalten zu begründen (vgl. exemplarisch Hofmann, 2008, S. 205). In diesem Zusammenhang kann niemand zielsicher einordnen unter welchem Druck Kolleginnen und Kollegen stehen und wie ihre Einstellung zu solchen Vorgehensweisen tatsächlich ist. Insofern kann von Seiten der Kommune nur sichergestellt

Abb. 4.8 Wechselwirkung von IKS und Korruption. (Quelle: Eigene Darstellung)

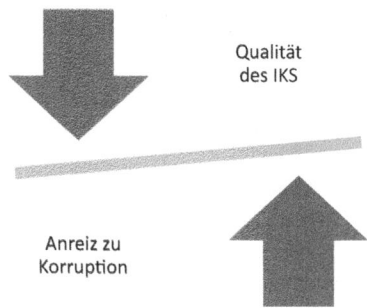

Qualität des IKS

Anreiz zu Korruption

werden, dass es erst gar nicht zur Gelegenheit für ein solches Fehlverhalten kommt (vgl. Abb. 4.8).

Gerade deswegen ist es im ureigenen Interesse der Gebietskörperschaft und der Mitarbeiter, ein möglichst lückenloses IKS zu implementieren. So werden Verdachtsmomente bereits im Keim erstickt und niemand gerät überhaupt in Versuchung sich oder andere illegal zu bereichern. Die Einführung eines funktionierenden IKS besteht generell aus zwei Schritten:

1. Einführung von Sicherungsmaßnahmen und Kontrollaktivitäten im Rahmen einer Dienstanweisung, Richtlinie oder Ähnlichem.
2. Umsetzung der festgelegten Maßnahmen in der Praxis.

Dass gerade dem zweiten Schritt in der Praxis oft wenig Beachtung geschenkt wird, wurde auch von Seiten der Wirtschafts- und Rechnungsprüfer inzwischen erkannt. Beide Prüfungsinstanzen sehen in ihren einschlägigen Leitlinien Funktionsprüfungen der getroffenen Maßnahmen explizit vor (IDW, 2017; IDR, 2018). So soll geprüft werden, ob schriftlich fixierte Vorkehrungen im betrieblichen Alltag auch tatsächlich umgesetzt werden.

Die Notwendigkeit genauerer Vorgaben hat auch der Gesetzgeber inzwischen erkannt. So hat das Hessische Innenministerium am 18. November 2019 die Richtlinie zur Korruptionsprävention und Korruptionsbekämpfung in der öffentlichen Verwaltung des Landes Hessen im Staatsanzeiger des Landes veröffentlicht. Für die Städte und Gemeinden gelten die am 8. Juni 2015 ebenfalls im Staatsanzeiger veröffentlichten Hinweise zur Korruptionsvermeidung in hessischen Kommunalverwaltungen zumindest sinngemäß fort.[5] Das Land Hessen stellt zwar

---

[5] Die Hinweise sind zwischenzeitlich zwar ausgelaufen, werden mangels einer Neuregelung jedoch weiterhin angewandt.

in der Präambel zu den genannten Hinweisen explizit heraus, dass es sich um Empfehlungen handelt, diese aber berücksichtigt werden sollten.

Der zuerst veröffentlichte Erlass sieht im Einzelnen folgende organisatorischen Maßnahmen zur Korruptionsprävention vor:

• Mehraugenprinzip
• Transparente Aktenführung
• Dienst- und Fachaufsicht
• Dokumentation besonders gefährdeter Arbeitsgebiete
• Ansprechperson für Korruptionsprävention
• Interne Revision

Die angesprochenen Maßnahmen richten sich zwar vorrangig an die Organisationseinheiten des Hessischen Innenministeriums, dürften in zweiter Linie aber auch für die Städte und Gemeinden relevant sein. Es handelt sich hierbei um Grundsätze, die für jegliche Art der Korruptionsprävention wesentlich sein dürften.

Mehraugenprinzip

Beim Vier- oder Mehraugenprinzip handelt es sich um ein seit Jahren etabliertes Grundprinzip der Korruptionsprävention. Zumindest in kritischen Aufgabengebieten dürfen keine Entscheidungen getroffen, Zahlungen veranlasst oder Bescheide erstellt werden, ohne dass technisch oder organisatorisch eine zweite Freigabe erforderlich ist. So kann wenigstens ein Mindestmaß an Sicherheit gewährleistet werden. Im Sinne der Fraud-Triangle sorgt die erforderliche Freigabe durch eine Kollegin oder einen Kollegen dafür, die Gelegenheit zur Korruption erst gar nicht entstehen zu lassen.

Mit zunehmendem Umfang und ansteigender Komplexität einzelner Vorgänge dürfte es zudem ratsam sein, weitere Sicherungsmaßnahmen wie eine dritte oder vierte Freigabe einzubauen. Eine dritte oder vierte Freigabe bietet in besonders sensiblen Bereichen den Vorteil, dass gerade die zuvor angesprochene (zu enge) Vertrautheit von zwei Beschäftigten einer weiteren Überwachung unterzogen wird. In den meisten Fällen wird eine solche Absicherung softwaretechnisch gepflegt und aktualisiert. So ist es einerseits möglich, jederzeit einen Überblick über alle Freigaben und Kompetenzen zu erhalten und andererseits mit überschaubarem Aufwand die Vorgaben einer Dienstanweisung auch in die Praxis umzusetzen.

Transparente Aktenführung

Die Aktenführung muss jeden Bearbeitungsschritt erkennen lassen und transparent machen, wer für welchen Teil der Bearbeitung verantwortlich war. Das ist zum einen aus organisatorischer Sicht sinnvoll, da Verwaltungsvorgänge so mit wenig Aufwand von anderen Beschäftigten übernommen werden können. Andererseits kann so aus der Perspektive der Korruptionsprävention aber auch gewährleistet werden, dass Prüfer oder Vorgesetzte sich zeitnah ein Bild über den Vorgang verschaffen können und darüber hinaus stets erkennbar ist, wer zu welchem Zeitpunkt die handelnden Personen waren.

Die genannten Aspekte werden in der heutigen Zeit zunehmend über die digitale Aktenführung sichergestellt. Ein vollständiger digitaler Rechnungsworkflow sorgt für Transparenz, ist effizient und wesentlicher leichter nachzuvollziehen für Dritte. Eine vollumfängliche Abbildung des digitalen Arbeitsganges lässt zudem jeder Zeit erkennen wo Schwachstellen im Prozess liegen. Bei Bedarf kann also in Echtzeit nachvollzogen werden:

* Wer blockiert die einzelnen Vorgänge?
* Wie lange verweilen die Unterlagen in welcher Abteilung?
* Wer prüft bestimmte Anträge eventuell weniger intensiv als andere?

Gerade die Nachprüfbarkeit und Transparenz ist zwar nicht immer beliebt bei Mitarbeiterinnen und Mitarbeitern, sorgt aber allein durch die theoretischen Möglichkeiten für ein hohes Maß an zusätzlicher Sicherheit. Auch das Weiterverarbeiten und das Versenden umfangreicher Datenbestände wird durch einen digitalen Rechnungsworkflow deutlich erleichtert.

Dienst- und Fachaufsicht

Die Vorgesetzten haben eine Vorbildfunktion und müssen daneben die Einhaltung der Vorschriften sicherstellen. Sie sind für die ordnungsgemäßen Abläufe in ihrem Geschäftsbereich verantwortlich und haben sich in diesem Kontext neutral gegenüber ihren Mitarbeitern zu verhalten. Persönliche Beziehungen dürfen keine unterschiedliche Wahrnehmung innerhalb des Aufgabenbereichs zur Folge haben.

Die Führungskräfte haben darüber hinaus bei Bedarf die notwendigen Gespräche zu führen und bei begründetem Anlass die verantwortliche Person für Korruptionsprävention hinzuzuziehen. Dabei ist gerade an diesen Personenkreis aufgrund der herausgehobenen Stellung ohnehin ein strengerer Maßstab anzulegen. Führungskräfte üben in der jeweiligen Fachabteilung die Rolle des Arbeitgebers aus und haben somit auch die verwaltungsinternen Vorgaben umzusetzen.

Dokumentation besonders gefährdeter Arbeitsgebiete

In regelmäßigen Abständen sind die eigenen Aufgabengebiete hinsichtlich ihrer Korruptionsanfälligkeit zu überprüfen. Neben der Relevanz für Korruptionstatbestände ist auch die Wirksamkeit der hinterlegten Sicherungsmaßnahmen zu verifizieren. In zwei aufeinander folgenden Schritten hat zunächst eine Risikoabfrage zu erfolgen, woraufhin anschließend im zweiten Schritt eine Risikoanalyse folgen muss. Diese soll Aufschluss über die Gefahrenlage, die Mängel in den Sicherungsmaßnahmen und die daraus folgende Priorisierung geben.

In den Empfehlungen zur „Korruptionsvermeidung in hessischen Kommunalverwaltungen" aus dem Jahr 2015 konkretisiert das hessische Innenministerium die Arbeitsfelder, die grundsätzlich besonders gefährdet sind:

> „Neben Bereichen, in denen Investitionsvorhaben geplant, vergeben oder überwacht werden, sind vor allem Arbeitsgebiete gefährdet, in denen Genehmigungen, Konzessionen und Erlaubnisse erteilt, Fördermittel bewilligt, Kontrollaufgaben wahrgenommen sowie Verträge abgeschlossen werden. Besonders gefährdete Bereiche sind zum Beispiel Bauämter, Beschaffungsstellen, Führerscheinstellen, Ausländerbehörden, Sozialämter, Entsorgungseinrichtungen." (Hessisches Ministerium des Innen und für Sport, 2015, Präambel)

Dementsprechend sollten auch kleinere Kommunen mindestens in den angesprochenen, kritischen Arbeitsfeldern besondere Vorkehrungen treffen. Alle Arbeitsgebiete, über die zuvor genannten hinaus, dürften hier in besonderem Maße relevant sein, sofern sie gegenüber Bürgerinnen und Bürgern eine besonders bedeutsame Stellung einnehmen und eigenständig Haushaltsmittel verantworten.

Das Korruptionskataster dient zur Orientierung und Koordinierung der notwendigen Maßnahmen. Besonders bedeutsame Arbeitsgebiete erfordern strengere Sicherungsvorgaben und engmaschigere Kontrollen im Rahmen der Umsetzung.

Ansprechperson für Korruptionsprävention

Die jeweilige Dienststelle (in unserem Fall die Kommune) hat eine Ansprechperson für Korruptionsprävention zu benennen. Die Ansprechperson unterstützt die Verwaltungsleitung bei allen Fragen der Korruptionsprävention, wirkt bei Fortbildungen mit und dient vor allem als Ansprechpartner für Beschäftigte und Bürgerinnen und Bürger. Darüber hinaus hat sie aus eigenem Antrieb heraus tätig zu werden, sobald sie Kenntnis von verdächtigen Sachverhalten erhält.

Sie soll also nicht nur zur Prüfung kritischer Sachverhalte herangezogen werden, sondern weit früher präventiv in Erscheinung treten. Die Ansprechperson für Korruptionsprävention kann also regelmäßige Besprechungen organisieren, einen Arbeitskreis ins Leben rufen und im Rahmen von Fortbildungen über besonders kritische Sachverhalte informieren. Die Ansprechperson für Korruptionsprävention kontrolliert demnach nicht nur die Beschäftigten, sondern steht den Kolleginnen und Kollegen bei kritischen Fragen mit Rat und Tat zur Seite. Die Person kann ihre Aufgaben natürlich nur dann wirkungsvoll wahrnehmen, wenn ihr von Seiten der Verwaltungsleitung die nötigen Freiheiten eingeräumt werden. Sie muss also neben ihren praktischen Aufgaben in der Verwaltung über zeitliche Freiräume verfügen, um ihrer Zusatzaufgabe gerecht werden zu können. Zusätzlich muss sie technisch entsprechend ausgestattet werden und über die Rückendeckung der Verwaltungsleitung und der Gremien verfügen.

Interne Revision

Die Rolle der internen Revision wird bei den Kommunen in aller Regel von der externen Revision des Landkreises wahrgenommen. Im Geschäftsbereich des Innenministeriums existiert natürlich eine wirkliche interne Revision. Die Kommunen haben im Vergleich dazu aber erst ab einer Einwohnerzahl von 50.000 ein eigenes Rechnungsprüfungsamt einzurichten. Bis zu dieser Größenordnung werden die Aufgaben der Revision bzw. des Rechnungsprüfungsamtes in aller Regel vom Landkreis wahrgenommen, da die Einrichtung einer eigenen Prüfbehörde für die kleinen Kommunen schlichtweg unwirtschaftlich wäre.

Ein externer Partner ist grundsätzlich neutraler, nicht voreingenommen und kann auch kritische Sachverhalte ansprechen. Dabei hat die Revision des Landkreises einen interkommunalen Überblick und kann so auch Hilfestellung geben und Verbesserungsmöglichkeiten aufzeigen. Die Revision des Kreises verfügt in aller Regel sowohl über das fachliche Know-how als auch über die softwaretechnischen Möglichkeiten, um die Aufgaben flächendeckend im Landkreis wahrzunehmen.

Bei größeren Kommunen mit mehr als 50.000 Einwohnern muss von Seiten der betroffenen Städte ein eigenes Rechnungsprüfungsamt eingerichtet werden. Diese Revision ist zwar in den Verwaltungsaufbau der Kommune eingebunden, verfügt aufgrund der HGO jedoch über diverse Sonderrechte, um auch intern zielorientierte Prüfungen durchführen zu können.[6]

Über die genannten Regelungen hinaus hat das Hessische Innenministerium in seinen Empfehlungen aus dem Jahr 2015 weiterführende Hinweise speziell für die hessischen Kommunen festgelegt. Vor allem die Mitarbeiter in besonders gefährdeten Arbeitsbereichen sollen mindestens alle zwei Jahre an entsprechenden Schulungen teilnehmen und, sofern möglich, im Rahmen einer Jobrotation

---

[6] Das Rechnungsprüfungsamt ist z. B. nach § 130 Absatz 1 HGO unabhängig und keinen Weisungen unterworfen. Weiterhin ist nach Absatz 3 zur Bestellung eines Leiters des RPAs die Zustimmung der Gemeindevertretung erforderlich.

in gewissen Abständen in andere Arbeitsbereiche wechseln. So soll vermieden werden, dass besonders enge Beziehungen zwischen Verwaltungsmitarbeitern und relevanten Kunden, Lieferanten oder Antragsstellern entstehen. Gerade dem Bereich Planung und Ausführung von Beschaffungen wird in den angesprochenen Empfehlungen eine überaus große Aufmerksamkeit zu Teil. In diesem Bereich gilt es Planer, Lieferanten und Handwerker regelmäßig zu wechseln, um keine zu enge Verbundenheit entstehen zu lassen. Sofern Gesamtprojekte an Bauträger oder Planer vergeben werden, ist durch die stichprobenhafte Überprüfung von Ausschreibungsunterlagen und Auftragsvergaben sicherzustellen, dass auch mittelbar die Vergaberichtlinien gewahrt bleiben.

Zwischenfazit: Korruptionsprävention bzw. Vermeidung von dolosen Handlungen

- In der Praxis kommt es weit öfter zu dolosen Handlungen als dies gemeinhin vermutet wird.
- Die Entstehung von Korruption setzt in aller Regel den Anreiz, die Einstellung und vor allem die Gelegenheit voraus. Da niemand die Einstellungen aller Mitarbeiter sicher einordnen kann, gilt es vorrangig die Gelegenheit zu verhindern.
- In diesem Zusammenhang ist es von besonderer Bedeutung ein funktionierendes IKS zu implementieren.
- Ein wirksames IKS setzt nicht nur entsprechende Regelungen, sondern vor allem deren tatsächliche Umsetzung voraus.
- Jede Kommune sollte zumindest die per Erlass vom Innenministerium empfohlenen Maßnahmen ergreifen, um ein grundlegendes Maß an Korruptionsprävention sicherzustellen.

4.4   IT- bzw. Datenschutzrisiken

Dem Datenschutz kommt auch in der kommunalen Praxis in den letzten Jahren eine immer größere Bedeutung zu. Obwohl in Deutschland schon seit Jahren umfangreiche Datenschutzvorschriften gelten, hat deren tatsächliche Umsetzung oftmals nur bedingt funktioniert. In vielen Fällen haben auch die Bürgerinnen und Bürger die Einhaltung der Vorschriften nicht so akribisch verfolgt wie das aktuell der Fall ist.

Am 25. Mai 2018 ist die EU-Datenschutzgrundverordnung (DSGVO) in der Europäischen Union in Kraft getreten. Im Gegensatz zu EU-Richtlinien handelt es sich bei EU-Verordnungen um Rechtsakte, die unmittelbar in allen EU-Staaten gelten. Sie müssen also nicht mehr in jeweiliges Landesrecht übertragen werden, sondern gelten direkt.

Art. 288 – Vertrag über die Arbeitsweise der Europäischen Union (AEUV)

(…) Die Verordnung hat allgemeine Geltung. Sie ist in allen ihren Teilen verbindlich und gilt unmittelbar in jedem Mitgliedstaat. (…)

Die Einführung der DSGVO stellt ohne Zweifel eine Zäsur im Bereich des Datenschutzes dar. Zwar gab es schon zuvor eine EU-Datenschutz-Richtlinie, jedoch stellte dieser Rechtsakt als Richtlinie kein unmittelbar gültiges Recht dar. Die Richtlinie musste von den Mitgliedsstaaten vor Ort noch in geltendes Recht umgesetzt werden. Die Umsetzung erfolgte teilweise nur lückenhaft und die Einhaltung wurde oftmals auch nur wenig konsequent überwacht.

Auch in Deutschland gab es mit dem Bundesdatenschutzgesetz zwar eine entsprechende Vorschrift, jedoch wurden Vergehen nur selten verfolgt und auch die Öffentlichkeit hat sich diesem Thema nur zögerlich angenommen. Im europäischen Vergleich kann zwar durchaus festgehalten werden, dass Deutschland bereits vor Inkrafttreten der DSGVO ein relativ strenges Regelwerk zum Datenschutz hatte. Trotzdem handelt es sich bei der DSGVO auch für deutsche Unternehmen und Behörden um eine wesentliche Verschärfung der geltenden Regeln. Transparenzanforderungen wurden deutlich erhöht, mögliche Strafzahlungen können nun wesentlich höher ausfallen und mit dem „Recht auf Vergessen" und diversen weiteren Regelungen fanden auch völlig neue Gesichtspunkte Eingang in die Verordnung.

Dabei sind mögliche Datenschutzverstöße für die öffentliche Hand keineswegs die einzigen Risiken, die sich im IT-Bereich ergeben können. Über den klassischen Schutz personenbezogener Daten hinaus gilt es, die generelle Sicherheit der öffentlichen Netzwerke zu gewährleisten, sich gegen Fake-News und falsche Behauptungen im Internet zur Wehr zu setzen und überhaupt eine dauerhaft funktionsfähige IT-Infrastruktur sicherzustellen.

Gerade im Zuge des Ukraine-Krieges hat dieses Thema noch einmal zusätzlich an Brisanz gewonnen. Kriegerische Auseinandersetzungen spielen sich nicht mehr nur auf dem Schlachtfeld ab, sondern verlagern sich zunehmend in den virtuellen Raum. Im Rahmen der Auseinandersetzung zwischen Ost und West wird vermutlich auch in Zukunft vermehrt mit Angriffen im Internet zu rechnen sein.

Gerade Behörden werden in diesem Zusammenhang immer wieder Ziel von Hackerangriffen. Einerseits versprechen Attacken auf öffentliche Stellen ein großes mediales Echo, andererseits sind viele Institutionen des öffentlichen Lebens oftmals nur unzureichend geschützt, da auch hier in der Vergangenheit häufig der Rotstift angesetzt wurde. Im Vergleich dazu erscheint ein Angriff auf Großkonzerne in vielen Fällen für die Attentäter eher unattraktiv, da sich eigentlich alle größeren Betriebe mittlerweile entsprechende Fachleute zur Abwehr solcher Angriffe leisten.

Darüber hinaus obliegt der öffentlichen Hand oftmals die Sicherung der sog. kritischen Infrastruktur. Große Teile dieser Infrastruktur werden von Städten und Gemeinden betrieben. Der Schutz dieser Ausstattung hat besondere Priorität, da sie für einen Großteil der Bevölkerung von existenzieller Bedeutung ist.

Hackerangriff auf das besonders gesicherte Netzwerk der Bundesregierung

Ende Februar 2018 wurde bekannt, dass es russischen Hackern gelungen war, Schadsoftware in das besonders geschützte Netzwerk der Bundesregierung einzuschleusen. Ohne dass es dem Sicherheitspersonal aufgefallen war, sind wohl etwa ein Jahr lang hochsensible Daten gestohlen worden. Im Übrigen gilt das Netz der Bundesregierung im Vergleich zu anderen Behörden und öffentlichen Institutionen sogar noch als außergewöhnlich sicher (Spiegel, 2018).◄

Es bleibt also festzuhalten, dass auch IT-Risiken äußerst vielschichtig sind und über den Datenschutz hinausgehen. Natürlich muss der Datenschutz im heutigen IT-Umfeld die absolute Priorität darstellen, aber auch die Funktionsfähigkeit und die Stabilität des Systems, die Implementierung von Vorkehrungen zur Korruptionsprävention und natürlich die Kostenstruktur der Hard- und Software sollten ständig verbessert bzw. optimiert werden. Dabei können Datenschutz und Bedienerfreundlichkeit sich mitunter gegenseitig widersprechen. Die Systeme müssen hinreichend sicher sein, aber trotzdem noch ein nutzerfreundliches Arbeiten ermöglichen. Ansonsten führt die Umsetzung datenschutzrechtlicher Vorschriften zum Erliegen der praktischen Verwaltungsarbeit.

4.4.1 Datenschutz

Alle Fragen hinsichtlich des Datenschutzes gehen im Grunde auf das Recht auf informationelle Selbstbestimmung zurück. Dieses Grundrecht ist zwar nicht explizit im Grundgesetz so normiert (entsprechende Initiativen scheiterten bisher), wird jedoch aus dem allgemeinen Persönlichkeitsrecht nach Art. 2 Abs. 1 i. V. m. Art. 1 Abs. 1 GG abgeleitet. Diese Interpretation wurde 1983 in einem Urteil vom Bundesverfassungsgericht bestätigt, so dass dieses Persönlichkeitsrecht seitdem allgemein anerkannt ist (Bundesverfassungsgericht, 1983).

Art. 2 Abs. 1 Grundgesetz

(1) Jeder hat das Recht auf die freie Entfaltung seiner Persönlichkeit, soweit er nicht die Rechte anderer verletzt und nicht gegen die verfassungsmäßige Ordnung oder das Sittengesetz verstößt.

Die freie Entfaltung der Persönlichkeit schließt dementsprechend das Recht ein, zu entscheiden, wer in welchem Umfang und für welche Zwecke die eigenen Daten verwendet. Dabei stehen immer personenbezogene Daten im Fokus. Allgemein gültige oder allgemein verfügbare Daten sind von den Datenschutzregelungen nicht betroffen.

Die DSGVO stellt einen umfangreichen Handlungsrahmen für den Umgang mit personenbezogenen Daten auf. Dabei beinhaltet sie eine Vielzahl von Regelungen, die lediglich in bestimmten Einzelfällen zum Tragen kommen. Im Vergleich dazu definiert sie allerdings auch einige Bestimmungen, die generell von Bedeutung sind und daher auch konsequent in allen Kommunen umzusetzen sind.

Am Anfang jeder datenschutzrechtlichen Betrachtung steht stets der Grundsatz: Ohne **gültige Rechtsgrundlage** oder **Einwilligung der jeweiligen Person** ist jede Verarbeitung oder Nutzung von personenbezogenen Daten unzulässig. Insofern handelt es sich um einen klaren Erlaubnisvorbehalt. Die Verarbeitung ist nur zulässig, wenn eine der beiden Voraussetzungen vorliegt. Gesetzliche Bestimmungen finden sich diesbezüglich z. B. im Meldegesetz oder in der Gewerbeordnung. So ermächtigt das Bundesmeldegesetz in § 24 die Meldebehörden, die für die Erstellung von Meldebescheinigungen notwendigen Daten zu erheben. Ähnlich erlaubt § 11 der Gewerbeordnung der zuständigen öffentlichen Stelle Daten zu allen Zwecken zu erheben, die zur Beurteilung einzelner gewerberechtlicher Fragen notwendig sind.

Im Gegensatz dazu ist die Frage der persönlichen Einwilligung in der DSGVO geregelt. Demzufolge muss der Verarbeitende im Zweifelsfall nachweisen können, dass eine entsprechende Einwilligung vorliegt bzw. vorlag. Der notwendige Nachweis dürfte rechtssicher nur mittels einer schriftlichen Einverständniserklärung zu erbringen sein.

Art. 7 Abs. 1 DSGVO – Bedingungen für die Einwilligung

(1) Beruht die Verarbeitung auf einer Einwilligung, muss der Verantwortliche nachweisen können, dass die betroffene Person in die Verarbeitung ihrer personenbezogenen Daten eingewilligt hat.

Unabhängig von der Frage der zulässigen Datenverarbeitung in Einzelfällen sieht die DSGVO noch weitere Pflichtmaßnahmen vor, die in jedem Fall umzusetzen sind. So ist unbedingt ein Datenschutzbeauftragter zu bestellen. Dabei ist die Frage, wer in welchen Fällen einen Datenschutzbeauftragten zu bestellen hat, für dieses Buch unerheblich, da Behörden bzw. öffentliche Stellen nach Art. 37 Abs. 1a DSGVO generell einen solchen Beauftragten ernennen müssen. Dieser Beauftragte muss zwingend über entsprechende Fachkenntnisse verfügen und steht daraufhin als Ansprechpartner für alle Fragen des Datenschutzrechts zur Verfügung.

Der Datenschutzbeauftragte ist nach Art. 38 Abs. 1 DSGVO frühzeitig in alle entsprechenden Vorgänge einzubinden und nach Art. 38 Abs. 3 zumindest in Fragen des Datenschutzes nicht an Weisungen gebunden. Wichtig ist in jedem Fall festzuhalten, dass der Datenschutzbeauftragte nicht zwingend ein eigener Mitarbeiter sein muss. Da nach Art. 82 DSGVO im Ernstfall Schadenersatzanforderungen drohen, sollte im Vorfeld der Ernennung eines Datenschutzbeauftragten genau geprüft werden, ob überhaupt entsprechendes Personal in der eigenen Verwaltung zur Verfügung steht. Sollte das nicht der Fall sein, muss ein Mitarbeiter entweder entsprechend geschult werden und die notwendigen Kompetenzen erhalten oder es muss zumindest temporär auf externe Unterstützung zurückgegriffen werden.

Direkt gefordert sein dürfte der Datenschutzbeauftragte wohl bei der Erstellung eines Verzeichnisses der einzelnen Verarbeitungstätigkeiten nach Art. 30 DSGVO. Ein solches Verzeichnis ist das Herzstück des Datenschutzrechts. Die Kommune kann mit Hilfe dieses Verzeichnisses alle Prozesse erläutern bei denen Daten verarbeitet oder gespeichert werden. Damit dient dieses Verzeichnis bei Bedarf auch als Nachweis für die ordnungsgemäße Umsetzung der

Datenschutzvorschriften (vgl. die sog. „Rechenschaftspflicht" nach Art. 5 Abs. 2 DSGVO).

Art. 30 Abs. 1 DSGVO – Verzeichnis von Verarbeitungstätigkeiten

(1) Jeder Verantwortliche und gegebenenfalls sein Vertreter führen ein Verzeichnis aller Verarbeitungstätigkeiten, die ihrer Zuständigkeit unterliegen. Dieses Verzeichnis enthält sämtliche folgende Angaben:

a) den Namen und die Kontaktdaten des Verantwortlichen und gegebenenfalls des gemeinsam mit ihm Verantwortlichen, des Vertreters des Verantwortlichen sowie eines etwaigen Datenschutzbeauftragten;

b) die Zwecke der Verarbeitung;

c) eine Beschreibung der Kategorien betroffener Personen und der Kategorien personenbezogener Daten;

d) die Kategorien von Empfängern, gegenüber die personenbezogenen Daten offengelegt worden sind oder noch offengelegt werden, einschließlich Empfänger in Drittländern oder internationalen Organisationen;

e) gegebenenfalls Übermittlungen von personenbezogenen Daten an ein Drittland oder an eine internationale Organisation (…)

f) wenn möglich, die vorgesehenen Fristen für die Löschung der verschiedenen Datenkategorien;

g) wenn möglich, eine allgemeine Beschreibung der technischen und organisatorischen Maßnahmen gemäß Art. 32 Abs. 1.

Das Verzeichnis der Verarbeitungstätigkeiten dokumentiert also alle Prozesse, bei denen Daten erhoben, verarbeitet und gespeichert werden. Das Verzeichnis soll einen Überblick über die Datenverarbeitung ermöglichen, um feststellen zu können, was mit den Daten daraufhin passiert, was unternommen wird, um die Daten zu schützen und wann eine mögliche Löschung der Daten erfolgt.

Aufbauend auf dem Verarbeitungsverzeichnis wurde die Datenschutz-Folgenabschätzung in Art. 35 als neues Instrument in der DSGVO eingeführt. Damit wurde innerhalb des Datenschutzrechts für besonders sensible Bereiche eine zweite, höhere Priorität geschaffen. Sofern einzelne Prozesse besonders hohe Risiken aufgrund von großen Datenmengen, aufgrund der Art der Verarbeitung oder aufgrund der Nutzung neuer Technologien vorweisen, ist eine gesonderte Abschätzung der Folgen für die Rechte und Freiheiten der betroffenen Personen vorzunehmen.

In der Praxis dürfte die entsprechende Differenzierung bei der Vielzahl kommunaler Aufgaben nur schwer möglich sein. U. a. deswegen hat die Aufsichtsbehörde nach Art. 35 Abs. 4 DSGVO eine sog. Muss-Liste vorzulegen, aus der sich Tätigkeiten ergeben, im Rahmen derer zwingend eine Folgenabschätzung durchgeführt werden muss.

Hessen ist in diesem Fall ein weniger gutes Beispiel, da der Hessische Datenschutzbeauftragte in diesem Zusammenhang eine allgemeingültige Muss-Liste (auch bekannt als sog. Blacklist) für den öffentlichen und den nicht öffentlichen Bereich erstellt hat. Die entscheidenden Tatbestände für die Kommunen werden hier nur begrenzt deutlich. Besser können sich Kommunen beispielsweise an der entsprechenden Veröffentlichung in Niedersachsen orientieren, da hier eine separate Liste für den öffentlichen Sektor erstellt wurde. Diese stellt klar, dass vorwiegend für besonders sensible Bereiche wie Sozial- und Jugendhilfe, Daten der Jobcenter sowie Datenverarbeitung in Melde- und Passverfahren eine solche Folgenabschätzung zu erfolgen hat.

Die entsprechenden Erläuterungen im Amtsblatt der Europäischen Union sprechen in diesem Kontext in Ziffer 90 davon, „eine Datenschutz-Folgenabschätzung durchzuführen, mit der die spezifische Eintrittswahrscheinlichkeit und die Schwere dieses hohen Risikos unter Berücksichtigung der Art, des Umfangs, der Umstände und der Zwecke der Verarbeitung und der Ursachen des Risikos bewertet werden" (Europäisches Parlament & Rat der Europäischen Union, 2016, Ziffer 90).

Demnach geht es also darum, die Folgenabschätzung dazu zu nutzen, um besonders akribisch die Auswirkungen dieser Datenverarbeitung zu prüfen. Im Grunde soll so verdeutlicht werden, dass hier ein besonders bedeutsamer Bereich der Datenverarbeitung vorliegt, der eventuell auch technisch oder organisatorisch besonderem Schutz bedarf. Im Zuge dessen sollte auch abgewogen werden, ob die Sicherungsmaßnahmen dem besonderen Charakter der Daten gerecht werden und ob die Speicherung und Verarbeitung der Daten in Anbetracht des Nutzens überhaupt gerechtfertigt ist.

In jedem Fall sind die Transparenzanforderungen durch die Einführung der DSGVO wesentlich gestiegen. Der Verordnungsgeber macht in mehreren Artikeln (z. B. Art. 12, 13 und 14) deutlich, dass die betroffenen Personen über ein Auskunftsrecht verfügen, um auf Nachfrage detailliert über die Verarbeitung ihrer Daten informiert zu werden. Jede natürliche Person, die in irgendeiner Weise in Kontakt zur jeweiligen Kommune steht, hat also das Recht über die Nutzung ihrer Daten informiert zu werden. Das schließt den Umfang der Datennutzung, die Art der Datennutzung und vor allem die zu Grunde liegende Rechtsgrundlage ein.

Alle genannten Regelungen sind nicht nur im Verhältnis zu Bürgerinnen und Bürgern von Bedeutung, sondern natürlich auch im Hinblick auf Mitarbeiterinnen und Mitarbeiter. Einerseits gelten für die Beschäftigten die gleichen Datenschutzrechte, andererseits müssen sie im Kunden- bzw. Bürgerkontakt die geltenden Vorschriften auch korrekt anwenden. Deshalb ist es von grundlegender Wichtigkeit, die eigenen Mitarbeiterinnen und Mitarbeiter dementsprechend zu schulen und regelmäßig zu sensibilisieren. Entsprechende Seminare bzw. Vorträge sollten auch dokumentiert werden, damit im Ernstfall auch nachgewiesen werden kann, dass der Dienstherr seiner Verpflichtung in diesem Bereich nachgekommen ist.

Abschließend gilt es alle Internetauftritte der Gemeinde hinsichtlich der Datenschutzvorschriften zu überprüfen. Wichtig ist hier vor allem die Kontaktformulare anzupassen und die Datenschutzerklärung entsprechend zu formulieren. Oberste Prämisse ist stets der Grundsatz **so wenige Daten zu erheben wie irgend möglich**. Sofern also die Möglichkeit besteht, Newsletter zu abonnieren oder Termine online zu vereinbaren, sollte sich die Verwaltung auf die absolut notwendigen Daten für diesen Vorgang beschränken. Die Datenschutzerklärung zur jeweiligen Homepage war zwar schon vor der DSGVO verpflichtend, muss aber an den gültigen Rechtsstand angepasst werden. Das bedeutet die Leserinnen und Leser müssen über die rechtlichen Möglichkeiten, wie das Recht auf Vergessen oder das Recht per Anfrage ausführlich über ihre Datenverarbeitung informiert zu werden, aufgeklärt werden. Im Einzelfall kann es gerade hier ratsam sein, punktuell auf externe Beratung zurückzugreifen, da gerade die Erstellung solcher Datenschutzerklärungen in der Regel nur einmal korrekt erfolgen muss.

Die Abb. 4.9 stellt kurz dar, welche Schritte zur Überprüfung des Bereiches Datenschutz unbedingt erforderlich sind. Hierbei handelt es sich natürlich keinesfalls um eine abschließende Aufzählung. Vielmehr zeigt die kurze Darstellung die Punkte auf, die zwingend notwendig sind, um überhaupt rechtskonform im Bereich Datenschutz zu handeln. Im Übrigen gilt ohnehin der in Abschn. 3.3.2 bereits erläuterte Leitgedanke, der Abwägung von Eintrittswahrscheinlichkeit des Risikos und potenziellem Schaden. Sollte es in der eigenen Kommune schon zuvor zu erhöhtem öffentlichen Interesse für den Bereich Datenschutz gekommen sein und sollte es darüber hinaus schon zahlreiche Auskunftsanfragen im Rahmen der DSGVO gegeben haben, gilt es besonders sensibel mit der Thematik umzugehen und wesentlich mehr Ressourcen in diesen Bereich zu investieren als in vergleichbaren Städten. Sollte es jedoch umgekehrt in der eigenen Gemeinde noch keinerlei Anfragen zum Bereich Datenschutz gegeben haben, wäre es wohl vertretbar die eigenen Maßnahmen zunächst auf den gesetzlich unbedingt erforderlichen Umfang zu beschränken.

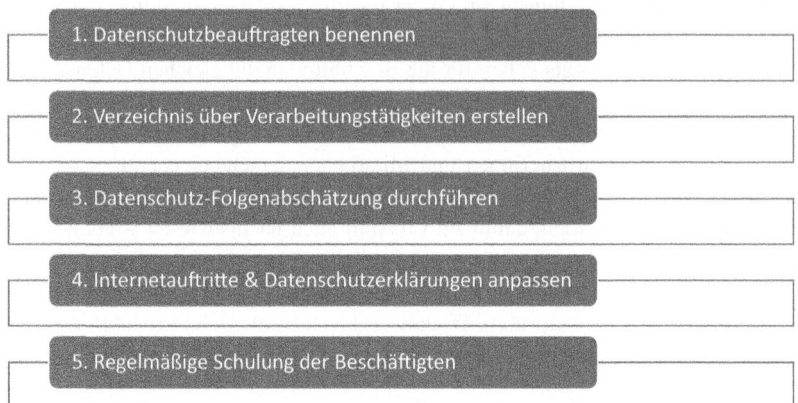

1. Datenschutzbeauftragten benennen

2. Verzeichnis über Verarbeitungstätigkeiten erstellen

3. Datenschutz-Folgenabschätzung durchführen

4. Internetauftritte & Datenschutzerklärungen anpassen

5. Regelmäßige Schulung der Beschäftigten

Abb. 4.9 Checkliste Datenschutz. (Quelle: Eigene Darstellung)

4.4.2 Risiken im generellen IT-Betrieb

Über den Schutz personenbezogener Daten hinaus ist die Sicherstellung einer funktionsfähigen IT-Infrastruktur für jedes Unternehmen und jede Behörde heutzutage absolut grundlegend. Die komplette Institution ist im Grunde handlungsunfähig, sobald es Externen gelingt durch Sicherheitslücken Schadsoftware in einem geschlossenen Netzwerk zu platzieren. Speziell in Zeiten sich ständig wandelnder Angriffsmöglichkeiten ist es vor allem für kleinere Städte und Gemeinden zunehmend eine Herausforderung das eigene System entsprechend zu sichern.

Diese Entwicklung wird durch die Tendenz zu ständig komplexeren Systemen zunehmend verschärft. Wo sich das Netzwerk einer kleinen Kommune noch vor einigen Jahren auf Rechner und wenige zentrale Drucker beschränkte, wurde der Zugriff auf das Behördennetzwerk mittlerweile allzu oft auf zahlreiche mobile Geräte wie Smartphones oder Tablets erweitert. Spätestens im Rahmen der Corona-Pandemie hat das mobile Arbeiten einen noch nie dagewesenen Boom erlebt. Bei vielen öffentlichen Arbeitgebern wurden alte Verhaltensmuster ad acta gelegt und neue Varianten des dezentralen Arbeitens in beeindruckender Geschwindigkeit vorangetrieben. Deswegen werden in der Praxis wesentlich mehr Geräte auf das kommunale Netzwerk zugreifen, als das bisher der Fall war. Damit geht unweigerlich die Gefahr einher, dass diese Geräte nicht immer angemessen geschützt sind. Im Übrigen können die besten Sicherungsmaßnahmen nur wirken, wenn die Nutzer durch verantwortungsvolle Hard- und Softwarenutzung zur Systemsicherheit beitragen.

Im Ergebnis lassen sich die wesentlichen Risikotreiber jedoch nach wie vor auf die vier in Abb. 4.10 genannten Kategorien herunter kürzen. Dabei ist der Mensch – früher wie heute – Risikofaktor Nummer eins. Je größer ein Unternehmen oder eine Behörde, umso weniger lässt sich das Verhalten einzelner Personen überprüfen. Schon eine winzige Sicherheitslücke, das unachtsame Öffnen einer E-Mail oder der Besuch einer unsicheren Internetseite kann ausreichen, um das hauseigene System für Stunden lahm zu legen.

Speziell der Ausbildungsstand und die Motivation der Kolleginnen und Kollegen sind Faktoren, die eng mit dem „Risikofaktor Mensch" zusammenhängen.

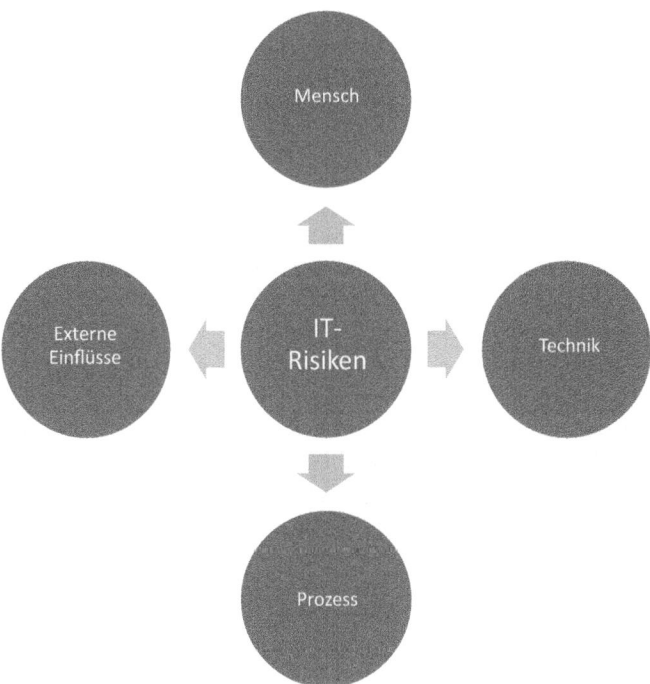

Abb. 4.10 Übersicht IT-Risiken. (Quelle: Eigene Darstellung in Anlehnung an Seibold, 2014, S. 76)

Schlecht ausgebildete Mitarbeiter sind in vielen Fällen überfordert und neigen daher mutmaßlich eher dazu, in wichtigen Situationen die falschen Entscheidungen zu treffen. Ebenso besteht zumindest die Wahrscheinlichkeit, dass wenig motivierte Mitarbeiterinnen und Mitarbeiter eventuell eher den Internetzugang für private Zwecke nutzen und ggf. unachtsam mit E-Mails und ungeschützten USB-Ports umgehen (Seibold, 2014, S. 17).

In derartigen Fällen können nur die dauerhafte Sensibilisierung und der ständige Verweis auf dienstliche Pflichten zur notwendigen Achtsamkeit führen. Im Wiederholungsfall sollte auch von arbeitsrechtlichen oder disziplinarrechtlichen Instrumenten Gebrauch gemacht werden, um die Bedeutung des Themas auch gegenüber den anderen Beschäftigten zu verdeutlichen. Da in einigen Fällen auch schlicht und einfach Unwissenheit zu Fehlern führen kann, sollte auch die Fort- und Weiterbildung in diesem Bereich regelmäßig vorangetrieben werden. Wichtige Schulungen sollten in diesem Bereich auch nicht als Angebot, sondern als Pflichtveranstaltung deklariert werden. Ansonsten besteht die Gefahr, dass immer wieder dieselben, interessierten Mitarbeiter teilnehmen und andere solchen Seminaren grundsätzlich fernbleiben.

Der zweite wesentliche Risikofaktor liegt regelmäßig im Bereich der Technik. Eine funktionierende IT-Infrastruktur ist kostenintensiv und bedarf regelmäßiger Wartung. Dieser Umstand wird gerade in Zeiten knapper Kassen zum Problem, da andere Projekte dann regelmäßig Priorität genießen. So werden in den Kommunalverwaltungen des Öfteren Betriebssysteme aus Kostengründen weiterbetrieben, die vom Hersteller schon seit Jahren nicht mehr aktualisiert wurden. In anderen Gemeinden wird ebenfalls aus Wirtschaftlichkeitsgründen gänzlich auf kostenpflichtige Virenschutzsoftware verzichtet, um das gesamte Netzwerk ausschließlich mit kostenloser Gratissoftware aus dem Internet zu schützen. Der Sicherheitsstandard des eigenen Systems hängt im Bereich der Technik eben untrennbar mit dem Einsatz finanzieller Mittel zusammen. Ein sicheres und aktuelles IT-System kostet schlichtweg Geld. Soweit es hier tatsächlich an den finanziellen Ressourcen scheitert, gibt es aber die Möglichkeit komplette Anlagen zu leasen oder aber wesentliche Teile der eigenen IT auszulagern und externe Rechenleistung anzumieten. Außerdem gilt es immer zu bedenken, dass etwaige Systemschäden in vielen Fällen weitaus kostenintensiver sind, als der Einsatz aktueller Hard- und Software.

Ausfall der Mail-Server bei der Stadt München

Ende des Jahres 2014 sind die Mail-Server der Stadt München für mehrere Tage ausgefallen. Ursache war wohl eine Fehlfunktion des Linux-Betriebssystems. München hat aus Wirtschaftlichkeitsgründen bereits frühzeitig auf das Betriebssystem „Linux", statt auf das klassische Windows-System gesetzt. Der Ausfall der Mail-Server führte dazu, dass etwa 20.000 Mitarbeiter der Stadt über mehrere Tage nicht per Mail zu erreichen waren. Neben dem rein monetären Schaden haben solche Krisen natürlich auch immer einen Reputationsschaden zur Folge (Münchner Abendzeitung, 2014).◄

Das dritte Risikofeld bei der IT ergibt sich oftmals aus den Prozessen. Sofern Mitarbeiter entsprechend geschult sind und über die notwendige Technik verfügen, setzt die IT-Sicherheit darüber hinaus noch sinnhafte Abläufe voraus. Die gesamte IT kann noch so sicher sein, wenn jeder Mitarbeiter von seinem privaten Handy auf alle Teile des kommunalen Netzwerks zugreifen kann, ist die nächste Vireninfektion vorprogrammiert. Genauso verhält es sich mit der Unterstützung durch externe Mitarbeiter. Hervorragend gesicherte Hard- und Software kann nur begrenzten Schutz bieten, wenn externe Berater bzw. externe Filialen oder Abteilungen mit ihrer Hardware auf kommunale Dateien zugreifen können.

Als vierter Risikofaktor sind externe Einflüsse im Rahmen der IT-Sicherheit zu nennen. Hier ist eine Vielzahl von Effekten denkbar. Möglicherweise sind dringend notwendige Hardwarekomponenten aktuell nicht lieferbar, vielleicht treten Elementarschäden auf, die die Systemsicherheit bedrohen, oder aber die erforderlichen Fachkräfte für IT-Fragen sind am Arbeitsmarkt momentan einfach nicht vorhanden. Es handelt sich demnach um einen Risikobereich, der nur schwer vorherzusagen und noch schwerer zu begrenzen ist. Es gilt soweit wie möglich Vorsorge zu treffen und im Bedarfsfall auf externe Partner zurückzugreifen.

Im Ergebnis handelt es sich beim Betrieb der IT um ein breit gefächertes Risikofeld. Der gesamte Bereich gewinnt Jahr für Jahr an Bedeutung. Sobald das IT-System nicht mehr funktioniert, steht im Regelfall die gesamte Verwaltung still. Gerade durch den starken Anstieg mobiler Endgeräte im täglichen Gebrauch, wird die Sicherstellung der Systemstabilität immer schwieriger. In vielen Fällen werden gerade kleinere Kommunen über kurz oder lang darauf angewiesen sein in diesem Bereich zusammenzuarbeiten, denn ein aktuelles IT-System wird sich dann noch am ehesten wirtschaftlich betreiben lassen.

Zwischenfazit: Datenschutz- und IT-Risiken

- Den Datenschutz- und IT-Risiken wird in den letzten Jahren eine immer größere Bedeutung beigemessen.
- In vielen Fällen ziehen derartige Probleme nicht nur finanzielle Schäden, sondern auch entsprechende Rufschädigungen nach sich.
- Durch die DSGVO wurde der Bereich Datenschutz in der öffentlichen Diskussion noch einmal deutlich aufgewertet. Viele Bürgerinnen und Bürger kennen ihre Rechte aus der DSGVO aus der öffentlichen Berichterstattung oder aus einschlägigen Internetforen und scheuen sich nicht mit entsprechenden Anfragen an die Kommunen heranzutreten.
- Im Rahmen des Datenschutzes sollten zumindest die in Abschn. 4.4.1 angesprochenen Grundvoraussetzungen erfüllt werden. Weitere Anstrengungen sollten je nach Wahrnehmung in der eigenen Stadt oder Gemeinde vorgenommen werden. Bei überdurchschnittlich häufigen Anfragen im Rahmen der DSGVO müssen die kommunalen Bemühungen weiter intensiviert werden und ggf. auf externe Berater zurückgegriffen werden.
- In Bezug auf die generelle IT-Sicherheit muss dauerhaft investiert werden, um ein funktionsfähiges System sicherstellen zu können. Bei Bedarf kann sich die Funktionsfähigkeit auch über ein Leasingkonzept oder die interkommunale Zusammenarbeit gewährleisten lassen.

4.5 Beteiligungsrisiken

Ein weiterer wesentlicher Risikobereich dürfte sich bei vielen Städten und Gemeinden aus der kommunalen Beteiligungsstruktur ergeben. Teilweise werden im kommunalen Bereich wichtige Aufgabenbereiche entweder in öffentlich-rechtliche oder privatrechtliche Beteiligungsgesellschaften ausgelagert. Dabei dürften in diesem Zusammenhang die verschiedensten Beweggründe eine Rolle spielen. Mitunter können so steuerliche Vorteile realisiert werden, teilweise wird aber auch beabsichtigt unangenehme Tatsachen (wie z. B. eine ausufernde Verschuldung) ein wenig aus dem Fokus der Öffentlichkeit und der Parlamentarier zu rücken.

Die einschlägige Literatur sieht hauptsächlich folgende Anreize für das Auslagern von Aufgaben in kommunale Gesellschaften:

- Steigerung der Wirtschaftlichkeit durch die Nutzung anderer Rechtsformen

- Überwindung dienstrechtlicher und tarifrechtlicher Vorgaben
- Zunehmend betriebswirtschaftliche Orientierung
- Interkommunale Zusammenarbeit wird von Seiten der Länder zunehmend vorangetrieben (exemplarisch Bremeier et al., 2006, S. 16 f.)

Speziell die seit Jahrzehnten zunehmende betriebswirtschaftliche Orientierung in der öffentlichen Verwaltung begünstigt natürlich die Dezentralisierung kommunaler Aufgaben. Schon die ersten Abhandlungen zum Neuen Steuerungsmodell der öffentlichen Hand Anfang der 1990er-Jahre propagierten die Auslagerung kommunaler Tätigkeitsbereiche. Wobei diesen Bestrebungen schon damals der Grundtenor zu Grunde lag, dass Aufgaben gerade in privatrechtlichen Kapitalgesellschaften effizienter und effektiver umgesetzt werden können, als das in der originären Verwaltung der Fall ist (Brede, 2005, S. 46 ff.).

So hat man sich von den zunehmenden Auslagerungen letztendlich eine Entlastung der kommunalen Kassen versprochen, indem einzelnen Zuständigkeitsbereichen eine höhere Eigenverantwortung zugesprochen wurde. Diesen Bestrebungen liegt zumeist der Leitgedanke zugrunde, dass spezielle Fachexperten die kommunalen Ressourcen effektiver einsetzen können, als dass die Generalisten der kommunalen Finanzabteilung können.

Darüber hinaus bietet die Privatisierung kommunaler Aufgaben seit jeher die Möglichkeit, relativ einfach dienstrechtliche und tarifrechtliche Vorgaben zu umgehen. In der Vergangenheit wurde diese Möglichkeit auch maßgeblich dazu genutzt, die Haushaltslage zu entlasten. Durch die Umgehung der Entgeltordnung des Tarifvertrages war es möglich, bestimmte Aufgabenbereiche von Mitarbeitern im Niedriglohnsektor wahrnehmen zu lassen.

Mittlerweile wird dieser Aspekt vorwiegend umgekehrt interpretiert. Das Umgehen dienst- und tarifrechtlicher Vorgaben ist zwar weiterhin interessant, allerdings eher, um im Wettbewerb um Fachkräfte überhaupt konkurrenzfähig zu sein. Speziell das Beamtenrecht eröffnet den Arbeitgebern nur sehr begrenzte Möglichkeiten, um gefragten Fachkräften in den Gehaltsverhandlungen entgegenkommen zu können. Aber auch das Tarifrecht ordnet die einzelnen Tätigkeiten im Rahmen eines streng formalisierten Verfahrens einzelnen Entgeltgruppen zu. In der Praxis berücksichtigt diese Zuordnung allerdings nicht, ob in der entsprechenden Region überhaupt die notwendigen Fachkräfte zu diesen Konditionen verfügbar sind, sodass es mitunter notwendig werden kann, deutlich über die Entgeltbestandteile des Tarifvertrages hinauszugehen.

Zusätzlich wird die Tendenz zur Dezentralisierung kommunaler Aufgaben durch Aktivitäten übergeordneter Instanzen noch begünstigt. In den letzten Jahren und Jahrzehnten wurden von Seiten der EU und des Bundes immer wieder Liberalisierungen von einzelnen Marktbereichen vorgenommen, wodurch die Kommunen einem immer stärker werdenden Wettbewerb durch privatwirtschaftliche Konkurrenz ausgesetzt wurden. Außerdem wird die Ausgliederung kommunaler Aufgaben gerade in der jüngsten Zeit immer mehr gefördert, sofern daraufhin mehrere Kommunen eine Tätigkeit gemeinsam wahrnehmen.

Förderung interkommunaler Zusammenarbeit durch das Land Hessen

Das Land Hessen hat seit dem Jahr 2021 die Förderung interkommunaler Zusammenarbeit noch deutlich intensiviert. Ein entsprechendes Förderprogramm sieht für einzelne Zusammenarbeiten Förderungen bis zu 100.000 EUR vor. Sofern Kooperationen auf nahezu alle kommunalen Aufgabenfelder ausgedehnt werden (sog. Verwaltungsgemeinschaften), sind sogar Förderungen bis zu 150.000 EUR möglich (HMdIS, 2021).◄

Über die angesprochenen Beweggründe hinaus, sind dem Autor im Rahmen seiner beruflichen Tätigkeit als Kommunalprüfer noch weitere Triebkräfte für die Auslagerung kommunaler Aufgaben begegnet. Dabei sind diese Hintergründe allerdings höchst individuell und somit keinesfalls auf alle Städte und Gemeinden übertragbar.

Zunächst bietet eine separate Gesellschaft haftungsrechtlich und hinsichtlich der Finanzierung andere Möglichkeiten, aber auch andere Beschränkungen. Sofern große Bereiche wie die Wasserver- oder die Abwasserentsorgung verselbstständigt werden, können im Zuge dessen auch große Teile der kommunalen Verschuldung aus der eigenen Bilanz verschwinden, egal ob die neue Organisationsform ein Eigenbetrieb oder eine GmbH ist. In beiden Fällen wird ein separater Jahresabschluss erstellt, so dass die kommunale Verschuldung und die damit verbundenen Kennzahlen (Eigenkapitalquote, Verschuldungsgrad, etc.) sich zumindest auf dem Papier wesentlich verbessern.

Weiterhin kann die Verselbstständigung eines solchen Bereiches die Flexibilität wesentlich erhöhen. So ist die kommunale Finanzierung beispielsweise engen rechtlichen Vorgaben unterworfen. Darlehen stellen regelmäßig die letzte Finanzierungsmöglichkeit dar und sowohl Investitionskredite als auch Kassenkredite sind dem Genehmigungsvorbehalt der Kommunalaufsicht unterworfen. Mitunter kann die Aufsichtsbehörde sich sogar vorbehalten nicht nur den Gesamtbetrag der Darlehen, sondern jeden einzelnen Kredit separat zu genehmigen.

§ 93 Abs. 3 HGO – Grundsätze der Erzielung von Erträgen und Einzahlungen

(3) Die Gemeinde darf Kredite nur aufnehmen, wenn eine andere Finanzierung nicht möglich ist oder wirtschaftlich unzweckmäßig wäre.

§ 103 Abs. 2 HGO – Kredite

(2) Der Gesamtbetrag der vorgesehenen Kreditaufnahmen für Investitionen und Investitionsförderungsmaßnahmen bedarf im Rahmen der Haushaltssatzung der Genehmigung der Aufsichtsbehörde (Gesamtgenehmigung). Die Genehmigung soll nach den Grundsätzen einer geordneten Haushaltswirtschaft erteilt oder versagt werden; sie kann unter Bedingungen erteilt und mit Auflagen verbunden werden. Die Genehmigung ist in der Regel zu versagen, wenn festgestellt wird, dass die Kreditverpflichtungen nicht mit der dauernden Leistungsfähigkeit der Gemeinde im Einklang stehen.

Dies schränkt die Handlungsfähigkeit der Kommune zum einen massiv ein, führt andererseits aber auch zu ganz praktischen Problemen. So sind entsprechende Kreditangebote der Banken in aller Regel nur 24 Stunden gültig, weshalb eine zeitnahe Zu- oder Absage zwingend erforderlich ist. Letztlich kann sich die Stadt durch die Verselbstständigung wesentlicher Bereiche solcher Fesseln zu großen Teilen entledigen. Eine Wasserversorgungsgesellschaft mbH wäre etwa solchen Restriktionen nicht unterworfen. Sie hätte aufgrund ihrer privatrechtlichen Grundlage keinen Bezug zur HGO und wäre somit auch nicht gegenüber der Aufsichtsbehörde weisungsgebunden. Fragen der Finanzierung könnte eine solche GmbH völlig autonom in Eigenregie entscheiden.

Ein ähnlicher Hintergrund ergibt sich auch bei weiteren kommunalrechtlichen Fragen. Wie in Abschn. 4.1 bereits kurz angesprochen wurde, dürfen kommunale Gebühren maximal kostendeckend erhoben werden. Die Kommunen können also in ihren Gebührenhaushalten weder Gewinne erwirtschaften, noch können sie ihre Gebührensätze an der Preisstruktur der Nachbargemeinden ausrichten. Es gilt strikt das Gebot der kostendeckenden Gebühren. Genau wie bei der Kreditfinanzierung gilt diese Rechtsvorschrift für privatrechtliche Preise eben nicht. Durch einen schlichten Wechsel der Rechtsform mit gleichzeitiger Veränderung der Gebührenfestsetzung (Rechnung statt Bescheid) wäre es möglich, die Preise für den Kubikmeter Wasser weitgehend frei festzusetzen.

Ebenfalls anknüpfend an die Frage der Finanzierung könnte möglicherweise auch die Haftungsbeschränkung für eine Verselbstständigung von Aufgaben sprechen. Durchaus riskante Ausflüge in die Privatwirtschaft fallen im Rahmen einer

GmbH meist weniger schwer als im Rahmen der klassischen Kommunalverwaltung. Die GmbH ist in ihrer Haftung beschränkt und im Extremfall lässt sich ein potenzieller Schaden für die Gemeinde so auf die geleistete Einlage begrenzen. Im Ergebnis wird deutlich wie verschieden die Beweggründe für die Gründung kommunaler Gesellschaften sein können. Oftmals ist der Eigenbetrieb oder die GmbH auch einfach historisch gewachsen und niemand weiß überhaupt noch wirklich genau, warum die Aufgabe nicht einfach im Rahmen der klassischen Kommunalverwaltung wahrgenommen wird. Festzuhalten ist jedoch in jedem Fall, dass solche Auslagerungen nicht nur Chancen bieten, sondern natürlich auch Risiken in sich bergen. Im Sinne der vorherigen Kapitel sollen auch in diesem Zusammenhang die wichtigsten Risiken angesprochen werden.

1. Beteiligungen werden nicht konsequent gesteuert und verselbstständigen sich zunehmend

Die Gründung selbstständiger Organisationseinheiten birgt immer die Gefahr, dass die kommunalen Betriebe ein zunehmendes Eigenleben entwickeln. So hat die KGSt in dem Bericht, der die Initialzündung für das Neue Steuerungsmodell darstellte, bereits erkannt, dass „nichts die eigene Karriere so zuverlässig fördert wie eine steigende Zahl von Mitarbeitern und ein wachsender Etat" (KGSt, 1993, S. 9). Dementsprechend erscheint es nur logisch, dass der Eigenbetriebsleiter ebenso wie der Geschäftsführer einer GmbH immer den Anreiz haben wird, mehr Aufgaben und Kompetenzen von der Stadt zu übernehmen und die Verselbstständigung der kommunalen Gesellschaft weiter voranzutreiben.

Insofern ist es aus Sicht der Kommune dringend notwendig sich auch langfristig entsprechende Einflussmöglichkeiten bei der Beteiligung zu sichern. Über die gesetzlichen Bestimmungen hinaus, bietet es sich in diesem Zusammenhang an, die notwendigen Sitze in den Gremien der Gesellschaft vertraglich absichern zu lassen. Dabei sollten die verantwortlichen Personen stets bedenken, dass die Stadt oder Gemeinde auch noch in 20 oder 30 Jahren in der Lage sein muss, ihren Einfluss in der Beteiligungsgesellschaft in ausreichender Form geltend zu machen.

§ 122 Abs. 1 HGO – Beteiligung an Gesellschaften

(1) Eine Gemeinde darf eine Gesellschaft, die auf den Betrieb eines wirtschaftlichen Unternehmens gerichtet ist, nur gründen oder sich daran beteiligen, wenn (…) die Gemeinde einen angemessenen Einfluss, insbesondere im Aufsichtsrat oder in einem entsprechenden Überwachungsorgan, erhält (…).

Der Gesetzgeber in Hessen stellt bei der Frage des angemessenen Mitspracherechts in Gesellschaften explizit auf Mitwirkungsmöglichkeiten in einem Überwachungsorgan ab. Anhand dieser Zielsetzung wird deutlich, dass es nicht um die Einwirkung auf das laufende Geschäft geht. Eine zu starke Einmischung der Gemeinde in das laufende Geschäft der Beteiligung stellt im Grunde sogar ein eigenes Risiko dar. Separate Gesellschaften werden oftmals gerade gegründet, um flexibler am Markt agieren zu können. Da wäre der ständige Eingriff des Bürgermeisters in die laufenden Geschäfte sicherlich kontraproduktiv (Katz, 2017, Rd. Nr. 171).

Weiterhin sollten regelmäßige Beteiligungsberichte dazu beitragen, Fehlentwicklungen in den kommunalen Betrieben frühzeitig zu erkennen. Dabei müssen die Probleme nicht zwingend finanzieller Natur sein. Schäden können sich ebenso gut in der Reputation der Stadt niederschlagen. Welcher Bürger kann bei einem etwaigen Fehlverhalten schon genau zwischen der Stadt und der Stadtwerke GmbH differenzieren?

Ein spezielles Augenmerk sollte in diesem Zusammenhang vor allem Kooperationen mit privaten Partnern gelten (sog. Public Private Partnerships – PPP). Solche Konstellationen können mitunter eine gewisse Eigendynamik entwickeln. Im Gegensatz zur Zusammenarbeit von zwei öffentlich-rechtlichen Partnern unterliegt der private Partner eben anderen Rahmenbedingungen. Private Unternehmer sind wesentlich dringender auf wirtschaftlichen Erfolg angewiesen. Ein Umstand, der eventuell direkte Auswirkung auf die Zusammenarbeit mit der Kommune hat, wenn sich der angestrebte Erfolg nicht zeitnah einstellt (Pfnür et al., 2010, S. 116).

Der Hessische Rechnungshof hat im Kommunalbericht 2015 das Beteiligungsmanagement der Landkreise Gießen, Main-Taunus und Schwalm-Eder eingehend untersucht. Dabei wurde zwischen klassischer Informationsbeschaffung und der daran anschließenden Analyse unterschieden. Im Rahmen der Untersuchung wurde relativ offensichtlich, dass der Informationsbestand zumindest grundlegend gesichert wird. Gesellschaftsverträge liegen vor, Jahresabschlüsse werden den Landkreisen zur Verfügung gestellt und Wirtschaftspläne wurden jährlich übersandt. Die Analyse der bereitgestellten Informationen viel hingegen dürftig aus. Keiner der drei geprüften Kreise konnte hier die Kriterien erfüllen. Es gab weder Zielvereinbarungen noch regelmäßige Zwischenabschlüsse, auch Abweichungsanalysen wurden nicht erstellt (Hessischer Rechnungshof, 2016, S. 81).

2. In den kommunalen Gesellschaften entstehen finanzielle Probleme

Wie zuvor besprochen wurde, ergeben sich diverse Ausgliederungen bei den Kommunen schlichtweg aus finanziellen Interessen. Sei es die bessere Flexibilität bei der Aufnahme von Darlehen oder einfach nur das buchungstechnische Auslagern von Schulden. Eins bleibt jedoch in jedem Fall festzuhalten: Ein wenig profitabler Betrieb wird auch in einer anderen Rechtsform nicht unbedingt lukrativ. Zumal Querverbünde, die innerhalb der Kommune zum Ausgleich von Fehlbeträgen in einzelnen Sparten herangezogen werden können, nun außen vor sind (temporäre Einnahmeausfälle bei der Wasserversorgung könnten beispielsweise zur Überbrückung über Grundsteuereinnahmen kompensiert werden).

Finanzielle Schieflagen konkretisieren sich allerdings in privatrechtlichen Gesellschaften wesentlich schneller zu existenzbedrohenden Problemen. Da für die Kommunen der Gang zum Insolvenzgericht ausgeschlossen ist, wird für sie auch eine äußerst weitgehende Kreditwürdigkeit angenommen. Diesen umfangreichen Handlungsspielraum hat die GmbH oder die AG nicht. Geldgeber wissen natürlich auch um die eingeschränkte Haftung bei diesen Gesellschaftsformen und drehen den Geldhahn im Ernstfall dementsprechend schnell zu. Hinzu kommt das politische Risiko, im Bedarfsfall doch für die Schulden der Gesellschaft eintreten zu müssen. Den Wählerinnen und Wählern dürfte es im Ernstfall trotz Haftungsbeschränkung bei AG und GmbH nur schwer zu vermitteln sein, dass die Schulden der städtischen Tourismusgesellschaft letztlich nicht von der Stadt getragen werden.

Insolvenz des Badehofes Bad Salzschlirf

In der osthessischen Gemeinde Bad Salzschlirf musste die gemeindeeigene Betreibergesellschaft des örtlichen Badehofes im Jahr 2012 Insolvenz anmelden. Im Zuge der mehrjährigen finanziellen Schieflage wurde auch bekannt, dass der dortige Bürgermeister zeitweise nicht nur Bürgermeister, sondern auch Miteigentümer des Badehofes war und das angeschlossene Kurhotel bei diversen Gelegenheiten begünstigt hat. Diese unrechtmäßigen Vergünstigungen blieben u. a. deswegen lange verborgen, weil sie innerhalb eines komplexen Beteiligungsnetzes untergingen (Frankfurter Rundschau, 2019).

Im Jahr 2016 musste auch die folgende, private Betreibergesellschaft eines chinesischen Investors Insolvenz anmelden (Fuldaer Zeitung, 2020).◄

3. Mit der Verselbstständigung einzelner Teilbereiche geht immer ein Verlust von Knowhow einher

Jede Auslagerung führt immer auch dazu, dass Kompetenzen und Fachwissen ebenfalls in die kommunale Gesellschaft abwandern. Die entsprechenden Fachkompetenzen können meist nur langfristig wiederaufgebaut werden. Zudem wird es daraufhin immer schwieriger, die Beteiligung effektiv zu steuern. Wenn das Fachwissen des jeweiligen Teilbereichs nicht mehr vorhanden ist, dürfte es außergewöhnlich schwer werden, die Arbeit und die Geschäftslage der Beteiligung korrekt zu bewerten. Ferner dürfte auch die Bewertung der einschlägigen Risiken von Jahr zu Jahr schwieriger werden. Je länger der Fachbereich selbstständig ist, umso weniger Einblick in die aktuellen Entwicklungen des Tätigkeitsfeldes hat die Kernverwaltung vermutlich.

4. Möglicherweise kommt der kommunalen Beteiligung zunehmend die „gesamtstädtische" Sicht abhanden

Wie bereits zuvor angedeutet wurde, besteht grundsätzlich immer das Risiko, dass sich eine kommunale Beteiligung psychologisch wie auch faktisch immer weiter von der eigentlichen Kommunalverwaltung entfernt. Diese Form der Entfremdung zwischen Konzernmutter und -tochter kann diverse Formen annehmen.

Einerseits kann sich die kommunale Gesellschaft immer mehr Aufgaben zu eigen machen, wodurch sie sukzessive in einen Wettbewerb mit anderen kommunalen Bereichen eintritt. Andererseits wäre es auch denkbar, dass der kommunale Betrieb in der Öffentlichkeit immer mehr als selbstständiger Akteur wahrgenommen wird, der grundsätzlich andere Interessen verfolgt als die Gemeinde. Die Kommune ist letztlich dem Gemeinwohl und der Daseinsvorsorge verpflichtet. Eine kommunale GmbH verfolgt jedoch letztlich, wie ihre Brüder und Schwestern in privater Hand auch, vornehmlich wirtschaftliche Interessen. Da die gemeindeeigene GmbH aber auch Gewerbesteuerzahler, Grundsteuerzahler, Grundstückskäufer und Beitragszahler ist, kann es auf verschiedensten Gebieten zu intrakommunalen Konflikten kommen.

5. Eine komplexe Beteiligungsstruktur erschwert oftmals die Umsetzung eigener Ziele

Über Jahre und Jahrzehnte besteht in vielen Fällen die Gefahr, dass die Beteiligungsstruktur, insbesondere größerer Städte und Landkreise, relativ unübersichtlich wird. Speziell dann, wenn zu den Tochter-Gesellschaften noch mögliche „Enkel" hinzukommen, wird es weitaus schwieriger den eigenen Einfluss noch umfassend geltend zu machen.

In Abb. 4.11 wird ein solches Problem exemplarisch dargestellt. Die Stadt ist über eine Beteiligungsgesellschaft an einer Tourismus AG und in zweiter Linie an einer Hotel GmbH beteiligt. Im Endeffekt könnte es sich bei der Hotel GmbH zwar um eine Mehrheitsbeteiligung der Stadt handeln, allerdings muss die Stadt zunächst über die Zwischenstationen Beteiligungsgesellschaft und Tourismus AG versuchen ihren Einfluss auch tatsächlich geltend zu machen. Umgekehrt muss der Informationsfluss von der Hotel GmbH zur Kommune auch über die beiden Zwischenstationen erfolgen. In der Praxis ergeben sich demnach zwei offensichtliche Probleme: Die Beteiligungsstruktur erschwert es, an die notwendigen Informationen zu kommen und der Beteiligungsaufbau macht es nahezu unmöglich, zeitnah notwendige Veränderungen einzuleiten.

Dabei ist das Beispiel in Abb. 4.11 noch sehr vereinfacht dargestellt. In der Praxis kommt selbst eine mittelgroße Stadt wie Fulda auf 56 mittelbare und unmittelbare Beteiligungen (Fulda, 2022, S. 7). Davon sind die wenigsten direkte Tochterunternehmen. Ein Großteil der Beteiligungen sind Gesellschaften, an denen Fulda in zweiter oder sogar in dritter Linie beteiligt ist. Teilweise existieren auch Konstellationen, bei denen die Stadt zwar direkt nur über geringe Beteiligungsanteile verfügt, aber gemeinsam mit anderen städtischen Unternehmen schließlich doch die Mehrheit der Stimmrechte hat. Ein Konglomerat an Verflechtungen, was nur äußerst schwer zu überblicken ist.

Abschließend bleibt festzuhalten, dass eine Vielzahl von Gründen für das Auslagern eines Aufgabenbereiches sprechen kann. Das Ausmaß wird relativ deutlich, wenn man den Großstädtebericht „Haushaltsstruktur 2020: Großstädte" des Hessischen Rechnungshofes genauer studiert. Die dort durchgeführte übergeordnete Konzernbetrachtung zeigt, dass von den fünf größten Städten in Hessen (Darmstadt, Frankfurt am Main, Kassel, Offenbach und Wiesbaden) vier mehr als die Hälfte ihrer Schulden in externe Beteiligungen ausgelagert haben. Bei der Hauptstadt Wiesbaden befinden sich sogar mehr als drei Viertel der städtischen Verbindlichkeiten in kommunalen Gesellschaften (Hessischer Rechnungshof, 2021b).

Bei genauer Betrachtung wird schnell offensichtlich, wie viele Risiken doch mit einer komplexen Beteiligungsstruktur einhergehen. Gerade über Jahre und Jahrzehnte etablieren sich mitunter Fehlentwicklungen, mit denen im Rahmen der Gründung nicht im Entferntesten zu rechnen war. Solchen Tendenzen muss frühzeitig und vor allen Dingen systematisch entgegengewirkt werden. Natürlich ist es nicht möglich, alle Entwicklungen im Vorhinein zu antizipieren, aber gerade eine systematische Herangehensweise sollte es ermöglichen Probleme so früh wie möglich zu erkennen und gegenzusteuern.

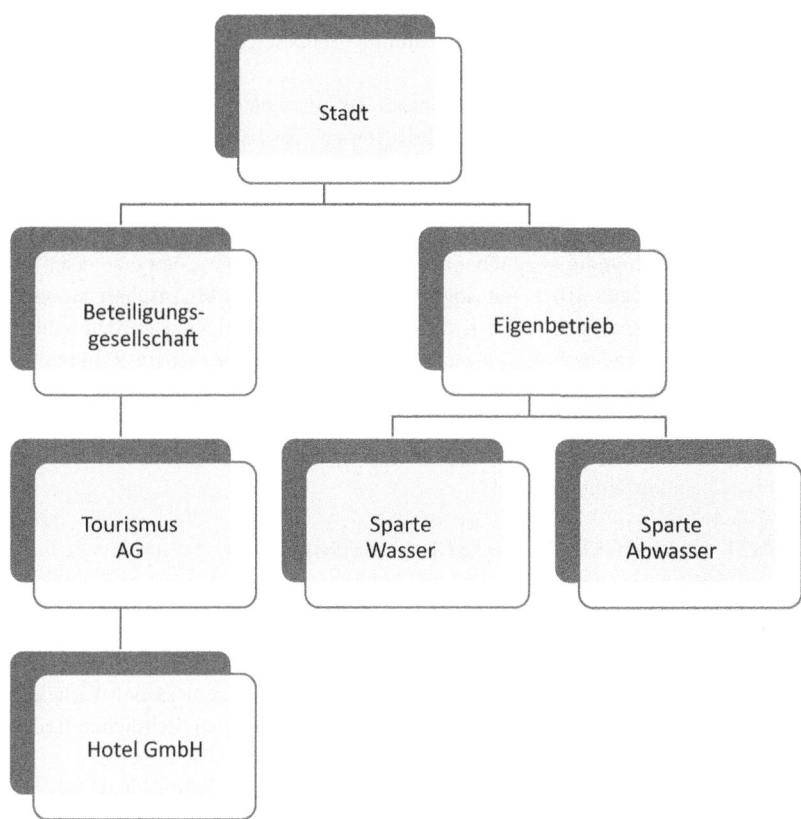

Abb. 4.11 Kommunale Beteiligungsstruktur. (Quelle: Eigene Darstellung)

4.5.1 Rechtliche Ausprägungen des Beteiligungsmanagements

Die Chancen, aber auch die Risiken einer voranschreitenden Dezentralisierung im kommunalen Sektor sind auch dem Gesetzgeber nicht verborgen geblieben. Aufgrund dessen sind an den einschlägigen Paragrafen in den letzten Jahren diverse Änderung vorgenommen worden. Die maßgeblichen Rechtsvorschriften beinhalten zwar nach wie vor keine Verpflichtung zum ganzheitlichen Beteiligungsmanagement, jedoch sind bestimmte Teilbereiche inzwischen für alle Kommunen vorgeschrieben worden.

Als wichtigste Grundregel ist in diesem Zusammenhang zunächst das Subsidiaritätsprinzip zu nennen. Die Vorschrift besagt, dass sich eine Kommune nur wirtschaftlich betätigen darf, wenn der Zweck nicht ebenso gut und wirtschaftlich durch einen privaten Dritten erfüllt werden kann (vgl. § 121 Abs. 1 Nr. 3 HGO). Die Aufgabenwahrnehmung durch die Stadt oder die Gemeinde ist also grundsätzlich nachrangig gegenüber der Privatwirtschaft. Diese Vorgabe erscheint schon auf den ersten Blick nur logisch, da in einer Marktwirtschaft so viele Bereiche wie möglich den freien Kräften des Marktes überlassen werden sollten. Bemerkenswert ist jedoch die Tatsache, dass diese Vorgabe erst im Rahmen der Gemeinderechtsnovelle vom 31. Januar 2005 in der Hessischen Gemeindeordnung ergänzt wurde. Bis dahin durfte die Kommune jede Aufgabe wahrnehmen, die einen öffentlichen Zweck beinhaltet und in einem angemessenen Verhältnis zu ihrer Leistungsfähigkeit steht.

§ 121 Abs. 1 HGO – Wirtschaftliche Betätigung

(1) Die Gemeinde darf sich wirtschaftlich betätigen, wenn
1. der öffentliche Zweck die Betätigung rechtfertigt,
2. die Betätigung nach Art und Umfang in einem angemessenen Verhältnis zur Leistungsfähigkeit der Gemeinde und zum voraussichtlichen Bedarf steht und
3. der Zweck nicht ebenso gut und wirtschaftlich durch einen privaten Dritten erfüllt wird oder erfüllt werden kann.

Soweit Tätigkeiten vor dem 1. April 2004 ausgeübt wurden, sind sie ohne die in Satz 1 Nr. 3 genannten Einschränkungen zulässig.

Für wirtschaftliche Betätigungen, die bereits vor dem 1. April 2004 ausgeübt wurden, gilt Bestandsschutz. Diese Aufgaben dürfen also auch weiterhin wahrgenommen werden, auch wenn mögliche Privatanbieter existieren. Alle Tätigkeiten, die neu aufgenommen werden sollen, müssen jedoch zwingend dahingehend geprüft werden, ob private Anbieter diese Leistung nicht ebenso gut anbieten könnten. Zusätzlich müssen die aufgezeigten Voraussetzungen nach § 121 Abs. 7

HGO mindestens einmal pro Legislaturperiode überprüft werden. So soll sichergestellt werden, dass Aufgaben auf den freien Markt übertragen werden, sobald es dort entsprechende Anbieter gibt.

Die angesprochene Subsidiaritätsklausel ist vermutlich nicht nur dazu gedacht, private Anbieter vor subventionierter Konkurrenz aus dem öffentlichen Sektor zu schützen. Höchstwahrscheinlich geht es in vielen Fällen auch darum, die öffentliche Hand vor riskanten (und möglicherweise unnötigen) Ausflügen in die Privatwirtschaft zu bewahren.

Sofern aktuell neue wirtschaftliche Betätigungen aufgenommen werden sollen, hat zuvor eine Markterkundung zu erfolgen (vgl. § 121 Abs. 6 HGO). Darüber hinaus sind betroffene Verbände, Handwerkskammern und ähnliche Institutionen vor der Entscheidung anzuhören. Die Gemeinde soll ihre Entscheidung also nicht nur isoliert von der Meinung Einzelner abhängig machen, sondern sich im Vorfeld einen umfassenden Überblick über den Markt verschaffen.

Zur Überprüfung der genannten Voraussetzungen ist in § 127a HGO die Vorschrift normiert, dass die Aufnahme oder Erweiterung wirtschaftlicher Betätigungen sechs Wochen vor Umsetzung der Aufsichtsbehörde anzuzeigen sind. Zwar sieht der Gesetzgeber hier nur eine Anzeigepflicht vor, jedoch hat die Aufsichtsbehörde generell die Möglichkeit rechtswidrige Beschlüsse der Gemeindevertretung aufzuheben. Somit handelt es sich formell zwar um eine Anzeigepflicht, faktisch kommt die Vorschrift jedoch einem Genehmigungsvorbehalt gleich.

§ 138 HGO – Beanstandung

Die Aufsichtsbehörde kann Beschlüsse und Anordnungen der Gemeindevertretung, ihrer Ausschüsse, des Gemeindevorstands und des Ortsbeirats, die das Recht verletzen, innerhalb von sechs Monaten nach der Beschlussfassung aufheben und verlangen, dass Maßnahmen, die aufgrund derartiger Beschlüsse getroffen worden sind, rückgängig gemacht werden.

Zusätzlich hat das Land Hessen im Vorfeld der Gemeinderechtsnovelle 2005 auch ein gewisses Informationsdefizit in diesem Bereich ausgemacht. Trotz Einhaltung der geltenden gesetzlichen Regelungen, konnte es dazu kommen, dass gewählte Gemeindevertreter über Jahre keine Kenntnis über den Geschäftsverlauf in den privatrechtlichen Beteiligungen hatten. Mit dem Eigenbetriebsgesetz existiert zwar ein umfassender Regelungskanon, der die Zuständigkeiten und Möglichkeiten der Gemeinde im Eigenbetriebsrecht genau regelt, vergleichbare

Vorschriften für kommunale Gesellschaften des Privatrechts existieren in dieser Form aber nicht.

Um dieses Informationsdefizit zu beseitigen, wurde im Zuge der Neugestaltung der HGO im Jahr 2005 auch das Instrument des Beteiligungsberichtes geschaffen. Dieser zwingend notwendige Bericht soll sicherstellen, dass die kommunalen Beteiligungen des Privatrechts zumindest einmal jährlich auf der politischen Agenda stehen.

§ 123a Abs. 1 HGO – Beteiligungsbericht und Offenlegung

(1) Die Gemeinde hat zur Information der Gemeindevertretung und der Öffentlichkeit jährlich einen Bericht über die Unternehmen in einer Rechtsform des Privatrechts zu erstellen, an denen sie mit mindestens 20 % unmittelbar oder mittelbar beteiligt ist.

Dieser Beteiligungsbericht richtet sich dabei nicht nur ausschließlich an die Parlamentarier. Bereits mit der Überschrift „Beteiligungsbericht und Offenlegung" macht der Gesetzgeber deutlich, dass auch die Bürgerinnen und Bürger Adressat dieser Vorschrift sind. Der Bericht ist zwingend in öffentlicher Sitzung zu erörtern und die Einwohner sind berechtigt diesen Beteiligungsbericht einzusehen. Darauf aufbauend besteht bei einer möglichen Verletzung der Subsidiaritätsklausel auch die Möglichkeit, die wirtschaftliche Betätigung von einem Gericht überprüfen zu lassen.

Ein weiterer Aspekt zur Steuerung kommunaler Beteiligungen ergibt sich im Rahmen des Jahresabschlusses. In der Vergangenheit waren die Jahresabschlüsse der Kommune und die der Beteiligungen grundsätzlich separat zu betrachten. Das heißt, um einen Überblick über die finanzielle Situation des „Konzerns Kommune" zu gewinnen, musste man die Zahlenwerke aller wesentlichen Beteiligungen einzeln studieren. Ein äußerst komplexes Unterfangen, wenn man berücksichtigt, dass bereits mittelgroße Städte schnell über 50 Beteiligungen haben und jeder Jahresabschluss mit zugehörigem Textteil selten unter 100 Seiten umfasst. In der Privatwirtschaft wird dieses Problem seit jeher über den sog. „Konzernabschluss" gelöst, also ein Gesamtjahresabschluss, der alle wesentlichen Beteiligungen einschließt.

§ 18 Abs. 1 AktG – Konzern und Konzernunternehmen

(1) Sind ein herrschendes und ein oder mehrere abhängige Unternehmen unter der einheitlichen Leitung des herrschenden Unternehmens zusammengefasst, so bilden sie einen Konzern (…).

Vor Kurzem hat sich auch der Hessische Gesetzgeber dieses Vorbild zu eigen gemacht und den kommunalen Gesamtabschluss ab dem 31.12.2015 zur Pflicht erklärt. Fortan müssen alle Städte und Gemeinden, die „wesentliche"[7] Tätigkeitsbereiche ausgelagert haben, einen Abschluss erstellen, der Vermögen, Schulden, Erträge und Aufwendungen, Ein- und Auszahlungen über Rechtsformgrenzen hinweg komprimiert darstellt. So soll den Parlamentariern und der Öffentlichkeit ein Gesamtüberblick ermöglicht werden, der anhand der Einzelabschlüsse nur sehr begrenzt möglich wäre.

Der Gesetzgeber führt in seiner Gesetzesbegründung hierzu aus: „Der Jahresabschluss für den Kernhaushalt der Gemeinde soll ergänzt werden durch einen kommunalen Gesamtabschluss, in dem der Jahresabschluss der Gemeinde mit den Jahresabschlüssen der ausgegliederten Vermögensmassen (z. B. Eigenbetriebe, Gesellschaften) die ein doppisches Rechnungswesen anwenden, zusammengeführt wird. Erst der kommunale Gesamtabschluss vermittelt ein zutreffendes und vollständiges Bild über die tatsächliche Vermögens-, Finanz- und Ertragslage der Gemeinde" (Hessischer Landtag, 2004, S. 30).

Obwohl der Gesetzgeber diesen Gesamtabschluss erst zum 31.12.2015 zur Verpflichtung für die Kommunen machte, waren viele der Städte und Gemeinden mit der Erstellung eines solchen Abschlusses überfordert. Im Zuge der flächendeckenden Umsetzung des Gesamtabschlusses wurde vielerorts auf die extreme Komplexität dieses Projektes aufmerksam gemacht (so z. B. Hahn & Ziegler, 2018, S. 195 f.).

Mittlerweile ist man zumindest in Hessen zu dem Ergebnis gekommen, dem Vorgehen anderer Bundesländer zu folgen und einen solchen Gesamtabschluss nur noch für größere Kommunen zur Pflicht zu machen. Diese Tendenz wird dadurch begünstigt, dass inzwischen eigentlich Konsens darüber besteht, dass für eine sinnvolle Nutzen-Kosten-Relation beim Gesamtabschluss eine gewisse Komplexität der Beteiligungsstruktur erforderlich ist. Ein so komplexer Beteiligungsaufbau dürfte bei den kleineren, ländlich geprägten Kommunen in aller Regel nicht vorliegen (Hahn & Ziegler, 2018, S. 196).

Im hessischen Koalitionsvertrag für die Legislaturperiode 2018–2023 heißt es zu diesem Thema: „Zur Erleichterung des Verwaltungsaufwandes insbesondere der kleineren Städte und Gemeinden (unter 20.000 Einwohner) wird die derzeitige Pflicht zur Aufstellung eines doppischen Gesamtabschlusses unter Berücksichtigung des jeweiligen Risikos der kommunalen Beteiligung aufgehoben und durch

---

[7] Dem Begriff „wesentlich" liegt in diesem Zusammenhang eine komplexe Berechnung zu Grunde, deren Herleitung für die dargestellten Erläuterungen nicht von besonderer Bedeutung ist.

erweiterte Beteiligungsberichte ersetzt" (CDU & Bündnis 90/Die Grünen, 2018, S. 137 f.).

Die dort beabsichtigte Erleichterung für kleinere Städte und Gemeinden hat mittlerweile Eingang in die hessische Gesetzgebung gefunden.

§ 112b Abs. 1 HGO – Befreiung vom Gesamtabschluss

(1) Eine Gemeinde mit weniger als 20.000 Einwohnern ist von der Pflicht, einen Gesamtabschluss aufzustellen, befreit.

Abschließend bleibt demnach festzuhalten, dass in der Vergangenheit gerade die Transparenzanforderungen im Umfeld der kommunalen Beteiligungen deutlich angehoben wurden. Nach der Einführung der Subsidiaritätsklausel wurden mit dem Beteiligungsbericht und dem Gesamtabschluss zwei weitere Instrumente geschaffen, um Überblick und Steuerung der einzelnen Gesellschaften deutlich zu verbessern. Zusätzlich wurde mit der Anzeigepflicht bei der Neugründung kommunaler Gesellschaften eine Schranke eingeführt, die die Privatfirmen einerseits vor öffentlicher Konkurrenz schützt und andererseits die Städte und Gemeinden vor aufwändigen Ausflügen in die freie Marktwirtschaft bewahren soll.

4.5.2 Weitere sinnvolle Maßnahmen zur Steuerung kommunaler Beteiligungen

Über die gesetzlich vorgeschriebenen Maßnahmen hinaus, dürfte die langfristige Vision für die Steuerung kommunaler Beteiligungen sicherlich das ganzheitliche Beteiligungsmanagement sein. Dabei ist eine klare Abgrenzung von Begrifflichkeiten wie Beteiligungsmanagement, Beteiligungscontrolling und Konzerncontrolling nicht ohne weiteres möglich. Eine trennscharfe Abgrenzung ist aber auch nicht zwingend erforderlich. Im Kern geht es darum einzelne Beteiligungsgesellschaften nicht nur zu „verwalten", sondern proaktiv zu steuern.

In Abb. 4.12 werden die Eckpunkte verschiedenster Definitionsversuche dargestellt. Im Beteiligungsmanagement geht es nicht einfach um das Abheften entsprechender Berichte, sondern darum den gesamten „Konzern Kommune" auf eine einheitliche Zielsetzung zu fokussieren. Dabei handelt es sich auch beim Beteiligungsmanagement um einen Prozess, der ständig angepasst werden muss, so dass aktuellen Entwicklungen auch Rechnung getragen werden kann.

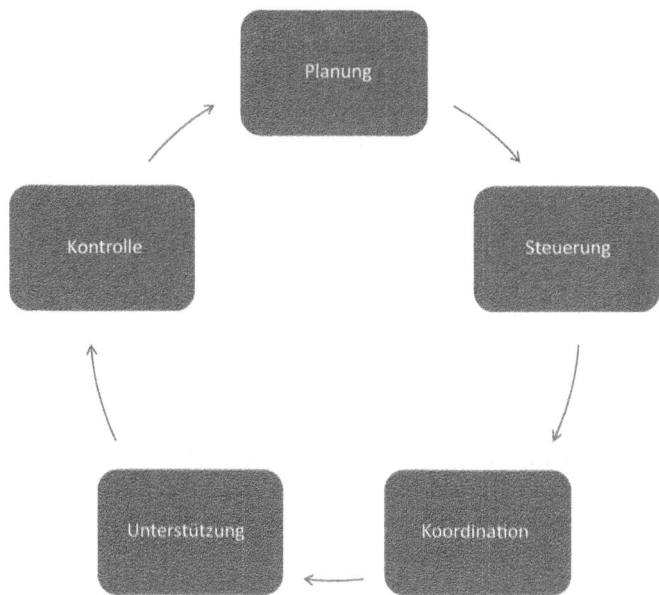

Abb. 4.12 Eckpunkte des kommunalen Beteiligungsmanagements. (Quelle: Eigene Darstellung in Anlehnung an Heesen, 2019, S. 6)

Planung

Am Anfang jeder Managementmaßnahme muss die Zielsetzung stehen. Da die übergeordnete Zielsetzung bzw. das Leitbild bereits bestehen sollte, müssen sich die Mitarbeiter des Beteiligungsmanagements daraufhin fragen, welche Tochtergesellschaft welchen Beitrag zur gesamten Zielerfüllung leisten kann. Ähnlich der Aufgabenteilung zwischen strategischem und operativem Controlling müssen übergeordnete Ziele zu praktisch umsetzbaren Aufgaben für einzelne Gesellschaften transformiert werden.

Steuerung

Aufbauend auf den übergeordneten abstrakten Zielen und den daraus resultierenden greifbaren Einzelzielen müssen praktisch umsetzbare Strategien entwickelt werden. Dabei kann die einzelne Gesellschaft nicht allein handeln. Auch bei der Umsetzung einzelner Maßnahmen muss ständig Rücksprache mit der Kommune als Konzernmutter gehalten werden, damit sichergestellt werden kann, dass Maßnahmen sinnvoll und auch im Gesamtbild zielführend sind.

Ein Dissens zwischen Gemeinde und Konzerntochter kann auf den ersten Blick misslich erscheinen, auf den zweiten Blick aber sehr wohl Sinn ergeben. Die dauerhaften Verluste der kommunalen Grundstücksgesellschaft können beispielsweise aus gesamtkommunaler Perspektive wünschenswert sein, weil günstige Gewerbegrundstücke in den Folgejahren zu steigenden Gewerbesteuererträgen führen sollten.

Koordination

Der Stadt oder Gemeinde obliegt es als Konzernmutter, die Koordination der wesentlichen Maßnahmen rechtsformübergreifend sicherzustellen. Die Strategie der einzelnen Beteiligungen muss sich in eine Gesamtausrichtung einfügen, damit nicht Maßnahmen der Beteiligung A dem Vorhaben von Beteiligung B zuwiderlaufen. Sich ständig ändernde Rahmenbedingungen sowie Aufgabenzu- und -abgänge innerhalb der gesamten Konzernstruktur machen regelmäßig Anpassungen und Koordinationsmaßnahmen erforderlich.

Speziell die heterogene Aufgabenstruktur einer Kommunalverwaltung führt unweigerlich zu einem erhöhten Koordinationsaufwand für die Leitungsebene. Nur wenn die Partikularinteressen einzelner Personen und Abteilungen zurücktreten, kann die Gesamtstrategie des „Konzerns Kommune" adäquat verfolgt werden.

Unterstützung der Verwaltungsleitung

Dem Beteiligungsmanagement obliegt dauerhaft die Unterstützung der Verwaltungsleitung. Ähnlich dem Controlling ist es auch beim Beteiligungsmanagement nur schwer vorstellbar, dass dort willkürlich Aufgaben wahrgenommen werden oder selbstständig Zielsetzungen etabliert werden. Es geht vielmehr darum in ständigem Austausch mit der Verwaltungsleitung die konkreten Probleme und Zielsetzungen aufzunehmen und daraufhin die notwendigen Veränderungen bei den Eigengesellschaften anzustoßen.

Insbesondere der Mandatsbetreuung kommt im kommunalen Rahmen eine besondere Bedeutung zu. Unter Mandatsbetreuung wird in der Regel die „fachliche Unterstützung der entsandten Mitglieder in den Aufsichtsgremien" (Kirchmer & Meinecke, 2015, S. 40) verstanden. Folglich geht es darum Informationen für Verantwortungsträger aufzubereiten, zu komprimieren und adressatengerecht darzustellen.

Besonders wichtig ist dieser Aspekt im öffentlichen Raum, da viele der Gremienmitglieder, gerade in kleineren Kommunen, ehrenamtlich tätig sind. Zudem sind die

Personen in aller Regel fachfremd und somit auf eine fundierte Zusammenfassung der notwendigen Informationen zwingend angewiesen.

Kontrolle (hinsichtlich Zielerreichung)

Abschließend ist das Beteiligungsmanagement für die Kontrolle und Evaluation der durchgeführten Maßnahmen verantwortlich. Niemand kann exakt vorhersagen, welche Maßnahmen in welchem Umfeld den angestrebten Zweck garantieren. Getroffene Entscheidungen und eingeleitete Maßnahmen müssen auch im Bereich der wirtschaftlichen Betätigungen ständig hinterfragt werden. Nur so kann es zu einem ständigen Verbesserungsprozess in den Stadt- und Gemeindeverwaltungen kommen.

Die Notwendigkeit eines ganzheitlichen Managementansatzes für die zunehmende Dezentralisierung kommunaler Aufgaben wurde auch von Seiten öffentlicher Stellen bereits erkannt. So hat z. B. der Hessische Rechnungshof den Umgang mit kommunalen Beteiligungen bereits mehrfach untersucht.

Im Rahmen des bereits angesprochenen Kommunalberichtes 2015 hat der Hessische Rechnungshof das Beteiligungsmanagement von drei Landkreisen genauer geprüft. Bei allen drei Kreisen lagen zwar elementare Unterlagen wie Satzungen oder Jahresabschlüsse vor, Zwischenabschlüsse, Abweichungsanalysen und Zielvereinbarungen wurden jedoch in keinem Fall erstellt. Einladungen zu Gremiensitzungen, Protokolle der entsprechenden Sitzungen und eine Beteiligungsrichtlinie lagen jeweils nur in einem von drei Fällen vor (Hessischer Rechnungshof, 2016, S. 81).

Im Kommunalbericht 2016 lag der Fokus auf einer ähnlichen Thematik, allerdings mit dem Schwerpunkt Städte und Gemeinden statt Landkreise. Dabei konnte nur eine von den geprüften 17 Gemeinden alle notwendigen Parameter gewährleisten (Hessischer Rechnungshof, 2017, S. 105). Im Einzelnen wurden folgende Punkte geprüft:

- Sicherstellung notwendiger Unterrichtungsrechte
- Regelmäßige Überprüfung der wirtschaftlichen Betätigung
- Beteiligungsrichtlinie
- Besondere Stelle für die Beteiligungsverwaltung
- Regelmäßige Beteiligungsberichte

Es kann also konstatiert werden, dass im Sektor Beteiligungsmanagement noch großes Verbesserungspotenzial besteht. Vier der untersuchten 17 Gemeinden konnten keinen der abgeprüften Punkte gewährleisten und das obwohl sie privatrechtliche Beteiligungen mit einer Beteiligungsquote von mehr als 20 % hatten. Sie wären also schon rein rechtlich zu einem Beteiligungsbericht verpflichtet gewesen (Hessischer Rechnungshof, 2017, S. 105).

Interessant ist auch die Tatsache, dass von den 17 geprüften Kommunen nur eine Gemeinde eine Beteiligungsrichtlinie hatte. Die verbleibenden 16 Städte und Gemeinden verfügten über keinerlei Regelungen, wer wem zu welcher Zeit Informationen weiterzugeben hat und wer bei eintretenden Problemlagen welche Schritte einzuleiten hat (Hessischer Rechnungshof, 2017, S. 105).

Im Ergebnis lassen sich abschließend folgende Grundelemente eines funktionierenden Beteiligungsmanagements herausheben, die auch für kleinere Kommunen ohne großen Aufwand umsetzbar sein sollten:

Beteiligungsrichtlinie

Eine Beteiligungsrichtlinie hilft über die Grenzen einzelner Betriebe und Gesellschaften hinweg klare Zuständigkeiten und Aufgaben zu definieren. Den handelnden Personen sollte so bewusst sein, in welchen Fallkonstellationen welche Maßnahmen zu ergreifen sind. Zudem können Berichtszyklen, Vorlagefristen und die Ausgestaltung von Zwischenabschlüssen geregelt werden. Die schriftliche Ausgestaltung trägt dabei zur Verbindlichkeit und Nachvollziehbarkeit bei und liefert für die Mitarbeiter eine Nachschlagemöglichkeit.

Klare Zuständigkeit innerhalb des Beteiligungsmanagements

Zweifelsohne ist es nicht in jeder Konstellation erforderlich eine separate Stelle für das Beteiligungsmanagement vorzuhalten. Nichtsdestotrotz muss zumindest die Zuständigkeit klar geregelt werden. Sofern eine Stadt nur über einen Wassereigenbetrieb und eine Parkstätten GmbH verfügt, benötigt sie zwar keinen separaten Beteiligungsmanager, die Stadt sollte aber sehr wohl klar herausstellen, wer für die entsprechenden Berichte, Zwischenabschlüsse und Abweichungsanalysen der beiden Beteiligungen zuständig ist. Nur so kann gewährleistet werden, dass bei Bedarf allen Beteiligten bewusst ist, wer zu informieren ist und wer die Verantwortung für möglicherweise erforderliche Ad-hoc-Berichte trägt.

Beteiligungsreporting

Grundlegend für die fortlaufende Steuerung der Beteiligungen ist ein funktionierender Informationsfluss innerhalb des „Konzerns". Regelmäßige Meldungen an die Stadt als Konzernmutter müssen durch Ad-hoc-Berichte bei Bedarf ergänzt werden. So ist zum einen ein regelmäßiger Informationsfluss sichergestellt, zum anderen wird bei entsprechender Notwendigkeit aber auch eine zeitnahe Rückmeldung erfolgen. Zusätzlich ist es in jedem Fall erforderlich die Berichterstattung mit zugehörigem Zahlenmaterial zu hinterlegen. So kann deutlich gemacht werden, auf welcher Grundlage die dargestellten Ergebnisse erzielt wurden. Über alle wesentlichen Rechtsformen hinweg sind zum 31. Dezember Jahresabschlüsse zu erstellen. Diese Abschlüsse machen einmal im Jahr die Vermögens-, Finanz- und Ertragslage des jeweiligen Betriebes deutlich. Problematisch ist dabei der Umstand, dass entsprechende Abschlüsse teilweise erst Monate nach dem Abschlussstichtag erstellt werden. In einem solch langen Zeitraum zwischen zwei Jahresabschlüssen können sich Risiken bereits zu ausgewachsenen Problemen konkretisieren. Zielführende Gegenmaßnahmen sind so eventuell nicht mehr möglich. In diesem Zusammenhang kann im Rahmen der Beteiligungsrichtlinie festgelegt werden, dass alle Beteiligungen zum 30. Juni einen Zwischenabschluss erstellen müssen. So sind problematische Tendenzen in einzelnen Aufgabenfeldern bereits wesentlich früher erkennbar und das Beteiligungsreporting wird mit aktuellen Zahlen unterstützt.

Kontraktmanagement

Ein Grundprinzip des Neuen Steuerungsmodells, nämlich die Steuerung der Verwaltung über Zielvereinbarungen, lässt sich ebenso auf die Steuerung kommunaler Beteiligungen übertragen. Eigengesellschaften benötigen klare Zielvorgaben, die zum einen das Handeln der Gesellschaft in ein Gesamtkonzept einfügen, zum anderen aber auch die Zielerreichung der einzelnen Betriebe messbar machen. Wie die konkreten Ziele erreicht werden sollen, ist daraufhin natürlich Angelegenheit des Geschäftsführers oder des Betriebsleiters. Wichtig bleibt am Ende, dass die wesentlichen Zielvorstellungen auf gesamtkommunaler Ebene realisiert werden können.

Zwischenfazit: Risiken, die aus der Beteiligungsstruktur resultieren

- Die kommunale Beteiligungsstruktur fällt nicht nur bei den Großstädten oftmals äußerst komplex aus. In vielen Fällen haben schon mittlere oder sogar kleine Städte verschiedenste Beteiligungen in diversen Rechtsformen vorzuweisen.
- Besonders problematisch erscheint hier der Umstand, dass notwendige Informationen oftmals nur zeitverzögert zu den Entscheidungsträgern gelangen. Im Krisenfall kann so entscheidende Zeit verloren gehen.
- In den letzten Jahren hat der Gesetzgeber die Rahmenbedingungen für die wirtschaftliche Betätigung durch Kommunen erheblich verschärft.

Wirtschaftliche Betätigungen wurden generell unter den Vorbehalt der Subsidiarität gestellt, Beteiligungsberichte und Gesamtabschluss sind nunmehr zwingend vorgeschrieben.

- Untersuchungen des Hessischen Rechnungshofes haben gezeigt, dass Kommunen in diesem Bereich bereits überdurchschnittlich gut positioniert sind, wenn sie zumindest die gesetzlichen Anforderungen erfüllen.

- Darüber hinaus kann schon mit überschaubarem Aufwand ein funktionierendes Beteiligungsmanagement implementiert werden. Grundbestandteile wie eine Beteiligungsrichtlinie, klare Verteilung der Zuständigkeiten und ein regelmäßiges Reporting eignen sich hervorragend, um hier erste Schritte einzuleiten.

4.6   Projektorientiertes Risikomanagement

In den letzten Jahren hat die überörtliche Berichterstattung in den Medien immer wieder eindrucksvoll bewiesen, wie eng die Wahrnehmung einzelner Kommunen in der Öffentlichkeit mit ihren jeweiligen Prestigeprojekten verbunden ist. Egal ob Elbphilharmonie, Hauptstadtflughafen BER oder Stuttgart 21, die Arbeit der jeweiligen Stadtverwaltungen wird fast ausschließlich über den Fortschritt der genannten Projekte definiert. So ist es aber nicht nur in den Großstädten. Auch kleinere Städte und Gemeinden haben ihre Großprojekte, die aufmerksam von den Bürgerinnen und Bürgern sowie den örtlichen Medien verfolgt werden. Dabei liegt der öffentliche Fokus nicht ausschließlich auf der Entwicklung der Kosten, sondern auch auf der Vergabe öffentlicher Aufträge, der Projektdauer und dem praktischen Nutzen der jeweiligen Vorhaben.

Obwohl Kommunen ein unheimlich breites Aufgabenspektrum wahrnehmen, sind solche Investitionsprojekte in vielen Fällen so öffentlichkeitswirksam, dass sie die Arbeit in vielen anderen Bereichen einfach in den Hintergrund drängen. Gerade deswegen sind solche Baumaßnahmen auch für die Kommunen so riskant. Sie bringen nicht nur die Gefahr einer negativen Berichterstattung in den örtlichen Medien mit sich, sondern auch diverse andere Risiken, die sich eventuell zu ausgewachsenen Problemen entwickeln können. Es kann zu finanziellen Problemen kommen, die bis zu einer finanziellen Schieflage der ganzen Gemeinde gehen können. Weitere Risiken können sich aus der Beteiligungsstruktur ergeben und schließlich kann eine mutmaßliche Misswirtschaft bei der nächsten Kommunalwahl politische Konsequenzen nach sich ziehen. Da die Auswirkungen beim Scheitern kommunaler Großprojekte dramatisch ausfallen können, gilt es die Entwicklung derartiger Vorhaben besonders genau zu beobachten. Auch im Sinne der Verwaltung ist es dringend erforderlich die kommunalen Gremien ständig in den Fortschritt der Projekte einzubinden, damit die Verantwortung nicht ausschließlich bei den Verwaltungsmitarbeitern liegt.

Besondere Schwierigkeiten ergeben sich oftmals aus der Vielfältigkeit der Ansprüche, die an derartige Projekte gestellt werden. Große Investitionsvorhaben in der Privatwirtschaft müssen einzig und allein den Zielvorstellungen der Unternehmensleitung entsprechen. Im kommunalen Umfeld existiert jedoch eine Vielzahl von sog. Stakeholdern, die allesamt in irgendeiner Form von dem Projekt tangiert werden. Bürgerinnen und Bürger streben eine gut ausgebaute Infrastruktur bei niedrigen Steuern und Gebühren an. Die örtlichen Unternehmer hoffen auf lukrative Aufträge und die politischen Fraktionen vor Ort wollen derartige Großprojekte entweder vorantreiben oder blockieren, um sich für die kommende Kommunalwahl zu positionieren. Zwischen diesen Stühlen sitzt die kommunale Verwaltung, die maßgeblich für die Umsetzung derartiger Maßnahmen verantwortlich ist und dabei von allen Seiten genau beobachtet wird. Diese besondere Bedeutung der Großprojekte macht es auch besonders wichtig, sich auf alle möglichen Entwicklungen einzustellen. Bereits im Vorfeld der Projektabwicklung sollten verschiedene Alternativkonzepte erarbeitet werden, um im Ernstfall zeitnah reagieren zu können.

4.6.1   Der Projektbegriff

Um sich den Risiken von Projekten genauer zu nähern, muss zunächst geklärt werden, was überhaupt ein Projekt ausmacht. Wie bei vielen anderen Begriffsdefinitionen ist auch das „Projekt" nicht trennscharf abzugrenzen. Verschiedene Veröffentlichungen assoziieren unterschiedliche Eigenschaften mit einem Projekt. Dennoch lassen sich aber aus den diversen Definitionsversuchen einige Grundvoraussetzungen ableiten, die ein Projekt beschreiben (vgl. Abb. 4.13).

Projekte sind zunächst **einmalige Vorhaben**. Sofern es sich um regelmäßig auftretende Sachverhalte handelt, sind diese eher den normalen Arbeitsaufgaben zuzuordnen. Gerade diese Einmaligkeit macht den besonderen Charakter von Projekten aus, denn einmalige Vorhaben erfordern eben auch besondere Herangehensweisen und neuartige Konzepte.

Die Einmaligkeit, bzw. zumindest die Seltenheit von Projekten, birgt dabei in sich schon einige Risiken. Die Einmaligkeit bringt es mit sich, dass in aller Regel innerhalb der Verwaltung noch keine Erfahrungswerte vorliegen. Es gibt also keine Kolleginnen und Kollegen, die diesbezüglich befragt werden können

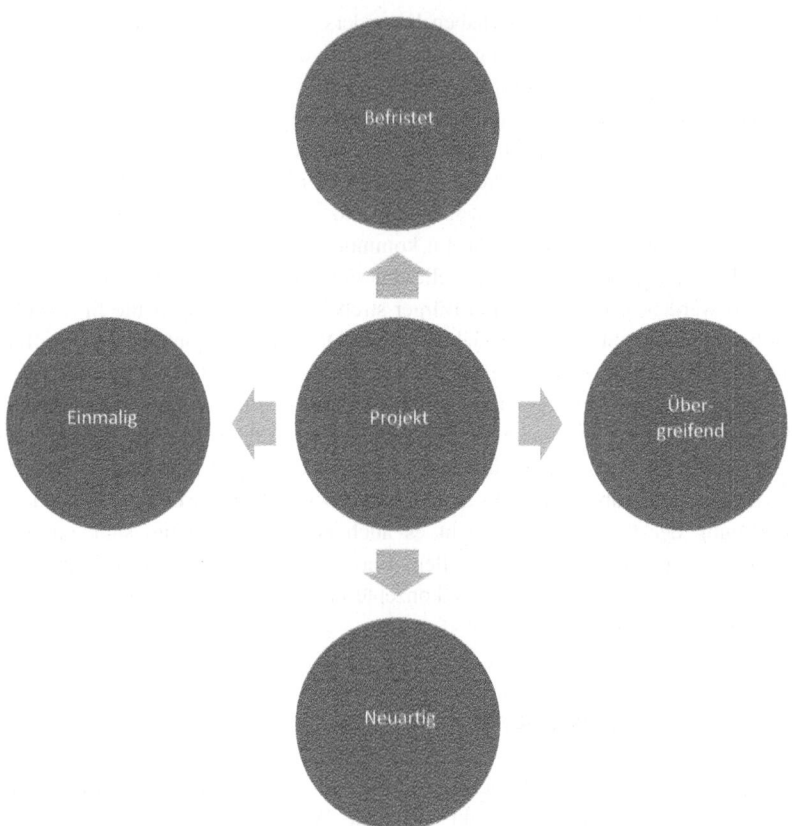

Abb. 4.13 Eckpunkte eines Projektes. (Quelle: Eigene Darstellung in Anlehnung an Meyer & Reher, 2016, S. 2)

und es existieren auch keine Präzedenzfälle an denen man sich orientieren könnte. Aufgrund der Einmaligkeit ist zudem in naher Zukunft nicht davon auszugehen, dass das entsprechende Vorhaben Teil der regelmäßigen Abläufe wird. Es macht also keinen Sinn, neue Abteilungen oder Sachgebiete zu gründen oder zusätzliche Mitarbeiter auf Dauer einzustellen.

Weiterhin sind Projekte **zeitlich befristet**. Auch dieser Umstand ergibt sich bereits aus dem Charakter eines Projektes. Wenn die daraus resultierenden Aufgaben dauerhaft zu erledigen wären, müssten sie in die alltäglichen Arbeitsabläufe integriert werden. Die zeitliche Befristung ist für die Steuerung eines Projektes ein wichtiger Faktor. Es gilt die vorgegebenen Ziele im Rahmen des zur Verfügung stehenden Zeitfensters zu erledigen. Deutliche Zeitüberschreitungen können neben finanziellen Folgen auch immense Imageschäden nach sich ziehen (vgl. z. B. den Hauptstadtflughafen BER). Schließlich könnte das Projekt aufgrund eines überzogenen Zeitrahmens sogar gänzlich obsolet werden. Welchen Sinn macht z. B. ein Projekt zur Umsetzung eines speziellen kommunalen Investitionsprogramms, wenn das Programm bereits ausgelaufen ist?

Insofern ist die zeitliche Befristung eine wichtige Grundvoraussetzung für das Vorliegen eines Projektes. Sicherlich kann der zeitliche Druck unterschiedlich groß ausfallen, jedoch ist die grundsätzliche zeitliche Befristung im Rahmen von Projektarbeit immer anzunehmen.

Neuregelung des Umsatzsteuerrechts für Kommunen in Deutschland

Vor einiger Zeit wurde die Angleichung des deutschen Umsatzsteuerrechts an geltendes EU-Recht in Deutschland vorgenommen. In diesem Zusammenhang wurde den Kommunen eine Karenzzeit vom 01.01.2017 bis zum 31.12.2024 gewährt. In diesem Zeitrahmen können die Städte und Gemeinden sowohl die alte als auch die neue Rechtslage anwenden. Zur Weiterführung der alten Verfahrensweise war es allerdings erforderlich rechtzeitig einen Antrag beim zuständigen Finanzamt zu stellen.

Zahlreiche Kommunen haben in den Jahren 2019, 2020 und 2021 damit begonnen, sich der neuen Rechtslage mit Projektgruppen bzw. Projektteams zu nähern. Die Option, die alte Rechtslage zu „verlängern" war zu diesem Zeitpunkt aber längst verstrichen. Dementsprechend hätten die Projektgruppen bestenfalls bereits im Jahr 2015 gegründet werden müssen. Unter bestimmten Rahmenbedingungen (hohe Investitionskosten in umsatzsteuerpflichtigen Bereichen) haben einige Städte und Gemeinden so Umsatzsteuererstattungen von einigen Hunderttausend Euro verschenkt.◄

Ein Projekt wird zudem in aller Regel meist fachübergreifend abgewickelt. Fachübergreifend meint in diesem Zusammenhang über mehrere Ressorts bzw. Zuständigkeitsbereiche hinweg. Aufgrund dessen ist festzuhalten, dass Projekte nicht nur finanzielle und Imagerisiken mit sich bringen, auch aus der Perspektive des Personalamtes ergeben sich einige Fallstricke. Wer leitet die Projektgruppe? Welche Mitarbeiter aus welchen Bereichen können/sollen mitwirken? Wie soll sich die Projektgruppe hierarchisch organisieren? Soll externe Unterstützung hinzugezogen werden?

Zu der Frage der Projektorganisation gibt es eine Vielzahl von Veröffentlichungen und Fortbildungsmöglichkeiten. Gerade aus kommunaler Perspektive sind diese Angebote jedoch oftmals wenig praktikabel. Eine regelmäßig propagierte idealtypische Projektumsetzung mit zugehörigem optimalen Projektteam wird es in der Praxis wohl nicht geben (können). Gerade kleinere Städte und Gemeinden haben nur begrenzte finanzielle und personelle Ressourcen zur Verfügung. Diese Kommunen können die Mitarbeiter nicht für einen längeren Zeitraum aus den Arbeitsabläufen entbinden. Daher stellt sich in vielen Fällen eher die Frage: Wer hat die Zeit, um an einem Projekt teilzunehmen, anstatt wer wäre für das Projekt optimal geeignet?

Schließlich sind Projekte zumindest in gewisser Weise **neuartig**. In den meisten Fällen ist es gerade diese Neuartigkeit, die die Abwicklung in Projektform sinnvoll erscheinen lässt. Die Neuartigkeit geht naturgemäß mit der Einmaligkeit der entsprechenden Vorhaben einher. Neuartige bzw. erstmalig auftretende Probleme erfordern innovative Lösungen, die wiederum nirgends nachzulesen sind. Deswegen erscheint eine Abwicklung im Rahmen eines interdisziplinären Projektes in vielen Fällen passend. Steht z. B. erstmals seit langer Zeit der Neubau einer kommunalen Kindertagesstätte auf der politischen Agenda, bietet sich die Umsetzung im Rahmen einer Projektgruppe mit Bauamt, Finanzabteilung und Kinderbetreuung an.

Gerade diese Neuartigkeit verdeutlicht auch, dass es sich bei Projekten um keine allzu statischen Vorhaben handeln sollte. Speziell die öffentliche Verwaltung neigt ja bekanntlich dazu, Arbeitsabläufe streng formalisiert und bürokratisch wahrnehmen zu wollen. Die Projektarbeit erfordert jedoch in vielen Fällen eher die gegenteilige Herangehensweise. Neuartigen Problemen muss die Kommune flexibel und schnell begegnen. Wenn sich die Zusammensetzung der Projektgruppe personell oder fachlich nicht bewährt, müssen schnellstmöglich Alternativen gefunden und umgesetzt werden. Genauso wenn die inhaltliche Herangehensweise in eine Sackgasse führt. In derartigen Fällen muss zügig eine andere Richtung eingeschlagen werden.

4.6.2 Das Risikomanagement im Projektrahmen

Wie auch in der Privatwirtschaft, sind auch im kommunalen Umfeld verschiedenste Projekte denkbar. Vom Investitionsprojekt bis zur Einführung neuer Software, neuer Arbeitsabläufe oder Ähnlichem. In diesem Teilabschnitt soll jedoch die Abwicklung kommunaler Investitionsprojekte bzw. Baumaßnahmen im

Fokus stehen. Das liegt zum einen daran, dass Bauvorhaben die größte Außen-wirkung entfalten und andererseits auch in aller Regel die größten finanziellen Risiken darstellen. Außerdem ähneln sich die Probleme im Rahmen kommunaler Investitionsprojekte relativ stark.

Um auch bei einzelnen Projekten ein strukturiertes Vorgehen zu ermöglichen, wird empfohlen auch hier auf den Risikomanagementprozess (vgl. Abb. 3.4) zurückzugreifen. Diese Herangehensweise soll die Transparenz erhöhen und darüber hinaus dazu dienen, verschiedenste Maßnahmen untereinander zu koor-dinieren. Zudem stellt der Risikomanagementprozess ein einfach umsetzbares Raster dar, welches auch gegenüber den Beschäftigten und den kommunalen Gremien schnell und genau vorgegeben und kommuniziert werden kann.

Risikoidentifikation
Wie beim Risikomanagement in Ganzem bildet die Identifikation der maßgeblichen Risiken auch bei Großprojekten das Fundament aller weiteren Maßnahmen. Dabei kann die Identifikation eigentlich nur nach dem Bottom-Up-Prinzip erfolgen. Pro-bleme müssen also innerhalb des Projektes, von der Lenkungsgruppe, vom Bauleiter oder von sonstigen Verantwortungsträgern an den Risikomanager bzw. die Control-lingabteilung weitergegeben werden. Da in aller Regel eine Vielzahl von Projekten parallel vorangetrieben wird und zusätzlich noch verschiedenste weitere Aufgaben von den Kommunen wahrgenommen werden, kann eine zentrale Stelle niemals die wesentlichen Risiken von allen Produktbereichen kennen und bewerten.

Damit die ordnungsgemäße Weitergabe von Risiken und Problemen grundsätz-lich gelingen kann, muss einerseits die notwendige Risikokultur geschaffen werden (Risiken dürfen nicht als persönliche Verfehlungen gesehen werden), andererseits muss sich die Gemeinde aber gerade bei Gemeinschaftsprojekten mit anderen Teil-habern die notwendigen Mitbestimmungsrechte im Vorfeld sichern. Wenn also z. B. große Investitionsprojekte im Rahmen einer öffentlich-privaten Partnerschaft reali-siert werden sollen, ist es aus kommunaler Sicht erforderlich, sich die notwendigen Sitze in der Lenkungsgruppe oder in sonstigen Gremien zu sichern. Wenn die Verant-wortung vollständig aus der Hand gegeben wird, verfügt die Kommune im Ernstfall über keinerlei Einflussmöglichkeiten, um Schlimmeres zu verhindern.

Zudem sollten regelmäßige Rücksprachen zwischen den kommunalen Vertretern in dem jeweiligen Projekt und der verantwortlichen Stelle innerhalb der Stadtver-waltung stattfinden. Ansonsten besteht die Gefahr, dass Risiken zwar bekannt sind, aber nicht weitergegeben werden. Außerdem können die kommunalen Vertreter in dem jeweiligen Projekt im Rahmen regelmäßiger Abstimmungsgespräche hin-sichtlich bestimmter Sacherhalte sensibilisiert werden. So wissen die Vertreter der

Stadt auf was sie bei den Sitzungen des Projektteams achten müssen und welche Parameter aus Sicht der Kommune besondere Priorität genießen.

Risikobewertung

Im zweiten Schritt muss auch innerhalb eines Investitionsprojektes eine Risiko-bewertung stattfinden. Dazu musst dem jeweiligen Projekt genauso eine Priorität beigemessen werden wie auch dem zugehörigen Risiko. Es könnte ja im jeweiligen Einzelfall zu gewichtigen Risiken in eher kleineren Projekten kommen, ebenso wie es innerhalb großer Prestigeprojekte zu relativ unwahrscheinlichen Risiken kommen kann. Speziell die Kombination aus Projekten mit herausgehobenem Stellenwert mit gleichzeitig fundamentalen Risiken dürfte unzweifelhaft die erste Priorität im Rah-men des projektorientierten Risikomanagements bilden. Solche Konstellationen gilt es besonders zu beobachten, um im Ernstfall die notwendigen Konzepte bereits in der Schublade zu haben.

Die Risikobewertung liegt auch im Rahmen von Projekten im Auge des Betrach-ters. Dabei ist es aber immer wichtig, eine vorgenommene Risikobewertung zu den kommunalen Gremien und Verantwortungsträgern zu kommunizieren und bei Bedarf auch anzupassen. Eine zutreffende Bewertung der jeweiligen Risiken dürfte am ehesten durch regelmäßigen Austausch innerhalb der Projektgruppe und mit externen Projektbeteiligten entstehen. Isolierte, einseitige Betrachtungen bergen immer die Gefahr einer gewissen Schieflage bei der Bewertung von Risiken. Ein lebhafter Austausch führt zu einem Konsens, der in aller Regel näher an der Realität liegt als die Meinung einzelner Personen.

Die Risikobewertung ist zudem meist in Relation zu den jeweiligen Zielsetzun-gen zu interpretieren. Eine zielführende Projektumsetzung setzt zunächst die klare Definition von passenden Zielen voraus. Auch die Bewertung einzelner Risiken hat daraufhin die vordefinierten Zielsetzungen zu berücksichtigen. In Gemeinde X ist die Einhaltung des finanziellen Rahmens beim Neubau eines Rathauses möglicherweise die oberste Prämisse. In der Nachbarkommune Y kann man eine Kostensteigerung von 10 % durchaus verkraften, wenn dafür ein Gebäude mit her-ausragender Außenwirkung entsteht. Auch aus projektorientierter Perspektive sind Risiken also immer im Zusammenhang mit den eigenen Zielen zu sehen.

Schließlich gilt es auch im Rahmen der Risikobewertung von einzelnen Inves-titionsprojekten den gesamtkommunalen Überblick zu bewahren. Die Bewertung einzelner Projektrisiken muss in eine Gesamtbewertung einfließen. So kann z. B. erkannt werden, wenn sich einzelne gleichartige Projektrisiken zu einem gesamt-kommunalen Risiko konkretisieren. So ist beispielsweise ein deutlicher Anstieg des allgemeinen Zinsniveaus erkennbar. Gleichzeitig führt die Notwendigkeit energe-tischer Sanierungen gepaart mit dem Fachkräftemangel im Handwerk zu deutlich steigenden Baukosten. Isoliert betrachtet, ergibt sich evtl. ein geringfügiges Risiko für einzelne Baumaßnahmen, insgesamt, über alle aktuellen und zukünftigen Investitionsvorhaben einer Kommune hinweg, kann sich hier aber durchaus ein wesentlicher Problembereich entwickeln.

Berichtswesen bzw. Reporting
Ebenso wie im grundsätzlichen Risikomanagementprozess erfordert auch die Abwandlung für den Projektbereich ein konsequentes, transparentes Berichtswesen. Risiken können nur aktiv gehandhabt werden, wenn auch die verantwortlichen Stellen zeitnah in Kenntnis gesetzt werden. Im Vergleich zum grundsätzlichen Risikomanagement ergeben sich hier jedoch verschiedene zusätzliche Probleme.

Die Projektstruktur verkompliziert mitunter die direkten Berichtswege. Die Projektgruppe entwickelt möglicherweise ein Eigenleben und separiert sich zunehmend von der Kernverwaltung. Darüber hinaus sind in vielen Projekten externe Partner involviert, die eigene Ziele verfolgen und daher nicht unbedingt ein Interesse an aktueller Berichterstattung an die Kommunalverwaltung haben. Weiterhin ist die Notwendigkeit von bestimmten Berichten in vielen Fällen nicht definiert. In welchen Fällen und zu welchen Anlässen ist die Kernverwaltung denn überhaupt zu informieren?

Aufgrund dieser Umstände empfiehlt es sich bereits im Vorfeld des eigentlichen Projektes regelmäßige Besprechungen (sog. Jour fixe) und Berichtszyklen fest zu vereinbaren. Darüber hinaus können klare Kennzahlen definiert werden, die bei Über- oder Unterschreitung unmittelbar zu kommunizieren sind. So kann z. B. festgelegt werden, dass absehbare Kostenüberschreitungen von mehr als 10 % unverzüglich an die Finanzabteilung der Stadt zu melden sind. Weiterhin bietet es sich an, für zeitliche Verzögerungen ebenfalls feste Grenzen festzulegen. Nur so kann sichergestellt werden, dass die notwendigen Informationen auch wirklich zeitnah weitergegeben werden.

Risikocontrolling und anschließende Überwachung der Risiken
Identifizierte und bewerte Risiken müssen daraufhin auch im Projektumfeld gesteuert werden. Hier ist nun die Frage welcher Person bzw. welcher Organisation in diesem Zusammenhang welche Kompetenzen zustehen. Es empfiehlt sich auch hier, vor dem Start des eigentlichen Projektes klar zu definieren, welche Risiken noch von der Projektgruppe beobachtet werden können und welchen schon weitergehende Bedeutung zukommt.

In diesem Zusammenhang kommt es ebenfalls in Betracht, feste Grenzen zu definieren, bei deren Überschreitung sich auch die Zuständigkeit ändert. Beispielsweise könnten Mehrkosten bis zu 50.000 EUR von der Projektgruppe bewilligt werden.

Darüberhinausgehende Beträge dürfen dann nur mit Zustimmung des Gemeindevorstandes ausgezahlt werden. So kann sichergestellt werden, dass Projektkosten
nicht vollkommen aus dem Ruder laufen. Zusätzlich wird so vermieden, dass die
Projektgruppe wichtige Entscheidungen zunehmend in Eigenregie trifft.

In verschiedenen Fallkonstellationen kann die laufende Überwachung der identifizierten Risiken auch durch zusätzliches gemeindliches Personal abgewickelt
werden. Explodieren z. B. die Kosten, kann jemand aus der Kämmerei der Stadt
hinzugezogen werden, kommt es jedoch im Einzelfall zu zahlreichen Baumängeln
wäre evtl. eine Unterstützung aus dem kommunalen Bauamt sinnvoll. Die Stadt-
und Gemeindeverwaltungen verfügen in vielen Teilbereichen über ausreichend
Fachpersonal, um im Bedarfsfall punktuell zu unterstützen.

Im Grunde überschneiden bzw. verzahnen sich die einzelnen Abschnitte an dieser Stelle natürlich vielfach. Eine konsequente Risikoüberwachung kann zu einer
veränderten Risikobewertung führen, genauso wie im Zuge der Überwachung bzw.
des Controllings zusätzliche Risiken entdeckt werden können, die im ersten Teilabschnitt noch keine Beachtung gefunden haben. Gerade deswegen wird der Prozess
als Kreislauf dargestellt. Das Risikomanagement hat auch in Projekten keinen festen
Anfangs- oder Endpunkt. So lange Arbeiten im Rahmen des Projektes durchgeführt
werden (und vielleicht noch darüber hinaus), sind regelmäßig die mit der Maßnahme
einhergehenden Risiken zu identifizieren, zu bewerten und daraufhin zu steuern bzw.
zu überwachen.

4.6.3 Kritische Faktoren im Rahmen der Projektumsetzung

Mit dem Gelingen bzw. dem Scheitern von Projekten haben sich bereits
verschiedene Autoren und Wissenschaftler beschäftigt. Aus diesen Veröffentlichungen lassen sich einige wesentliche Risikofaktoren für Projekte ableiten. Die
grundlegenden Risikofaktoren unterscheiden sich diesbezüglich nur unerheblich
zwischen Privatwirtschaft und kommunalem Bereich.

Die Projektziele sind nicht klar definiert
Unklare Projektziele sind naheliegende und plausible Gründe für das Scheitern von
Projekten. Dabei besteht dieser Risikofaktor bei Investitionsprojekten genauso wie
bei allen anderen Arten von Projekten. Projektziele, die nicht ausreichend definiert
und dokumentiert wurden, können später nicht nachvollzogen werden und somit
auch nicht zur Erfolgsmessung dienen (Lasko & Lasko, 2014, S. 166).

Unklare Projektziele führen möglicherweise auch dazu, dass die unterschiedlichen Beteiligten letztlich verschiedene Ziele verfolgen und so möglicherweise auch unbewusst gegeneinander arbeiten. Außerdem kann sich im Rahmen des Projektes eine Eigendynamik entwickeln, die in eine Richtung geht, die von den kommunalen Gremien ursprünglich nicht beabsichtigt war. In vielen Fällen kann eine derartige Tendenz an einem gewissen Punkt nicht mehr korrigiert werden, da bereits unumkehrbare Entscheidungen getroffen wurden.

Mangelnde Abstimmung der beteiligten Personen und Organisationseinheiten

Ein zweiter wesentlicher Faktor liegt in der schwierigen bzw. mangelnden Kommunikation einzelner Personen oder Abteilungen (Freitag, 2016, S. 291 ff.). Sobald einzelne Organisationseinheiten fachübergreifend zusammenarbeiten müssen, treten in vielen Fällen Fachegoismen zu Tage, die eine zielführende Zusammenarbeit belasten können. Dabei ist es in den meisten Fällen grundlegender Gedanke der Projektarbeit, unterschiedliche Kompetenzen zur optimalen Lösung zu kombinieren. Dementsprechend ist es bei Projekten im Grunde immer erforderlich, Einzelinteressen zurückzustellen, um einen zielführenden Kompromiss zu finden.

Im Übrigen gilt es immer zu berücksichtigen, dass alle handelnden Personen mit gewissen Vorprägungen in das Projekt gehen. Diese Vorprägungen sind oftmals unterbewusst vorhanden und daher auch nur schwer abzulegen. Ausgebildete IT-Fachleute analysieren vorliegende Problemlagen in vielen Fällen anders als Verwaltungskräfte oder Pädagogen das vielleicht tun würden. Allesamt sind Fachleute auf ihrem Gebiet, haben aber mitunter Schwierigkeiten die Perspektiven anderer Gruppen nachzuvollziehen bzw. die eigene Herangehensweise kritisch zu reflektieren.

Zeitrahmen oder Budget unrealistisch

Weiterhin stellen Zeitrahmen und Budget in vielen Projekten die entscheidenden Problemfelder dar. Wirtschaftliches Verhalten und Kostendisziplin sind seit nunmehr einigen Jahren entscheidende Anforderungen an die öffentliche Verwaltung. In der Privatwirtschaft waren diese Parameter bereits seit jeher die grundlegende Antriebskraft, seit Einführung des sog. Neuen Steuerungsmodells[8] ist die Wirtschaftlichkeit aber auch in der öffentlichen Verwaltung zum entscheidenden Faktor geworden.

---

[8] Unter der Überschrift „Neues Steuerungsmodell" wird eine Gesamtheit an Reformtendenzen verstanden, die zunehmend betriebswirtschaftliche Handlungsweisen auch für die öffentliche Verwaltung vorsehen.

Letztlich können gerade sehr sparsam bemessene Budgets zu Hauptbelastungs-
faktoren für den Projekterfolg werden. Vernünftige Arbeitsergebnisse benötigen
eben auch bei optimaler Organisation ihre Zeit. Daher sind Zeitrahmen und finanzielle Mittel zwar knapp zu bemessen, aber immer noch so umfangreich, dass
zielführendes Arbeiten, mit einem gewissen Maß an Flexibilität, noch möglich
ist. Außerdem stellt ein Projekt, dass auf halbem Weg aus finanziellen Gründen
eingestellt werden muss, sicherlich den größten Misserfolg dar.

Zu straffe Zeitrahmen bergen zudem immer die Gefahr, dass entscheidende
Punkte nur oberflächlich bearbeitet oder dass grundlegende Risiken evtl. gänzlich
übersehen werden. So geht überzogene kurzfristige Sparsamkeit möglicherweise zu
Lasten langfristiger Wirtschaftlichkeit. In vielen Fällen zahlt sich eine langfristig
fundierte, wenn auch etwas teurere, Planung eher aus als ein Konzept, welches nur
auf kurzfristige Kostenersparnis abzielt.

Komplexität bzw. Auswirkungen des Vorhabens wurden unterschätzt
Im Zuge der Abwicklung einzelner Projekte tritt in vielen Fällen die Komplexität
des Vorhabens erst relativ spät zu Tage (Zirkler et al., 2018, S. 103). Die Projekte
scheitern also schlichtweg daran, dass sich das Projektziel oder der Weg dorthin
wesentlich schwieriger darstellt als ursprünglich vermutet. In vielen Fällen führt dies
zu Überschreitungen der geplanten Kosten und des Zeitbudgets, weshalb manche
Projekte vor dem tatsächlichen Abschluss eingestellt werden müssen.

Dieses Problem lässt sich nur durch eine passgenaue Planung zu Beginn der Maßnahme in den Griff bekommen. Zeit, die in der Planungsphase eingespart werden
kann, wird meist in den Folgephasen zusätzlich benötigt. Mitunter macht es auch
Sinn in der Planungsphase externes Fachwissen einzukaufen, um so spätere Mehraufwendungen zu vermeiden. Gerade groß angelegte Baumaßnahmen benötigen
eben zunächst vernünftige bzw. realistische Planungen.

Falsche bzw. mangelnde Steuerung aus dem „Projektcockpit"
Abschließender Erfolgs- oder Risikofaktor ist letztlich immer die Steuerung des
Projektes. Auch finanziell gut ausgestattete Projekte können bei schlechter Leitung scheitern. Umgekehrt kann eine funktionierende Projektsteuerung auch mit
geringem Zeit- oder Finanzbudget noch adäquate Projektergebnisse erzielen.

Somit stellt die Projektsteuerung immer die Klammer um die anderen Faktoren dar. Die Kommune sollte sich gerade hier die notwendigen Mitspracherechte
sichern, um an entscheidender Stelle mitwirken zu können. Außerdem laufen hier
die wichtigsten Informationen zusammen, so dass es schon aus diesem Blickwinkel wichtig ist, fachlich und sozial kompetente Mitarbeiter als Projektleiter

oder -verantwortliche zu positionieren. Sollten die Projektleitung von einem externen Partner wahrgenommen werden, sollte sich die Gemeinde zumindest die notwendigen Informations- und Beteiligungsrechte sichern.

Letztlich bleibt festzuhalten, dass kommunale Großprojekte mannigfaltigen Risiken unterliegen, die ohne Zweifel einer dauerhaften Beobachtung bedürfen. Vor allem die Prestigeprojekte, die mitunter auch überregional verfolgt werden, sind zumindest für die Politik von besonderer Bedeutung. Auf derartige Investitionsvorhaben gilt es auch vor dem Hintergrund des Risikomanagements einen besonderen Fokus zu legen, denn sie drängen in vielen Fällen die anderen Tätigkeiten der Verwaltung in den Hintergrund.

Zwischenfazit: Projektorientiertes Risikomanagement

- Gerade große Investitionsprojekte sind auf kommunaler Ebene enorm öffentlichkeitswirksam und werden daher von Bürgern und Medien besonders kritisch begleitet.
- Projekte sind zeitlich begrenzte, einmalige Vorhaben, die in gewissem Maße neuartig sind und deswegen meist von fachübergreifenden Teams wahrgenommen werden.
- Mit diesen Projektmerkmalen gehen auch besondere Risiken einher. Diesen Risiken gilt es durch sorgfältige Planungen, sinnvolle Projektstrukturen und passende Reportingmaßnahmen strukturiert zu begegnen.
- Die einzelnen Abschnitte des Risikomanagementprozesses eignen sich bestens dazu, auch das projektorientierte Risikomanagement vor diesem Hintergrund vorzunehmen.
- Bei der Planung sollte ein besonderes Augenmerk auf die Zusammensetzung der Projektgruppe, die zur Verfügung stehenden finanziellen Mittel und den Zeitrahmen gelegt werden.

4.7 Politische Risiken

Genauso wie die anderen Risikobereiche sind auch die politischen Risiken äußerst komplex und vielseitig. Dabei sind einige Risiken ziemlich offensichtlich, andere wiederum nur auf den zweiten Blick zu erkennen. Zusätzlich verändern sich die politischen Problembereiche natürlich im Lauf der Zeit. Politische Mehrheitsverhältnisse variieren ebenso wie die inhaltliche Agenda, die auf Bundes- oder Landesebene verfolgt wird. Aus diesen Umständen wird relativ schnell klar, dass politische Risiken nur zu geringen Teilen direkt beeinflussbar sind. Die wesentlichen Risiken können in diesem Zusammenhang nur überwacht, aber nicht gänzlich verhindert werden.

Insgesamt sehen sich die Städte und Gemeinden mit einem rückläufigen Vertrauen von Seiten der Bürgerinnen und Bürger konfrontiert. Im gesamtdeutschen Vergleich rangieren die Kommunen zwar noch vor Bundes- und Landesregierung, jedoch ist auch auf der untersten Ebene staatlichen Handelns ein ständiger Rückgang an Vertrauen erkennbar. Je größer die Stadt in diesem Zusammenhang ausfällt, desto niedriger ist aber auch dort das Zutrauen in die staatlichen Stellen (Kommunal, 2019).

Doch woran liegt das? Im Detail lässt sich das nicht genau klären, allerdings kann die Entwicklung nicht ignoriert werden. Über alle Instanzen hinweg verlassen sich zunehmend mehr Menschen nicht mehr auf Entscheidungen und Handlungen der Politik bzw. der staatlichen Verwaltung. Entscheidungen werden eher hinterfragt und auch von den örtlichen Medien kritisch begleitet. Diese Tendenz führt gerade an der kommunalen Basis zu handfesten Problemen. Die Bereitschaft, Widerspruch einzulegen oder andere Rechtsmittel zu nutzen nimmt ständig zu, Bürgerinitiativen werden vielerorts auch bei eigentlich wenig bedeutsamen Themen gegründet und im Zweifelsfall bleibt immer noch die Möglichkeit seinem Unmut über die sozialen Medien freien Lauf zu lassen. Einige kommunalpolitische Vorhaben entwickeln eine derartige Eigendynamik in den Onlinemedien, dass Projekte aufgrund schlichtweg erfundener Nachrichten („fake news") eingestellt werden müssen.

Gleichzeitig wird es aber trotzdem immer schwieriger, Mitbürgerinnen und Mitbürger für ein kommunalpolitisches Engagement zu gewinnen. Kommunale Gremien müssen regelmäßig verkleinert werden, Ortsbeiräte können in bestimmten Regionen gar nicht mehr besetzt werden und sogar für die Position des Bürgermeisters findet sich selten mehr als ein Kandidat. Es erscheint demnach im heutigen Umfeld oft spannender zu sein, sich anonym an Diskussionen im Internet zu beteiligen, als praxisorientiert an der Lösung tatsächlicher kommunaler Probleme mitzuarbeiten (Hahn, 2018, S. 29).

Sofern sich überhaupt genug Menschen am politischen Diskurs beteiligen möchten, sehen sich die handelnden Personen daraufhin mit diversen praktischen Problemen konfrontiert. Ein erstes Risiko ist relativ offensichtlich. Die Kommunalpolitiker üben ihre Funktion ehrenamtlich aus und können daher nur einen Bruchteil ihrer Zeit in diese Tätigkeit investieren. Diese Tatsache steht in direktem Widerspruch zu den ständig steigenden Anforderungen, die an Städte und Gemeinden gestellt werden. Die Kommune an sich muss ohnehin ein sehr breites Aufgabenspektrum abbilden, zusätzlich werden die einzelnen

Tätigkeitsbereiche immer komplexer und schwieriger. Die Gemeinden üben mit ihren gesetzlichen Pflichtaufgaben wie Wasserver- und Abwasserentsorgung, Kinderbetreuung, Friedhofswesen, Meldewesen oder Ordnungsamtsangelegenheiten Tätigkeiten aus, die unterschiedlicher nicht sein könnten. Außerdem existiert noch eine nicht zu überblickende Anzahl von freiwilligen Aufgaben, denen sich Städte und Gemeinden aus der Historie heraus angenommen haben. Die Tätigkeiten der Kommunen gewinnen zusätzlich an Komplexität, indem sie oftmals über verschachtelte Beteiligungsstrukturen wahrgenommen werden. Daher können die kommunalen Gremien ihren Einfluss oft nur mittelbar in den Gremien der Beteiligungen geltend machen.

Es handelt sich demnach bei den kommunalen Aufgaben um Arbeitsfelder, welche von niemandem in Gänze überblickt werden können. Da gerade die gesetzlichen Pflichtaufgaben der Städte und Gemeinden von niemandem sonst wahrgenommen werden, ist zudem nicht zu erwarten, dass ehrenamtliche Politiker herausgehobene Fachkenntnisse in diesem Bereich vorweisen können (Egner et al., 2013, S. 65 f.). Ferner ist aufgrund der ehrenamtlichen Aufgabenwahrnehmung auch nicht zu erwarten, dass sie sich diese Kenntnisse in kurzer Zeit aneignen können. Selbst in überschaubaren Bereichen wie der Wasserversorgung existieren verschiedenste Gesetze und Verordnungen, die auch von entsprechendem Fachpersonal oftmals nur oberflächlich zu überblicken sind. In vielen praktischen Fällen wird die Steuerung der Kommune in Folge dessen wohl eher vom Bürgermeister oder von der Verwaltung erfolgen. Die Kommunalpolitiker können hier oftmals nur auf die Richtigkeit und Ordnungsmäßigkeit der Arbeitsergebnisse der Verwaltungsebene vertrauen und schließen sich daher, vor allem in kleinen Gemeinden, in aller Regel den Beschlussvorschlägen der Verwaltung an.

Weitere Spannungen können sich aufgrund der zeitlichen Fokussierung auf Legislaturperioden ergeben. Im Gegensatz zu vielen eigentümergeführten Unternehmen sind der Kommunalpolitik mit den Legislaturperioden klare zeitliche Grenzen gesetzt. Nach fünf Jahren wird ein neues Kommunalparlament gewählt, sodass die getroffenen Maßnahmen sich bis dahin rentiert haben müssen. So entsteht Druck, der nicht immer gut für die kommunalen Bedürfnisse ist. Viele sinnvolle Entscheidungen beruhen auf langfristigen Überlegungen und entwickeln ihren vollen Nutzen auch nur unter Berücksichtigung eines langfristigen Rahmens. So macht es evtl. kurzfristig Sinn das Rathaus an einen Investor zu veräußern und anschließend zurück zu mieten (sog. Sale-Lease-Back Geschäfte), um so schnell Geld akquirieren zu können. Jedoch bringt ein solches Geschäft in den allermeisten Fällen bei Betrachtung eines Zeithorizontes von 30 oder 40 Jahren deutlich mehr Nachteile als Vorteile für die Kommune mit sich.

Die Konzentration auf einen vorzeigbaren Erfolg bis zum Ende der Legislaturperiode kann also mitunter zu Entscheidungen führen, die die verantwortlichen Politiker für sich privat oder für die eigene Firma vielleicht ganz anders getroffen hätten. Mitunter wird mit den finanziellen Mitteln, also dem Geld der Allgemeinheit, auch anders umgegangen als man das mit eigenem Kapital machen würde. Viele Kommunen gönnen sich hin und wieder ein prestigeträchtiges Projekt, welches für die Allgemeinheit jedoch nur von untergeordnetem Nutzen ist. Es besteht demzufolge aus politischer Sicht die Verlockung, öffentlichkeitswirksame Projekte wie Bürgerhäuser oder Versammlungshallen eher voranzutreiben als dringend notwendige Reparaturen an Wasserleitungen und Kanälen vorzunehmen.

Im Ergebnis kommt noch hinzu, dass die kommunalen Parlamentarier letztendlich auch Einwohner der jeweiligen Gemeinde sind. Sie entscheiden also nicht nur über die Leistungen und deren Kosten, sondern sind auch unter denjenigen, die anschließend die Leistungen in Anspruch nehmen und die Kosten zu tragen haben. Auch dieser Umstand mag den ein oder anderen Politiker zu Entscheidungen verleiten, die er so unter anderen Umständen vielleicht nicht getroffen hätte.

Abschaffung der Straßenausbaubeiträge in Hessen

In Hessen wurden die Straßenausbaubeiträge, die Anlieger im Rahmen einer Straßenbaumaßnahme zu entrichten haben, im Vorfeld der Landtagswahl 2018 in das Ermessen der Städte und Gemeinden gestellt. Die Regierungskoalition von CDU und Bündnis 90/Die Grünen hat die entsprechende Rechtsvorschrift mit Unterstützung der FDP von der Soll- zur Kannvorschrift umformuliert. Nun entscheidet also ausschließlich die Kommune selbst, ob sie diese Beiträge erheben möchte. Mehr als 170 Gemeinden haben diese Beitragsform inzwischen schon abgeschafft, viele weitere werden wohl folgen (Hessenschau, 2022).

Im Einzelfall muss ein Kommunalpolitiker also nun selbst darüber entscheiden, ob er nächstes oder übernächstes Jahr mehrere zehntausend Euro für die Sanierung seiner Straße zahlen möchte. Die Entscheidung wird im Rahmen einer solchen Fallkonstellation nur sehr schwer zugunsten der Straßenbeiträge ausfallen, obwohl eine andere Finanzierung aus kommunaler Perspektive vielleicht gar nicht möglich ist. Insofern gibt es wohl Vorschriften, die aus Gründen der Gleichbehandlung und Wirtschaftlichkeit, besser bundeslandeinheitlich geregelt werden sollten.◄

Zusätzliche Risiken können sich unter Umständen auch aus der Geschwindigkeit der kommunalen Entscheidungsfindung ergeben. Der kommunalen Willensbildung liegt ein langwieriger Prozess zugrunde. Durch verschiedene Entwicklungen kommen Themen auf die politische Tagesordnung, die Verwaltung entwirft eine entsprechende Beschlussvorlage, der Gemeindevorstand nimmt Anpassungen vor, bis dann im Idealfall ein Beschluss der Gemeindevertretung bzw. der Stadtverordnetenversammlung herbeigeführt werden kann. Sofern einzelne Punkte in diesem Prozess durch Verwaltung oder Politik nochmal verändert werden müssen, verstreichen schnell drei bis sechs Monate bis eine endgültige Beschlussfassung herbeigeführt werden kann. Im Vergleich dazu werden Entscheidungen in der Privatwirtschaft in vielen Fällen quasi „über Nacht" getroffen. Unternehmen sind entweder inhabergeführt und können so ohne Umwege Entscheidungen treffen, oder aber die Betriebe firmieren als Kapitalgesellschaften (AG und GmbH), so dass die Vorstände bzw. Geschäftsführungen über äußerst weitgehende Kompetenzen verfügen.

Kommunen haben als juristische Personen des öffentlichen Rechts einen anderen Hintergrund und sind daher eher an einer transparenten, demokratischen Willensbildung interessiert als an einer möglichst zügigen Entscheidung. In Einzelfällen kann dies jedoch konkrete Probleme mit sich bringen. Investitionsprogramme sind regelmäßig zeitlich befristet, gesetzliche Vorschriften sehen Strafen bei verzögerter Umsetzung vor und viele Kreditangebote sind heutzutage nur noch 24 Stunden gültig. Das bedeutet in vielen Fällen ist inzwischen auch auf öffentlicher Ebene eine zeitnahe Entscheidungsfindung gefragt.

Stromnetzausbau in Deutschland

Die Energiewende hin zu mehr ökologisch nachhaltiger Energiegewinnung und weg von fossilen Brennstoffen ist eines der Projekte unserer Zeit. Um die vorhandenen Ressourcen in Deutschland optimal zu nutzen und unabhängiger vom Ausland zu werden, ist insbesondere die Offshore-Windenergie von besonderer Bedeutung. Die auf hoher See erzeugte Elektrizität muss daraufhin durch entsprechende Leitungen deutschlandweit verteilt werden. Dies setzt einen umfangreichen Ausbau der zugehörigen Infrastruktur voraus.

In der Wirklichkeit ist dieses Vorhaben vielerorts ins Stocken geraten, da äußerst langwierige Entscheidungs- und Beratungsprozesse den Stromnetzausbau wesentlich verlangsamen. Die Kapazitäten zur umfangreichen Offshore-Energiegewinnung sind zwar mittlerweile weitestgehend vorhanden, die notwendigen Stromtrassen werden jedoch bundesweit blockiert. Die geplanten großen Stromautobahnen haben mittlerweile schon drei bis fünf Jahre Verspätung, Tendenz stark steigend. Ob der angepeilte Ausbau des Stromnetzes in dieser Form überhaupt zu realisieren sein wird, bleibt abzuwarten (Wirtschaftswoche, 2021).◄

Weitere Auffälligkeiten ergeben sich bei genauerer Betrachtung der Debatteninhalte in hessischen Kommunalparlamenten. Den Städten und Gemeinden obliegt ein weitestgehend klar abgrenzbarer Bereich an Aufgaben. Bei weiteren Aufgaben erstrecken sich die kommunalen Befugnisse im Wesentlichen auf das „Wie?" und nicht auf das „Ob?". Es handelt sich also um Weisungsaufgaben, bei denen die Städte und Gemeinden lediglich über die praktische Ausgestaltung zu entscheiden haben. Dass diese Aufgaben so umgesetzt werden sollen, hat der Gesetzgeber auf Bundes- oder Landesebene längst festgelegt.

Die Politiker in den kleinen Gemeinden neigen jedoch oft dazu öffentlichkeitswirksame Themen zu besprechen, die in der eigenen Kommune eigentlich gar nicht beeinflusst werden können. In den vergangenen Jahren haben Politikbereiche wie die Asylthematik vielerorts die politische Debatte bestimmt, wohingegen die regionalen Probleme es nur in seltenen Fällen auf die Tagesordnung der Gemeindevertretung schafften. In zweiter Linie fällt auf, dass gerade die Verwaltung gänzlich andere Themen für wichtig hält als die, die meist im Fokus der Politik stehen. Bei den politischen Fraktionen finden eher Themenfelder Anklang, die entweder die große Politik wiederspiegeln (z. B. grundsätzliche Fragen der Asylpolitik) oder aber sich hervorragend für Auseinandersetzungen mit anderen Fraktionen eignen (z. B. Anhebung der Steuerhebesätze) (Hahn, 2018, S. 29).

Im Ergebnis bleibt dennoch gerade in kleineren Gemeinden eine Dominanz der Verwaltung festzuhalten. Die Mitglieder der Gemeindevertretung sind ehrenamtlich tätig, in aller Regel nicht vom Fach und nehmen nicht tagtäglich am Verwaltungsgeschehen teil. Die Verwaltung mit dem Bürgermeister als Verwaltungsspitze hingegen ist im Gegensatz dazu hauptberuflich auf diesem Gebiet tätig, verfügt oftmals über viele Jahre Erfahrung und bestimmt zudem meist die Themen der lokalpolitischen Agenda. Somit trägt die Gemeindevertretung zwar die politische Verantwortung, die Ausrichtung der Kommune wird aber in vielen Fällen indirekt von der Verwaltung bestimmt (Bogumil & Holtkamp, 2006, S. 136).

Auch die Verantwortung für das Managen politischer Risiken liegt demnach letztlich bei der Verwaltung. Bei allen bisherigen Risikofeldern wurde stets propagiert, wie wichtig klare Zielsetzungen von Seiten der politischen Führung sind. Das Risikomanagement in anderen Bereichen muss nach dem Bottom-Up-Prinzip vorgelebt werden. Nur so entsteht ein Klima in dem die Beschäftigten dazu angeregt werden, einzelnen Risiken proaktiv zu begegnen und sich nicht scheuen auch kritische Informationen an die Verwaltungsleitung weiterzugeben. In Bezug auf die politischen Risiken ist die Sachlage jedoch etwas anders. Die politischen Risiken gehen vornehmlich von den politischen Gremien aus und resultieren zumeist aus den Besonderheiten, die die Demokratie an der lokalen Basis eben mit sich bringt.

Hier ist die Verwaltung gefordert, die politischen Gremien mit den richtigen Informationen zu versorgen und darauf zu achten, dass auch die Themen besprochen werden, die auch tatsächlich vor Ort beeinflusst werden können. Ferner ist es natürlich auch Aufgabe der einzelnen Verwaltungsmitarbeiter die Unterlagen und Dokumente für ihre Bereiche so aufzubereiten, dass auch die ehrenamtlichen Kommunalpolitiker mit Hilfe dieser Informationen sinnvolle Entscheidungen treffen können. Dabei soll die Verwaltung die Entscheidungskompetenz nicht übernehmen, sondern sie lediglich unterstützen. Dennoch obliegt es den einzelnen Produktverantwortlichen für ihren Bereich zukünftige Entwicklungen und Risiken soweit wie möglich zu antizipieren, denn niemand kennt sich natürlich in den einzelnen Bereichen so gut aus, wie die Personen die bereits seit Jahren die Verantwortung dort tragen.

Risiken, die von höheren politischen Ebenen ausgehen (in der Regel Land oder Bund), kann die Kommune vor Ort ohnehin nicht beeinflussen, geschweige denn verhindern. Ihr bleibt in solchen Fällen lediglich die Rolle des aufmerksamen Beobachters. Trotzdem erhöhen sich die möglichen Handlungsalternativen meist deutlich, wenn eine Negativentwicklung bereits möglichst frühzeitig erkannt wird. Deswegen sollte es zumindest grundlegender Anspruch jeder Kommune sein, aktuelle politische Entwicklungen aktiv zu verfolgen.

Zwischenfazit: Politische Risiken

- Die politischen Risiken sind bei den Kommunen entweder systemimmanent oder ergeben sich aus dem politischen Diskurs auf Bundes- oder Landesebene.
- Speziell aus der Besonderheit der ehrenamtlichen Führung der Gemeinde ergeben sich gewisse Risiken, z. B. langwierige Entscheidungsprozesse, fachfremde Entscheidungsträger oder die Tendenz Themen zu diskutieren, die vor Ort gar nicht beeinflusst werden können.
- Gerade bei den Risiken, die sich aus überregionalen Entwicklungen ergeben, bleibt den Kommunen oftmals nur die Beobachterrolle. Zumindest diese Möglichkeit sollte aber so aufmerksam wie möglich wahrgenommen werden.

- Die Verwaltung darf die politische Willensbildung zwar nicht ersetzen, aber trotzdem ist sie die einzige Konstante in den Kommunen und sollte daher konsequent auf langfristige Ziele hinwirken.
- Die Verwaltungsmitarbeiter haben gegenüber den ehrenamtlichen Politikern einen klaren Informationsvorsprung. Diese Fachkenntnisse sollten sie nutzen, um die Politik bei der Entscheidungsfindung so weit wie möglich zu unterstützen.
- Politische Risiken treten in einer Demokratie immer auf und können niemals vermieden werden. Langwierige Entscheidungsprozesse sind letztlich der Preis, der im Rahmen demokratischer Strukturen zu zahlen ist.

Literatur

Bogumil, J., & Holtkamp, L. (2006). *Kommunalpolitik und Kommunalverwaltung – Eine policyorientierte Einführung*. VS Verlag.

Bösch, W. (2011). *Praxishandbuch Mitarbeiterbefragungen*. Praxium.

Brede, H. (2005). *Grundzüge der Öffentlichen Betriebswirtschaftslehre*. Oldenbourg.

Bremeier, W., Brinckmann, H., & Killian, W. (2006). *Public Governance kommunaler Unternehmen*. Hans Böckler Stiftung.

Brinkmann, R. D., & Stapf, K. H. (2005). *Innere Kündigung. Wenn der Job zur Fassade wird*. Beck.

Bundesverfassungsgericht. (1983). Urteil vom 15. Dezember 1983. https://www.bundesver fassungsgericht.de/SharedDocs/Entscheidungen/DE/1983/12/rs19831215_1bvr020983. html. Zugegriffen: 26. Apr. 2023.

CDU & Bündnis 90/Die Grünen. (2018). *Aufbruch im Wandel durch Haltung, Orientierung und Zusammenhalt – Koalitionsvertrag Hessen für die 20. Legislaturperiode*. Hessen.

Chambers, E. G., et al. (1998). The war for talent. *The McKinsey Quarterly, 1998*(3), 44–57.

De Micheli, M. (2017). *Leitfaden für erfolgreiche Mitarbeitergespräche und Mitarbeiterbeurteilungen*. Praxium.

Der Neue Kämmerer. (2023). Greensill-Ticker: Das Aktuellste zum Finanzskandal. https://www.derneuekaemmerer.de/finanzen/greensill-bank/greensill-ticker-das-aktuellste-zum-finanzskandal-7616/. Zugegriffen: 24. Apr. 2023.

Deutscher Beamtenbund – dbb. (2023). *Monitor öffentlicher Dienst 2023*. Deutscher Beamtenbund – dbb.

DGfP e. V. (2013). *Personalcontrolling für die Praxis: Konzepte – Kennzahlen – Unternehmensbeispiele*. Bertelsmann.

Die Welt. (2019). „Genug ist genug" – Kurz kündigt Koalition mit der FPÖ auf. https://www.welt.de/politik/ausland/article193736673/Strache-Video-Oesterreichs-Kanzler-Seb astian-Kurz-kuendigt-Koalition-mit-FPOe-auf.html. Zugegriffen: 30. Apr. 2023.

Drumm, H. J. (2008). *Personalwirtschaft*. Springer.

Egner, B., Krapp, M., & Heinelt, H. (2013). *Das deutsche Gemeinderatsmitglied – Problemsicht – Einstellungen – Rollenverständnis.* Springer VS.

Europäisches Parlament, & Der Rat der Europäischen Union. (2016). Begründung zur Verordnung 201/679 zum Schutz natürlicher Personen bei der Verarbeitung personenbezogener Daten. *Amtsblatt der Europäischen Union vom 4.5.2016.*

Frankfurter Rundschau. (2019). Bürgermeister droht Abwahl. https://www.fr.de/rhein-main/spd-org26325/buergermeister-droht-abwahl-11337018.html. Zugegriffen: 25. Apr. 2023.

Freitag, M. (2016). *Kommunikation im Projektmanagement.* Springer VS.

Freudenberger, H. J. (1974). Staff burn-out. *Journal of Social Issue, 30*(1), 159–165.

Fulda. (2022). *Beteiligungsbericht Stadt Fulda 2022.*

Fuldaer Zeitung. (2020). Badehof Bad Salzschlirf meldet Insolvenz an. https://www.fuldaerzeitung.de/regional/fulda/westen/badehof-bad-salzschlirf-meldet-insolvenz-an-EJ5478446. Zugegriffen: 25. Apr. 2023.

Giry, N. (2016). Generation Y - Arbeitsbezogene Erwartungen und affektives Commitment. *Personalpsychologie, 2,* 1–80.

Hahn, D. (2018). Risikowahrnehmung in hessischen Kommunen. *Innovative Verwaltung, 12,* 27–29.

Hahn, D., & Ziegler, M. (2018). Der kommunale Gesamtabschluss – Sinnvolles Steuerungsinstrument oder notwendiges Übel? *Der Gemeindehaushalt, 9,* 193–196.

Heesen, B. (2019). *Beteiligungsmanagement und Bewertung für Praktiker.* Springer Gabler.

Hessenschau. (2022). Weniger hessische Kommunen erheben Straßenbeiträge. https://www.hessenschau.de/politik/weniger-hessische-kommunen-erheben-strassenbeitraege,kurz-strassebeitraege-100.html. Zugegriffen: 26. Apr. 2023.

Landtag, H. (2004). *Gesetzentwurf der Landesregierung für ein Gesetz zur Änderung der Hessischen Gemeindeordnung und anderer Gesetze – Drucksache 16/2463 des Hessischen Landtags.* Hessischer Landtag.

Hessischer Rechnungshof. (2016). *Kommunalbericht 2015.* Hessischer Rechnungshof.

Hessischer Rechnungshof. (2017). *Kommunalbericht 2016.* Hessischer Rechnungshof.

Hessischer Rechnungshof. (2018). Pressemitteilung. https://rechnungshof.hessen.de/presse/derivate. Zugegriffen: 25. Apr. 2023.

Hessischer Rechnungshof. (2021a). *Kommunalbericht 2020.* Hessischer Rechnungshof.

Hessischer Rechnungshof. (2021b). *Großstädtebericht: 222. Vergleichende Prüfung, Haushaltsstruktur 2020: Großstädte.* Hessischer Rechnungshof.

Hessisches Ministerium des Innern und für Sport. (2015). *Erlass – Korruptionsvermeidung in hessischen Kommunalverwaltungen.* Hessisches Ministerium des Innern und für Sport.

Hessisches Ministerium des Innern und für Sport. (2021). Rahmenvereinbarung zur Förderung der Interkommunalen Zusammenarbeit. https://innen.hessen.de/sites/innen.hessen.de/files/2021-12/rahmenvereinbarung_7._dezember_2021.pdf. Zugegriffen: 24. Apr. 2023.

HNA. (2021). Stadt Kassel droht Millionenrückzahlung: Wassergebühr ist rechtswidrig. https://www.hna.de/kassel/kassel-wassergebuehr-ist-rechtswidrig-millionenrueckzahlung-10845384.html. Zugegriffen: 25. Apr. 2023.

Hofmann, S. (2008). *Handbuch Anti-Fraud-Management.* Schmidt.

Höhn, R. (1983). *Die innere Kündigung im Unternehmen: Ursache, Folgen, Gegenmaßnahmen.* WWT.

Höhn, R. (1989). *Die innere Kündigung in der öffentlichen Verwaltung: Ursachen – Folgen – Gegenmaßnahmen*. WWT.

Institut der Rechnungsprüfer. (2018). *Prüfungsleitlinie 111 – Die IKS-Prüfung in der Rechnungsprüfung*. Institut der Rechnungsprüfer.

Institut der Wirtschaftsprüfer. (2017). *Prüfungsstandard 982 – Grundsätze ordnungsmäßiger Prüfung des internen Kontrollsystems des internen und externen Berichtswesens*. Düsseldorf: Institut der Wirtschaftsprüfer.

Katz, A. (2017). *Kommunale Wirtschaft – Leitfaden für die Praxis*. Kohlhammer.

Kirchmer, M., & Meinecke, C. (2015). *Wirtschaftsrecht der Kommunen des Landes Sachsen-Anhalt*. Kohlhammer.

Klaffke, M. (2009). Strategisches Management von Personalrisiken. In M. Klaffke (Hrsg.), *Personal-Risiken und -Handlungsfelder in turbulenten Zeiten* (S. 3–23). Gabler.

Klöti, L. (2008). *Personalrisiken*. Haupt.

Kluge, A. (2006). Die Einstellungen zur Leistungs-, Lern- und Anpassungsfähigkeit älterer Arbeitnehmer/-innen und die subjektiv erlebte Diskriminierung – eine Untersuchung in Schweizer Unternehmen. *Arbeit – Zeitschrift für Arbeitsforschung, Arbeitsgestaltung und Arbeitspolitik, 15*(1), 3–17.

Kobi, J.-M. (2012). *Personalrisikomanagement*. Springer Gabler.

Kommunal. (2019). Hohes Vertrauen zur Kommunalpolitik. https://kommunal.de/forsa-kommunalwahlen. Zugegriffen: 25. Apr. 2023.

Kommunale Gemeinschaftsstelle für Verwaltungsmanagement. (1993). *Bericht 5/1993 Das Neue Steuerungsmodell*, Köln. Nicht öffentlicher Bericht, Anfragen an kgst.de.

Kommunale Gemeinschaftsstelle für Verwaltungsmanagement. (2001). *Bericht 7/2001 Wissensmanagement in Kommunalverwaltungen*, Köln. Nicht öffentlicher Bericht, Anfragen an kgst.de.

Kommunale Gemeinschaftsstelle für Verwaltungsmanagement. (2010). *Bericht 3/2010 Der demografische Wandel in Kommunalverwaltungen: Strategische Ausrichtung und Handlungsansätze des Personalmanagements*, Köln. Nicht öffentlicher Bericht, Anfragen an kgst.de.

Kommunale Gemeinschaftsstelle für Verwaltungsmanagement. (2011). *Kommunales Risikomanagement – Teil 1, das kommunale Risikofrühwarnsystem*, Köln. Nicht öffentlicher Bericht, Anfragen an kgst.de.

Kommunale Gemeinschaftsstelle für Verwaltungsmanagement. (2019). *Umsetzungsstand des kommunalen Risikomanagements*, Köln. Nicht öffentlicher Bericht, Anfragen an kgst.de.

Körner, S. C. (2002). *Das Phänomen Burnout am Arbeitsplatz Schule*. Logos.

Kratz, H.-J. (2014). *Innere Kündigung – erkennen, verhindern, abbauen*. Walhalla.

Lasko, W., & Lasko, L. (2014). *Resulting – Projektziel erreicht!* SpringerGabler.

Mager, S. (2015). Haftung von Gemeinderatsmitgliedern. *Der Gemeindehaushalt, 1*, 14–17.

Meier, N. (2023). Die kommunale Wettbürosteuer – eine gemeindliche Aufwandsteuer ohne Fortune. *Zeitschrift für Kommunalfinanzen, 2*, 25–29.

Merker, R. (2015). Personalcontrolling. In T. Fischer (Hrsg.), *Personalmanagement* (S. 303–334). Verlag für Verwaltungswissenschaften.

Meyer, H., & Reher, H. (2016). *Projektmanagement – Von der Definition über die Projektplanung zum erfolgreichen Abschluss*. Springer Gabler.

Mitteldeutsche Zeitung. (2019). Rechnungshof: Land muss Prioritäten bei Ausgaben setzen. https://www.mz.de/amp/varia/rechnungshof-land-muss-prioritaten-bei-ausgaben-setzen-1625860. Zugegriffen: 24. Apr. 2023.

Müller, M., & Förtsch, F. (2015). *Wissensmanagement*. Kommunal- und Schulverlag.

Münchner Abendzeitung. (2014). Mega-Panne bei der Stadt – Linux vor dem Aus. https://www.abendzeitung-muenchen.de/inhalt.mail-stillstand-im-rathaus-mega-panne-bei-derstadt-limux-vor-dem-aus.d8c3b3bc-282a-4e47-8809-7fbc721081e6.html. Zugegriffen: 26. Apr. 2023.

Nonaka, I., & Takeuchi, H. (1997). *Die Organisation des Wissens: Wie japanische Unternehmen eine brachliegende Ressource nutzbar machen*. Campus.

Pfnür, A., Schetter, C., & Schöbener, H. (2010). *Risikomanagement bei Public Private Partnerships*. Springer.

PWC PriceWaterhouseCoopers. (2017). *Fachkräftemangel im Öffentliche Dienst. Prognose und Handlungsstrategien bis 2030*.

PWC PriceWaterhouseCoopers. (2022). *Fachkräftemangel im öffentlichen Sektor*.

Schedler, K., & Siegel, J. P. (2004). *Strategisches Management in Kommunen – Ein integrativer Ansatz mit Bezug auf Governance und Personalmanagement* (Edition der Hans-Böckler-Stiftung 116). Düsseldorf.

Schirmer, U. (2016). *Demografie Exzellenz: Handlungsmaßnahmen und Best Practices zum demografieorientierten Personalmanagement*. Springer Gabler.

Schmidt, F., et al. (2016). *The validity and utility of selection methods in personnel psychology: Practical and theoretical implications of 100 years of research findings*. Iowa.

Schmitz, E., & Jehle, P. (2013). Innere Kündigung und vorzeitige Pensionierung bei Lehrkräften. In M. Rothland (Hrsg.), *Belastung und Beanspruchung im Lehrerberuf – Modelle, Befunde, Interventionen* (S. 155–162). Springer Gabler.

Schuler, H. (2014). *Psychologische Personalauswahl: Eignungsdiagnostik für Personalentscheidungen und Berufsberatung*. Hogrefe.

Schulze, K. (2012). *Lautloser Rückzug – Innere Kündigung durch destruktive Führung*. Hochschule Hannover.

Seibold, H. (2014). *IT-Risikomanagement*. Oldenbourg.

Spiegel. (2018). Das steckt hinter dem Hackerangriff aufs Regierungsnetz. https://www.spiegel.de/netzwelt/netzpolitik/regierungsnetz-gehackt-wer-steckt-dahinter-und-was-passiert-jetzt-a-1195914.html. Zugegriffen: 28. Apr. 2023.

Staudt, E. (2000). Personalführung und Organisation. In A. Clermont, W. Schmeisser, & D. Krimphove (Hrsg.), *Kompetenz und Innovation* (S. 268–280). Institut für angewandte Innovationsforschung.

Staudt, E., Merker, R., & Krause, M. (2001). Entkopplung von Kompetenz- und Branchenentwicklung: Entwicklungsengpass im Strukturwandel. In L. Bellmann, H. Minssen, & P. Wagner (Hrsg.), *Personalwirtschaft und Organisationskonzepte moderner Betriebe; (Beiträge zur Arbeitsmarkt- und Berufsforschung Bd. 252)*. WBV Media.

Walter, A. (2011). *Das Unbehagen in der Verwaltung*. Sigma.

Wambach, M., & Adams, D. (2011). Compliance und Risikomanagement in der kommunalen Geldanlage. *Der Gemeindehaushalt, 8*, 183–185.

Wasen, I. (2018). *Personalentwicklung in Kommunalverwaltungen unter besonderer Berücksichtigung des Aufgabenbestandes und der beruflichen Vielfalt – dargestellt am Beispiel der Stadtverwaltung Lippstadt.* Masterarbeit an der Universität Kassel. Universität Kassel.

Wirtschaftswoche. (2021). Stell dir vor, der Wind weht, aber keiner nimmt den Strom. https://www.wiwo.de/politik/deutschland/netzausbau-stell-dir-vor-der-wind-weht-aber-keiner-nimmt-den-strom/26851752.html. Zugegriffen: 27. Apr. 2023.

Zirkler, B., Nobach, K., Hofmann, J., & Behrens, S. (2018). *Projektcontrolling: Leitfaden für die betriebliche Praxis.* SpringerGabler.

Praxisorientierter Handlungsleitfaden 5

Am Anfang dieses Buches wurde das Ziel eines „praxisorientierten Handlungsleitfadens zum Risikomanagement" ausgegeben. Im Fokus steht es demnach, Möglichkeiten und Optionen aufzuzeigen, die es auch kleineren, wenig solventen Städten und Gemeinden ermöglichen sollten, ein funktionierendes Risikomanagement aufzubauen. Nach genauerer Betrachtung einzelner wichtiger Risikobereiche soll das eingangs ausgerufene Ziel nun wieder aufgegriffen werden.

Um die Praxisorientierung weiter in den Mittelpunkt zu stellen, wird sich dieser Handlungsleitfaden auf zehn Schritte begrenzen. Natürlich wäre eine Vielzahl weiterer Handlungsempfehlungen denkbar, jedoch würde es sich dann einerseits nicht mehr um einen praxisorientierten Handlungsleitfaden handeln und andererseits würde eine solche Vorgehensweise gerade kleinere Städte und Gemeinden bereits vor dem Startschuss vor unüberwindbare Hindernisse stellen. Das soll natürlich keinen Verwaltungsmitarbeiter und keinen Kommunalpolitiker daran hindern, auf diesem Fundament aufzubauen und weitere Schritte sukzessive voranzutreiben.

Die aufgezeigten Handlungsmöglichkeiten sind keine unumstößlichen Fakten, sondern müssen vor Ort angepasst und interpretiert werden. Wie im Rahmen dieses Buches bereits mehrfach verdeutlicht wurde, sind Kommunen schlicht und einfach zu unterschiedlich, um ihnen hinsichtlich des Risikomanagements eine Vorgehensweise diktieren zu können. Grundsätzliche Schritte dürften sich zwar weitestgehend ähneln, die konkrete Ausgestaltung wird aber aus vielerlei Gründen im Speckgürtel von München anders ausfallen als an der Nordsee.

© Der/die Autor(en), exklusiv lizenziert an Springer Fachmedien Wiesbaden   157
GmbH, ein Teil von Springer Nature 2023
D. Hahn, *Risiko-Management in Kommunen*, Edition Innovative Verwaltung,
https://doi.org/10.1007/978-3-658-42713-9_5

5.1   Risikostrategie ermitteln und kommunizieren

Wie bereits in Abschn. 3.4 angesprochen wurde, steht und fällt ein funktionierendes Risikomanagement mit einer passenden Strategie. Die Strategie bildet die
langfristigen Zielsetzungen ab und zeigt gleichzeitig auf, welche Risiken die
Kommune bereit ist einzugehen. Dabei verschwimmt eine solche Risiko- bzw.
Langfriststrategie oftmals mit einem kommunalen Leitbild. Im Grunde ist es auch
unerheblich an welcher Stelle die notwendigen Regelungen getroffen werden und
welchen Namen das fertige Dokument bekommt. Wichtig ist es, transparente
Ziele zu formulieren und Regelungen zu schaffen, damit alle Mitarbeiter und
Stakeholder wissen, in welche Richtung sich die Stadt langfristig entwickeln soll.
    Um eine passende Strategie zu ermitteln, dürfte sich häufig eine SWOT-
Analyse anbieten. Die SWOT-Analyse ist ein Instrument, um die eigenen
Stärken und Schwächen mit den Gegebenheiten des Umfeldes abzustimmen (vgl.
Abschn. 3.4.1). Eine Risikostrategie kann niemals willkürlich festgelegt werden.
Es macht keinen Sinn der Kommune das Prädikat Tourismusgemeinde verordnen
zu wollen, wenn die Rahmenbedingungen das schlichtweg nicht hergeben. Den
Städten und Gemeinden sind mit ihren territorialen und strukturellen Gegebenheiten enge Grenzen gesetzt. Ziel muss es sein, diese Möglichkeiten mit einer
passenden Strategie optimal auszunutzen.
    Von entscheidender Bedeutung ist es ferner, die ermittelte Risikostrategie pas-
send zu kommunizieren. Die beste Strategie kann zu keinen Resultaten führen,
wenn sie gar nicht oder nur unzureichend kommuniziert wird. Die Eckpunkte
müssen transparent gemacht werden und die notwendige Priorität eines solchen
Vorhabens muss auch gegenüber den Beschäftigten verdeutlicht werden.

5.2   Risikomanagement in Projektform organisieren

Obwohl das Risikomanagement per se kein klassisches Projektthema ist, eignet
sich gerade die Einführung eines solchen Prozesses zur Durchführung in Projektform. Die Einführung des Risikomanagements erfüllt die in Abschn. 4.6.1
aufgeführten Grundelemente eines Projektes. Es handelt sich einerseits um ein
neuartiges Vorhaben, welches ohne Zweifel die fachübergreifende Zusammenarbeit mehrerer Abteilungen voraussetzt. Andererseits stellt zumindest die erstmalige Einführung eines Risikomanagements eine zeitlich befristete Maßnahme dar.
Insofern dürfte die erstmalige Einführung in Projektform sehr naheliegend sein.
    Später handelt es sich beim Risikomanagement um einen gelebten Kreislauf,
der sich immer wieder selbst hinterfragen und verbessern muss. Bis es allerdings

soweit ist, ist der Grundaufbau des Risikomanagements prädestiniert dazu, um als Projekt umgesetzt zu werden. Dabei kann sich die Projektgruppe „Risikomanagement" durchaus als Lenkungsgruppe verstehen, die sich daraufhin weiterer Projektgruppen zur Ermittlung der Risiko-Landkarte oder zur Erarbeitung einer entsprechenden Dienstanweisung bedient. Diese Aufgliederung der Aufgaben ist immer abhängig von den Gegebenheiten und Strukturen vor Ort.

Auch die Größe und Besetzung der Projektgruppe kann nicht pauschal vorgegeben werden. Sinnvoll dürfte es aber immer sein, die Gruppe so klein zu halten, dass strukturiertes Arbeiten noch möglich ist, andererseits sollten aber auch möglichst viele Produktbereiche an den Diskussionen beteiligt werden, um verschiedenste Meinungen und Risiken berücksichtigen zu können.

Die Projektgruppe kann sich daraufhin auch an diesem Leitfaden orientieren, um einen ersten Ablaufplan zu haben. Ab Schritt zehn, der Überprüfung der eingeleiteten Maßnahmen, sollte das Risikomanagement die Kinderschuhe, also den Projektstatus, verlassen und sich selbst tragen. Dann muss es sukzessive überarbeitet werden, was eher weniger in den Zuständigkeitsbereich einer Projektgruppe fallen dürfte.

5.3 Risiko-Landkarte erstellen

Sofern sich eine Projektgruppe gefunden hat, ist es eine der ersten Aufgaben dieser Gruppe eine Risiko-Landkarte zu erstellen. In den meisten Veröffentlichungen wird in diesem Zusammenhang die Gegenüberstellung von Eintrittswahrscheinlichkeit und potenzieller Schadenshöhe propagiert. Diese Verfahrensweise besticht durch ihre Einfachheit und Verständlichkeit. Nachteilig ist bei dieser Variante jedoch, dass weder die Eintrittswahrscheinlichkeit noch der potenzielle Schaden immer genau eingeschätzt werden können.

Dennoch dürfte diese Sichtweise für den Anfang am praktikabelsten sein, um auch gegenüber der Verwaltungsspitze und gegenüber den politischen Gremien klare Aussagen hinsichtlich der Risikostruktur treffen zu können. Daraufhin besteht immer noch die Möglichkeit diese Risiko-Landkarte später um weitere Parameter zu erweitern, um so die Visualisierung immer weiter zu verfeinern (z. B. Welcher Aufwand ist zum Minimieren einzelner Risiken erforderlich?).

Auch die Risiko-Landkarte darf nicht als einmaliges Projekt verstanden werden. Die erstmalige Erstellung eignet sich zwar hervorragend zur Bearbeitung im Projektteam, trotzdem ist es unerlässlich eine solche Darstellung in regelmäßigen Abständen zu überarbeiten und zu verfeinern. Die Eintrittswahrscheinlichkeit einzelner Risiken kann sich ebenso wie der potenzielle Schaden von Zeit zu Zeit

ändern. Zudem können völlig neue Risiken auf den Plan treten, die zum Zeitpunkt der Erstellung der erstmaligen Risiko-Landkarte in dieser Form noch gar
nicht bekannt waren.

5.4   Identifikation erster Leuchtturmprojekte

Die zuvor erstellte Risiko-Landkarte ermöglicht es erste Leuchtturmprojekte zu
identifizieren. Da die Risikomanager im kommunalen Umfeld zumeist relatives
Neuland betreten, dürfte es in vielen Fällen notwendig sein, zeitnah entsprechende
Erfolge vorzuweisen. Sowohl Bürgermeister als auch politische Gremien sind auf
den Rückhalt aus der Bevölkerung angewiesen und müssen daher auch nachweisen, die vorhandenen Personalressourcen möglichst wirtschaftlich einzusetzen.
Deswegen ist es zu empfehlen, Arbeitskraft und weitere Ressourcen zunächst auf
die aussichtsreichsten Projekte zu konzentrieren.

Besonders vielversprechend erscheinen in diesem Kontext Risiken deren
Managementaufwand im Vergleich zur Eintrittswahrscheinlichkeit oder zum
potenziellen Schaden eher überschaubar ist. Speziell diese Risiken eignen sich,
um gegenüber den politischen Gremien zeitnah Erfolge vorweisen zu können.
Komplexere Risikobereiche, die wesentlich schwieriger zu steuern sind, sind in
vielen Fällen nur langfristig zu beherrschen. Deswegen sind solche Projekte erst
in zweiter Linie interessant.

Ein gutes Beispiel für ein solches Risikofeld kann zum Beispiel ein mögliches Zinsänderungsrisiko sein. Mit einem möglichen Zinsänderungsrisiko ist
die Gefahr gemeint, dass das Zinsniveau am Kapitalmarkt deutlich ansteigt und
mögliche Anschlussfinanzierungen kommunaler Darlehen deutlich teurer werden. Sofern eine Stadt eine entsprechende Verschuldung vorzuweisen hat, kann
sich dieses Risiko mitunter zu einem gewichtigen Problem entwickeln. Hier ist
jedoch nur eine strukturierte Durchsicht aller Darlehensverträge notwendig, um
auslaufende Kreditverträge frühzeitig zu verlängern oder um bei Bedarf von vorzeitigen Ausstiegsmöglichkeiten Gebrauch zu machen. Es wäre also möglich, ein
bestehendes Risiko mit überschaubarem Arbeitsaufwand nahezu vollständig zu
eliminieren.

5.5 Grundregeln schriftlich niederlegen

Nachdem die Risikostrategie erarbeitet wurde und die wesentlichen Risiken erhoben und eingruppiert wurden, empfiehlt es sich wesentliche Eckpunkte des Risikomanagements in einer separaten Dienstanweisung oder Richtlinie festzuhalten. Diese Formalisierung erscheint zwar bürokratisch, dient aber zur Aufwertung des Themas gegenüber den Beschäftigten und erhöht die Verbindlichkeit für alle Beteiligten (Derfuß et al., 2016, S. 252).

Eine derartige Dienstanweisung schafft klare Zuständigkeiten und stellt sicher, dass das Projekt „Risikomanagement" auch über einzelne Zeiträume oder Bereiche hinaus umgesetzt wird. Natürlich zeigt die praktische Erfahrung, dass eine Dienstanweisung nur zu tatsächlichen Ergebnissen führen kann, wenn deren Anwendung in der Praxis auch eingefordert wird. Es obliegt also vornehmlich den Führungskräften, Maßnahmen voranzutreiben, Risikosensibilität vorzuleben und Nichtbeachtung der Dienstanweisung entsprechend zu sanktionieren. Dennoch ist ein Risikomanagement ohne formelle Vorgaben bereits im Vorhinein zum Scheitern verurteilt (Schwarting, 2015, S. 164).

Hinsichtlich der Art der Formalisierung sollte auf eine möglichst hochrangige Legitimation geachtet werden. Der Bürgermeister kann zwar im Rahmen seines Direktionsrechtes interne Weisungen erteilen, trotzdem ist es zumindest empfehlenswert eine Dienstanweisung mit einem Beschluss der Gemeindevertretung zu legitimieren, damit dem Vorhaben auch nach außen eine möglichst hohe Bedeutung beigemessen wird.

Im Einzelnen sollten folgende Punkte in einer solchen Dienstanweisung geregelt werden (eigene Darstellung in Anlehnung an Schwarting, 2015, S. 164):

A. **Grundlagen**
  1. Rechtliche Grundlagen
  2. Ziele und Aufgaben des Risikomanagements
  3. Bezug zur eigenen Risikostrategie
  4. Risikopolitische Grundsätze
B. **Organisation des Risikomanagements**
  1. Verantwortlichkeit der Gremien
  2. Verantwortlichkeit des Bürgermeisters
  3. Verantwortlichkeit der Führungskräfte
  4. Verantwortlichkeit der Mitarbeiter
  5. Stellung und Benennung des Risikomanagers
  6. Berücksichtigung möglicher Beteiligungen

7. Ggf. Unterstützung durch Externe (Aufsichtsbehörde, Rechnungsprüfungsamt, Berater)
C. **Berichterstattung und Kommunikation**
   1. Ausgestaltung des Risikoreportings
   2. Definition wichtiger Kennzahlen
   3. Muster für Risikoberichte
   4. Vorgaben für regelmäßige Berichte und Ad-hoc-Berichte
D. **Evaluation bzw. Controlling der eingeführten Maßnahmen**

5.6   Risikomanagement zentral organisieren

Wie in Abschn. 3.3 ausführlich dargestellt wurde, handelt es sich beim Risikomanagement um einen dynamischen Prozess, der sich in mehr oder weniger allen
Verwaltungsebenen abspielt. Die einzelnen Mitarbeiter müssen Risiken identifizieren, die Führungskräfte müssen diese zusammenfassen und die wichtigsten
herausfiltern und die politischen Gremien müssen grundsätzliche Entscheidungen treffen. Umgekehrt müssen die verantwortlichen Führungskräfte und die
Mitarbeiter an der Basis, die Vorgaben der Gremien in der Praxis umsetzen.

Um den Risikomanagementprozess aber tatsächlich in die praktische Arbeit
zu integrieren, sollten trotzdem wesentliche Aufgaben an einer zentralen Stelle
gebündelt werden. Es muss zwar nicht zwingend einen Mitarbeiter geben,
der ausschließlich als Risikomanager fungiert, jedoch sorgt die Bündelung
der wesentlichen Prozesse im Risikomanagement für Transparenz und klare
Verantwortlichkeiten. Außerdem gibt es für die Verwaltungsleitungen einen
Ansprechpartner, der die weiteren Akteure gegenüber der Verwaltungsspitze
vertritt.

Im Idealfall stellt das Risikomanagement eine eigenständige Stabsstelle dar,
die sich klar auf die Risikostruktur der Kommune konzentrieren kann (vgl.
Abb. 5.1). So ist auch gewährleistet, dass Risiken als „Ganzes" wahrgenommen
werden. In der Praxis wird das Risikomanagement in vielen Fällen dem Finanzbereich oder dem Organisationsbereich zugeordnet (Derfuß et al., 2016, S. 250), das
birgt jedoch immer die Gefahr, dass Risiken nur finanziell oder organisatorisch
interpretiert werden.

Für die Einrichtung einer entsprechenden Stabsstelle spricht zudem die relativ hohe Einordnung in der Behördenhierarchie. Eine Stabsstelle arbeitet direkt
der Verwaltungsleitung zu (vgl. Abb. 5.1) und kann sich so kurzfristig mit dem
Bürgermeister und den politischen Gremien abstimmen. Außerdem macht diese

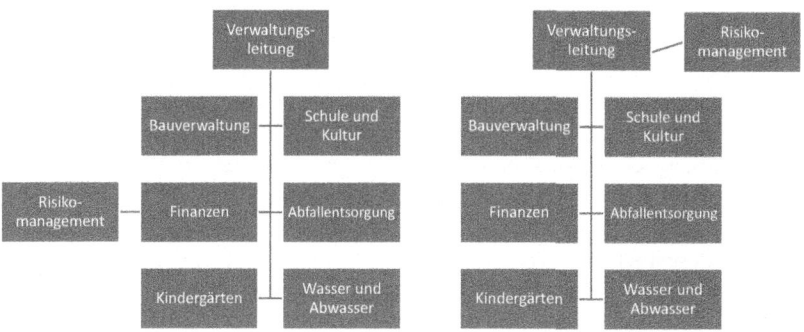

Abb. 5.1 Organisatorische Stellung des Risikomanagements. (Quelle: Eigene Darstellung)

Aufwertung im Organigramm der Kommune die hohe Bedeutung des Themas für alle Mitarbeiterinnen und Mitarbeiter deutlich.

5.7 Reporting über alle Hierarchieebenen implementieren

Ein weiterer wesentlicher Punkt für ein gelungenes Risikomanagement ist die Einführung eines Berichtswesens. Ein solches Risikoreporting ist elementares Kernelement des Risikomanagements. Das Reporting soll sicherstellen, dass die verantwortlichen Personen die maßgeblichen Informationen möglichst zeitnah erhalten. Dabei sollte auch darauf geachtet werden, dass die Träger der politischen Verantwortung die bedeutsamen Informationen in geeigneter Form bekommen. Wie in Abschn. 4.7 ausführlich dargestellt, handelt es sich bei den Kommunalpolitikern meist um fachfremde Ehrenamtler. Dieser Personenkreis ist darauf angewiesen, die wesentlichen Eckdaten komprimiert zu erhalten. Es gilt der Grundsatz: „So wenig wie möglich, aber so viel wie nötig".

Wichtig ist das Reporting als Vorgang über alle Hierarchieebenen zu verstehen. Risiken sollten nicht nur einmal jährlich an die Stadtverordnetenversammlung berichtet werden. Es muss sich um einen gelebten Prozess handeln, bei dem Mitarbeiter an Führungskräfte berichten, Führungskräfte an den Bürgermeister und der Bürgermeister an die Gremien. Ferner sind regelmäßige Berichte von Ad-hoc-Berichten zu unterscheiden. Außerordentliche Vorgänge müssen bei Bedarf auch außerhalb spezieller Berichtsrhythmen weitergegeben werden. Nur so kann sichergestellt werden, dass besonders bedeutsame Vorgänge auch mit einer hohen Priorität abgewickelt werden.

Für die Basis sollten Standardrisikomeldungen eingeführt werden, wie sie bereits in Abschn. 3.3.3 erläutert wurden. Die dort dargestellte Musterrisikomeldung deckt die wesentlichen Parameter ab, um das Risikofeld daraufhin mit anderen zusammenzufassen, bewerten und letztendlich steuern zu können. Eine solche Risikomeldung stellt die Eckdaten des jeweiligen Risikos komprimiert dar und ermöglicht so einen einfachen Überblick für die verantwortlichen Personen über alle wesentlichen Risiken.

Alle genannten Eckpunkte sollten auch in der zu erstellenden Dienstanweisung (vgl. Abschn. 5.5) schriftlich festgehalten werden. So werden Berichtswege klar definiert, Fristen werden verbindlich festgehalten und Risikomeldungen einheitlich aufgebaut. Eine so strukturierte Vorgehensweise erleichtert die Weiterverarbeitung und senkt die Hemmschwelle Risiken intern zu kommunizieren. Jedem Mitarbeiter wird so mit einer klar strukturierten Vorschrift seine Rolle im kommunalen Risikomanagement eindeutig zugewiesen.

5.8   Maßgebliches Kennzahlen-Set definieren

Nach der Implementierung eines funktionierenden Reportings sollte dazu übergegangen werden, ein kurzes Kennzahlen-Set für die Stadt oder die Gemeinde festzulegen. Was dieses Kennzahlen-Set konkret beinhaltet, muss immer **vor Ort entschieden werden**. Die kommunalen Strukturen sind in aller Regel ebenso individuell wie die damit zusammenhängenden Risiken. Ein maßgeschneidertes Kennzahlen-Set soll es ermöglichen, die Entwicklung der wichtigsten Risiken strukturiert zu überwachen.

Vor allem die Kürze eines solchen Kennzahlen-Sets ist wichtig, um die praktische Umsetzbarkeit sicherzustellen. Im Vergleich dazu schrecken umfangreiche Zahlenfriedhöfe Mitarbeiter und vor allem Kommunalpolitiker eher ab. Gerade zu Beginn ist es essenziell, sich auf wenige Eckdaten zu fokussieren, damit das Risikomanagement seinen Nutzen zunächst anhand weniger nachvollziehbarer Problemfelder nachweisen kann.

Dabei ist letztlich auch wieder die Risikostrategie von entscheidender Bedeutung. Wie will die Stadt sich langfristig positionieren und welche Ziele sollen erreicht werden? Gleichzeitig ist aber auch immer wichtig, welche Risiken man bereit ist, auf diesem Weg einzugehen. Exemplarisch könnten bei folgenden Fallkonstellationen die entsprechenden Kennzahlen relevant sein:

Wir sind entscheidend von der Entwicklung eines Gewerbesteuerzahlers abhängig

- Veränderungen bei der Gewinnentwicklung des Konzerns
- Auffällige Rückgänge bei der Gewerbesteuer
- Abweichungen bei gesamtwirtschaftlichen Parametern (je nachdem Ölpreis, Gaspreis o. Ä.)

Wir haben uns als Tourismusgemeine etabliert

- Rückgänge bzw. Stagnation bei den Übernachtungsgästen
- Stagnation bei den Buchungen
- Rückläufige Erträge bei der Kurtaxe

Unsere Gemeinde ist vornehmlich Wohnort für das nahegelegene Oberzentrum

- Die Anfragen für kommunale Baugrundstücke stagnieren
- Die Mieten vor Ort sind im Schnitt rückläufig
- Die Baulandnachfrage ist geringer als in anderen Kommunen der Region

Wichtig ist es in diesem Zusammenhang auch, die Überwachung der maßgeblichen Kennzahlen einer zentralen Stelle zu übertragen. Zusätzlich sollten von Seiten der Verwaltungsleitung bestimmte Signalwerte definiert werden, bei denen im Rahmen einer Unter- oder Überschreitung zwingend eine Meldung an den Bürgermeister zu veranlassen ist. Wenn zum Beispiel für ein neues Baugebiet nicht innerhalb von sechs Monaten genügend Anfragen vorliegen, ist die Verwaltungsspitze darüber zu informieren. Zusätzlich bietet es sich an, ein solches Kennzahlen-Set unter Umständen auf bestimmte Projekte zu erweitern, sofern im Moment Baumaßnahmen von herausragender Bedeutung abgewickelt werden.

Das Kennzahlen-Set lebt ebenso wie die meisten Maßnahmen im kommunalen Risikomanagement von regelmäßigen Anpassungen. Einmal definierte Kennzahlen und bestimmte Signalwerte müssen nicht zwingend dauerhaft passen. Die genannten Parameter müssen an lokale wie auch an gesamtwirtschaftliche Entwicklungen angeglichen werden. Genauso ergeben sich mitunter politische Wechsel, wodurch auch wieder Änderungen an der langfristigen Strategie der Gemeinde und an den zugehörigen Kennzahlen erforderlich werden.

5.9   Risikokultur fördern

Über nahezu sämtliche Veröffentlichungen zu diesem Thema hinweg, wird die vorherrschende Risikokultur als entscheidender Faktor für ein funktionstüchtiges Risikomanagement angesehen (so z. B. Romeike, 2018, S. 48 f. oder Nehmeyer-Srocke, 2020, S. 59). Die Risikokultur ist in diesem Kontext als Klammer um den kompletten Prozess zu verstehen. Eine entsprechende Risikokultur muss von allen Akteuren mitgetragen werden und von der Risikoidentifikation bis zur Risikoüberwachung aktiv gelebt werden (vgl. Abb. 3.5).

Es geht vorrangig darum, eine Verwaltungskultur zu schaffen, die es nicht nur erlaubt Risiken zu kommunizieren, sondern es sogar explizit begrüßt, dass Risiken aktiv weitergegeben werden. Eine derartige Offenheit kann nicht von heute auf morgen entstehen. Sie muss über Jahre vorgelebt und gefördert werden. Dazu stehen den Gebietskörperschaften und den Bürgermeistern verschiedenste Maßnahmen zur Verfügung. Speziell die parallele Nutzung verschiedener Methoden dürfte die Risikokultur innerhalb der Verwaltung deutlich stärken.

Wichtigste Grundvoraussetzung ist es, dass die Verwaltungsleitung und die Führungskräfte offen mit Risiken umgehen. Nur wenn die übergeordneten Hierarchieebenen diese Denkweise vorleben, erlaubt das auch den nachgeordneten Mitarbeitern Problembereiche offensiv zu kommunizieren. Zusätzlich kann diese Sichtweise über regelmäßige Fortbildungen und Workshops zunehmend in die praktische Arbeit integriert werden. Weiterhin kann der Umgang mit Risiken in Zielvereinbarungen und Regelbeurteilungen einfließen, so dass ein zielführender Umgang mit Risiken mit positiven Konsequenzen für den einzelnen Mitarbeiter einhergeht.

Schließlich ist es in der Praxis wohl am ehesten ein Gesamtpaket an Maßnahmen, welches die Risikokultur sukzessive fördert. Isolierte Einzelmaßnahmen werden wohl keine nennenswerten Erfolge nach sich ziehen. Die Kombination aus Fortbildungen, entsprechender Kommunikation, strukturierten Risikomeldungen und tagtäglicher Förderung des Bereiches dürfte dann langfristig die gewünschten Veränderungen hervorrufen.

5.10 Regelmäßige Evaluation der durchgeführten Maßnahmen

Auf den ersten Blick könnte dieser Leitfaden mit Punkt neun enden. Allerdings würde dann der Ausgangsgedanke, nämlich das Risikomanagement als Kreislauf zu sehen, nicht in vollem Umfang berücksichtigt. Dabei ist es absolut fundamental, die Evaluation der durchgeführten Maßnahmen genauso akribisch zu betreiben, wie die neun Schritte zuvor. Ohne eine regelmäßige Überprüfung der ergriffenen Maßnahmen können notwendige Anpassungen nicht vorgenommen werden und das Risikomanagement bleibt womöglich dauerhaft ohne Erfolg.

Die Evaluation des Risikomanagements darf hier auch nicht auf einzelne Teile beschränkt werden. Es ist dringend notwendig die Überprüfung auf alle Bereiche auszudehnen. Verfolgen wir noch die richtige Strategie? Ist unser Reporting richtig ausgestaltet? Erheben wir mit unseren Kennzahlen wirklich die Daten, die wir auch benötigen? Alle diese Fragen müssen in regelmäßigen Zeitabständen gestellt und daraufhin auch objektiv beantwortet werden.

Es liegt in diesem Zusammenhang auch kein Fehler einzelner Personen vor, wenn sich herausstellt, dass einzelne Maßnahmen nicht mehr zielführend sind oder es vielleicht sogar niemals waren. Es handelt sich vielmehr um einen Lernprozess, den jedes Projekt und jedes neue Vorhaben durchlaufen muss. Nur nach dem Prinzip „try and error" ist es möglich für die einzelne Kommune die passende Herangehensweise zu entwickeln. Im Grunde ist es auch Teil der Risikokultur offen mit falschen Interpretationen oder falsch gesetzten Prioritäten umzugehen. Ein funktionierendes Risikomanagement kann nicht exakt aus Büchern kopiert werden und auch nicht eins zu eins von anderen Kommunen übernommen werden. Es ist in diesem Kontext unbedingt erforderlich eigene Wege zu gehen und gerade die Feinabstimmung höchst individuell zu gestalten.

Literatur

Derfuß, K., Körner, S., & Lenz, F. (2016). Kommunales Risikomanagement – Empirische Befunde aus deutschen Landkreisen. *ZFO – Zeitschrift Führung + Organisation, 4*, 249–256.

Nehmeyer-Srocke, I. (2020). Die Entwicklung einer Risikokultur ist entscheidend für die Wirksamkeit des Risikomanagementsystems – Ein Praxisbericht. *Der Gemeindehaushalt, 3*, 59–61.

Romeike, F. (2018). *Risikomanagement*. Springer Gabler.

Schwarting, G. (2015). *Risikomanagement in Kommunen*. Schmidt.

Fazit

6

Alle Städte und Gemeinden sehen sich ebenso wie große und kleine Firmen tagtäglich mit verschiedensten Risiken konfrontiert. Dabei ist es für die allermeisten Unternehmen gelebte Praxis, das eigene Risikoumfeld ständig zu analysieren, zu strukturieren, die einschlägigen Risiken zu bewerten und daraufhin zu steuern. Im Vergleich dazu befinden sich die meisten Kommunen diesbezüglich noch am Anfang einer solchen Entwicklung. Im Vordergrund steht hier vielfach noch die Erfüllung übergeordneter Vorgaben.

Im Rahmen dieses Buches wurde aufgezeigt wie wichtig der strukturierte und bewusste Umgang mit den eigenen Risiken ist. Obwohl die Insolvenz für Kommunen formell ausgeschlossen ist, ist es trotzdem ständige Aufgabe der handelnden Personen, eine nachhaltige, zukunftsfähige Kommunalpolitik zu betreiben und dabei die wichtigen Risikobereiche stets im Blickfeld zu behalten. Nur so kann sichergestellt werden, auch nachfolgenden Generationen, eine handlungsfähige Kommune zu hinterlassen.

In vielen Fällen erschien der Begriff Risikomanagement den Verwaltungsmitarbeitern und Kommunalpolitikern einfach zu komplex, um damit vor Ort tatsächlich etwas anfangen zu können. Daher wurden in Kap. 4 gängige Risikobereiche, entsprechende Gegenmaßnahmen und grundsätzliche Vorsorgemöglichkeiten aufgezeigt. Bei sukzessiver Umsetzung sollte es so auch kleinen Gemeinden möglich sein, ein funktionierendes Risikomanagement ohne wesentliche Mehraufwendungen umzusetzen.

Obwohl das Risikomanagement als solches ein äußerst individueller Prozess ist, wurden in Kap. 5 Werkzeuge und Instrumente erörtert, die zumindest in relativ vielen Gemeinden anwendbar sein dürften. Dabei ist es Aufgabe aller Instanzen vor Ort (Politik, Bürgermeister und Verwaltung), aus den dargestellten

D. Hahn, *Risiko-Management in Kommunen*, Edition Innovative Verwaltung,
https://doi.org/10.1007/978-3-658-42713-9_6

Erläuterungen ein passendes Vorgehen für die eigene Kommune zu entwickeln. Die Ausgestaltung des dargestellten Handlungsleitfadens stellt die praktische Umsetzbarkeit auch in kleinen Kommunen in den Fokus. Die aufgezeigten Handlungsoptionen sind in aller Regel ohne zusätzliches Personal oder finanzielle Mittel umsetzbar. So sollte es auch kleineren Städten und Gemeinden möglich sein, grundsätzliche Maßnahmen auf diesem Gebiet zu ergreifen.

In vielen Fällen wird sicherlich noch viel Überzeugungsarbeit zu leisten sein, da das Risikomanagement eben nicht Teil der althergebrachten Verwaltungspraxis ist. Vor diesem Hintergrund wurden in Abschn. 5.4 Möglichkeiten aufgezeigt, erste Leuchtturmprojekte zu identifizieren, mit deren Hilfe schnell erste Erfolge zu verzeichnen sein dürften. Diese Projekte bilden die Grundlage, um weitere Risikomanagementmaßnahmen vor Ort voranzutreiben und zu etablieren.

Im Ergebnis stellt sich immer die Frage: Was ist überhaupt ein ganzheitliches Risikomanagement? Diese Frage ist sicherlich nicht mit einem Satz zu beantworten. Die Kommunen, die die in Kap. 5 definierten Maßnahmen zumindest weitestgehend umsetzen, müssen sich aber vor den allermeisten Entwicklungen in der Zukunft wohl nicht sorgen. Sicherlich kann niemand die Zukunft vorhersagen. Viel wichtiger ist es aber auch, die notwendigen Maßnahmen zu ergreifen, um Probleme zeitig zu erkennen und bereits frühzeitig notwendige Handlungskonzepte in der Schublade zu haben.

Viele Risiken sind zweifellos auf kommunaler Ebene nicht beeinflussbar. In derartigen Fällen bleibt den Städten und Gemeinden aber zumindest die Option, die Beobachterrolle aktiv wahrzunehmen. Die frühzeitige Antizipation nachteiliger Entwicklungen bietet zumindest die Möglichkeit, zeitnah notwendige Maßnahmen einzuleiten und somit größere Schäden noch abwenden zu können. Außerdem kann die rechtzeitige Identifikation bedeutsamer Risiken im Vergleich zu anderen Kommunen einen Vorteil bringen, der im Wettkampf um Familien, Firmen und Gewerbetreibende entscheidend sein kann.

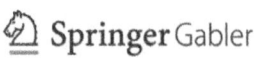

GPSR Compliance

The European Union's (EU) General Product Safety Regulation (GPSR) is a set of rules that requires consumer products to be safe and our obligations to ensure this.

If you have any concerns about our products, you can contact us on ProductSafety@springernature.com

In case Publisher is established outside the EU, the EU authorized representative is:

Springer Nature Customer Service Center GmbH
Europaplatz 3
69115 Heidelberg, Germany

The manufacturer's authorised representative in the EU is Springer
Nature Customer Service Centre GmbH, Europaplatz 3, 69115 Heidelberg,
Germany. If you have any concerns regarding our products, please
contact ProductSafety@springernature.com

Printed and bound by CPI Group (UK) Ltd, Croydon, CR0 4YY
28/04/2026
02098510-0001